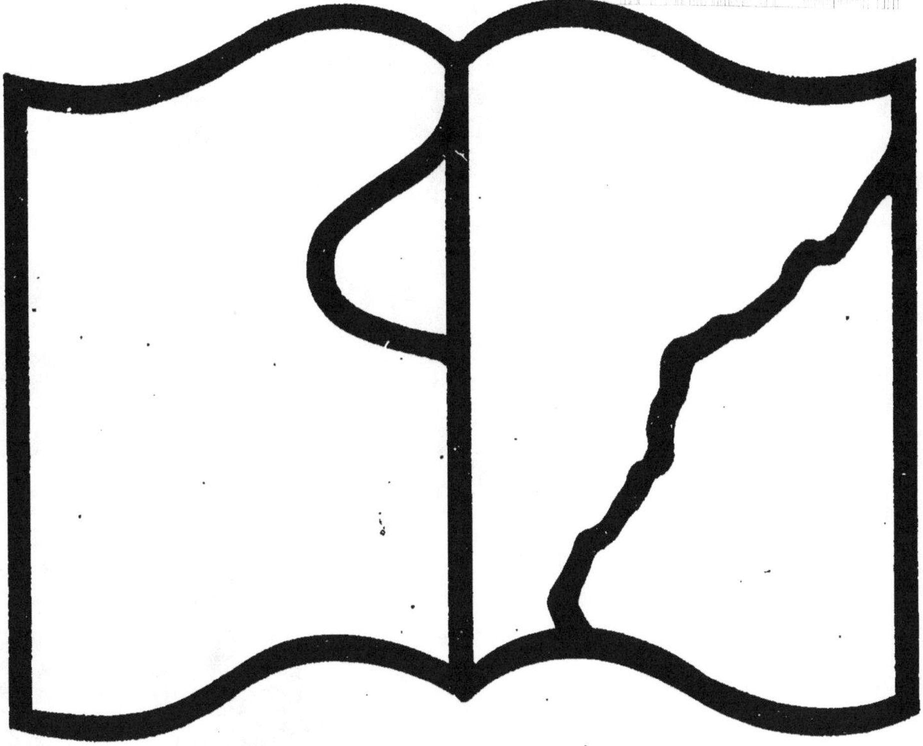

Texte détérioré — reliure défectueuse

NF Z 43-120-11

Symbole applicable
pour tout, ou partie
des documents microfilmés

ÉMILE FAGUET
DE L'ACADÉMIE FRANÇAISE

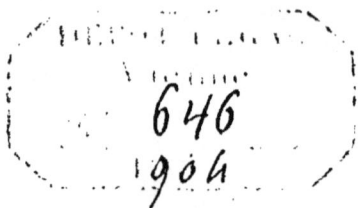

En Lisant

Nietzsche

SOCIÉTÉ FRANÇAISE
D'IMPRIMERIE
ET DE LIBRAIRIE

En Lisant Nietzsche

ÉMILE FAGUET

De l'Académie Française

En Lisant Nietzsche

PARIS

SOCIÉTÉ FRANÇAISE D'IMPRIMERIE ET DE LIBRAIRIE

ANCIENNE LIBRAIRIE LECÈNE, OUDIN ET Cie

15, RUE DE CLUNY, 15

1904

EN LISANT NIETZSCHE

I

NIETZSCHE SE CHERCHE

Il arrive souvent, peut-être toujours, qu'en exposant ses idées un philosophe ne fait qu'analyser son caractère. Il arrive souvent, peut-être toujours, qu'un philosophe a pour point de départ ses sentiments ; puis, qu'étant doué, parce qu'il est philosophe, de la faculté de penser ses sentiments, il fait de ses sentiments des idées ; puis, qu'étant doué de la faculté de synthèse, il ramasse toutes ses idées, qui ne sont que des sentiments transformés, en une idée générale. — Puis, peut-être, il regarde autour de lui, il avise tout ce qui dans le monde des idées contrarie et gêne son idée générale et il en fait la critique, minutieuse, car il est dialecticien ; âpre et vigoureuse, parce que son idée générale n'est au fond qu'un sentiment auquel il tient et même une passion qui le domine ; puis il trouve, au cours de cette opération critique, des idées confirmatrices de sa pensée générale et il les accueille, et sa pensée générale devient système ; — et aussi, car il est loyal, des idées lui viennent qui sont en contradiction avec son système, et il ne les repousse point, car il aime les idées pour elles-mêmes, mais il les jette comme en marge de son esprit, et du reste il cherche à les faire rentrer plus ou moins dans son système même ; — et enfin il a la conception que, le plus souvent, il ne peut réaliser ni même embrasser, d'un système qui dépasserait son système et pourrait accueillir dans son sein plus vaste toutes les idées, aussi bien celles qui lui furent hostiles que celles qui lui furent chères, qu'il a eues ; d'un système au delà de son système, d'une idée générale au delà de son idée générale ; et ce système il l'esquisse et cette idée il l'entrevoit et le plus souvent, surtout s'il meurt jeune, il reste au seuil de cette Terre promise, qu'il laisse à d'autres.

Et telle me semble bien avoir été la marche de Frédéric Nietzsche ; et en tout cas, telle sera la mienne en cheminant sur ses traces et en cherchant à les reconnaître ; tel sera le plan que je suivrai pour lire Nietzsche avec une certaine méthode. Mauvaise ou bonne ; mais il m'en faut une pour le lire d'une façon suivie, après l'avoir si souvent lu comme il écrivait, au hasard du jour et de l'heure.

Autant qu'on peut en conjecturer par ce qu'on sait de lui et par ce qu'il en a dit, Nietzsche était loyal, orgueilleux et agressif. — Il a bien d'autres traits de caractère, mais il faut se borner à l'essentiel pour voir clair et pour ne pas risquer de ne plus rien démêler à force de vouloir tout voir.

Il était loyal, détestait l'hypocrisie et cette conscience approximative qui n'est qu'une forme de l'hypocrisie. Il voulait voir clair absolument et jusqu'au fond dans les autres, dans lui-même, dans les idées et dans les systèmes. Il railla plus tard cruellement ce peuple, le sien, « qui aime à se griser et pour qui l'obscurité est une vertu », et il s'écria en style lyrique, songeant surtout à lui-même : « Mais enfin nous devenons clairs ; nous sommes devenus clairs ! » — Cette probité intellectuelle, qui du reste n'est qu'une forme de la probité morale, était chez lui intransigeante. C'est elle qui le força plus tard à toujours lever le voile, à toujours dénouer le masque, à se demander toujours : « et sous cette idée qu'y a-t-il encore, et sous ce premier principe qu'y a-t-il encore ? quel sentiment ? quelle tendance, inavouée, peut-être inavouable ? »

C'est elle qui le forçait à penser, à dire, à écrire, des choses contradictoires et contraires à sa pensée générale, si, au moment où il les concevait, elles lui semblaient vraies. C'est elle qui donne à tout ce qu'il a écrit un air de confession, hautaine, certes, mais de confession publique.

Il était orgueilleux au plus haut point, très convaincu de sa supériorité d'esprit, hanté de ce sentiment, juste assez souvent, que tout ce qu'il pensait était pensé pour la première fois, et excité sans cesse par cette démangeaison bien connue qui consiste à toujours soupçonner que ce que pense la majorité des hommes est stupide et qu'on ne peut guère se tromper à être paradoxal ; et que tout au moins le paradoxe, étant une évasion hors de la sottise, est un acheminement vers la vérité.

Son insatiable besoin d'indépendance vient de cet orgueil. Il ne pouvait subir aucun joug, ni venant des hommes, ni venant des choses, ni venant même des habitudes. Rien de significatif comme sa confidence sur les « habitudes courtes » : «... Ma nature est entièrement organisée pour les courtes habitudes, même dans les besoins de sa santé physique, et, en général, aussi loin que je puis voir, du plus bas ou du plus haut. Toujours je m'imagine que telle chose me satisfera d'une façon durable... Et un jour, c'en est fait, la courte habitude a eu son temps... Et déjà quelque chose de nouveau frappe à ma porte... Il en est ainsi pour moi des mets, des idées, des hommes, des villes, des poèmes, des musiques, des doctrines, des ordres du jour, des sages... Par contre je hais les habitudes durables et je crois qu'un tyran s'est approché de moi, que mon atmosphère vitale s'est épaissie, dès que les événements tournent de façon que les habitudes durables semblent nécessairement en sortir... Au fond de mon âme j'éprouve même de la reconnaissance pour toute ma misère physique et ma maladie; puisque tout cela me laisse cent échappées par où je puis me dérober aux habitudes durables... »

Enfin, de sa loyauté et de son orgueil combinés, il naquit en lui de très bonne heure une saine hardiesse, une franche bravoure, une intrépidité d'opinion qui le rendit querelleur, agressif, batailleur, contradicteur fieffé, toujours en guerre et volontiers exagéreur. Il était un peu l'homme qui vous dit avant que vous ayez parlé: « Vous avez tort » ; et après que vous avez parlé: « J'en étais bien sûr; mais j'en suis plus sûr qu'auparavant » ; et qui l'était en vérité tout autant avant qu'après. Il était un peu l'homme dont on dit : « Il monte l'escalier ; il s'apprête à vous donner tort. » Il était un peu l'homme dont on dit : « Je vais exprimer devant lui le contraire de ma pensée, parce qu'il parle bien et que j'aime entendre mes opinions exposées par lui. » — Toutes les exagérations de Nietzsche viennent de là. Il y a en lui beaucoup de Joseph de Maistre.

Ainsi construit par la nature, comme il était né Allemand, sans l'avoir demandé, il fut mis d'abord à l'école du romantisme, du pessimisme et de Wagner, et, avant d'avoir pris conscience de lui-même, il les adora. Gœthe (par les côtés accessibles aux jeunes esprits et à la foule), Schopenhauer et Wagner furent ses premiers maîtres et ses idoles. Il fut, sinon pénétré, du moins touché de ce romantisme allemand, si différent du nôtre, par quoi je ne veux dire ni qu'il soit meilleur ni qu'il soit pire, qui est fait surtout de sensibilité et d'attendrissement, de *Gemüthlichkeit*, de mélancolie rêveuse, douce et pitoyable, et dans lequel la sensibilité l'emporte de beaucoup sur l'imagination.

Il fut pénétré, et plus profondément, par le pessimisme, effet naturel de ce romantisme longtemps pratiqué et couvé, par ce sentiment de la misère incurable des choses, qui porte ou à souhaiter et à demander impérieusement qu'elles cessent d'être, ou à les détruire, en quelque sorte, en soi-même, pour ne pas les sentir et pour se réfugier dans une indifférence analogue au néant ou au moins représentative du non-être.

Il fut enthousiaste, et plus longtemps, de cette musique de Wagner, qui plonge dans une sorte d'état extatique ; qui certes est vivante et peint la vie, mais qui la peint dans ce qu'elle a de nerveux et d'énervé, de fatigué et surtout dans son aspiration au repos.

En un mot, il eut la diathèse romantique complète, intégrale et sans qu'il y manquât rien. — Un Français ne peut pas se figurer très nettement ce que c'est que cette diathèse. Le romantisme français a été français. Plus, à s'en éloigner, on le voit mieux, plus on se persuade de cette vérité. Il a été clair, il a été ordonné, il a été vif et ardent; presque tous ses grands représentants se sont mêlés à l'action ; il a été optimiste chez ses deux grands chefs de chœur et pessimiste seulement par accès et crises chez les autres ; il n'a pas eu de grands philosophes pour exprimer le peu de pessimisme qu'il a contenu, et ni Comte, ni Renan, ni Taine ne sont des pessimistes ; et enfin, surtout, il n'a pas eu de musicien et la musique romantique française, à proprement parler, n'existe pas. De telle sorte que si l'on prend pour type du romantisme le romantisme français, il faudra donner au romantisme allemand un autre nom, et que si l'on prend pour type du romantisme du XIXe siècle le romantisme allemand, il faudra appeler le romantisme français d'une autre façon, ce que je serais assez porté à souhaiter que l'on fît.

On n'a donc pas idée ici de ce que pouvait être un jeune romantique allemand vers 1870, enveloppé de romantisme de tous côtés, saturé de romantisme par toutes les influences, le recevant par la poésie, par le roman, par la philosophie, par la musique, par la conversation et par le patriotisme, se flattant de cette pensée que le romantisme était chose essentiellement allemande et qui faisait partie du patrimoine et de la gloire nationale. C'est précisément ce que fut Frédéric Nietzsche un peu avant 1870.

C'était sa diathèse, ce n'était pas son tempérament. Il s'affranchit. — Ce n'était pas son tempérament. Ce n'était pas tout à fait son tempérament. C'était bien un peu son tempérament et M. Fouillée l'a très bien vu. C'était un peu son tempérament, en ce sens qu'il était maladif, volontiers triste, aussi exagéreur et susceptible de s'éprendre du colossal et du gigantesque, aussi un peu désordonné et difficilement capable de mettre un ordre *matériel* dans ses idées, aussi très personnel, même au sens mauvais du mot et ne détestant pas la littérature qui est une confidence, un épanchement et une confession. J'accorderai tout cela, et, aussi bien, il a bien fallu qu'il y ait eu quelque chose du romantisme dans sa complexion pour qu'il soit resté romantique relativement assez longtemps. Mais le fond ou si vous voulez — car je ne sais guère ce que c'est que le fond — certaines parties très considérables de sa complexion étaient tout autres et contraires. Il était prompt d'esprit, trop prompt même peut-être ; il aimait la clarté, il aimait, encore sans le bien savoir, la règle ; par son orgueil il était aristocrate ; et si l'art est toujours aristocratique, certainement, encore est-il que l'art romantique est plus populaire, s'adressant toujours plus aux sentiments qu'aux idées et, particulièrement, plus qu'aux idées fines. Et puis, ce qui à la vérité n'est que circonstanciel, mais n'en est pas moins important et peut-être plus, Nietzsche était indépendant et agressif, et que toute l'Allemagne fût pénétrée de romantisme, ce lui était une raison pour que très vite il se tournât d'un autre côté. Il s'affranchit.

Il s'affranchit d'abord, je crois, par la France et ensuite par la Grèce et peut-être par toutes les deux à la fois, et en tout cas, puisqu'il n'importe pas beaucoup, et qu'il faut un ordre, commençons par la France. Notons, du reste, qu'à la France comme à la Grèce il était conduit par son grand ami Gœthe, qui aimait autant l'une que l'autre. L'influence de Gœthe sur Nietzsche ne peut pas être exagérée. Que tout Nietzsche soit dans Gœthe, il ne faudrait peut-être pas en être sûr jusqu'à le dire ; mais à coup sûr on trouve Gœthe à tous les tournants de la marche de Nietzsche, aux principaux points de son évolution, et l'ombre lumineuse plane éternellement sur le moderne lutteur. « Le voyageur et son ombre », c'est un des titres de Nietzsche. Nietzsche a voyagé sans cesse dans la grande ombre de Gœthe, en essayant quelquefois, même avec succès, ce qui est possible dans ce cas-là, de « sauter hors de son ombre ».

Quoi qu'il en soit, il s'adressa à la France. Il lut Montaigne dont il loue la « loquacité » charmante : « Une loquacité qui vient de la joie de tourner d'une façon toujours nouvelle la même chose : on la trouve chez Montaigne. » — Il lut Pascal, qu'il cite cent fois ; il lut La Rochefoucauld, dont il est, du reste, le dernier éditeur, avec commentaires surabondants ; il lut Corneille, qu'il a compris jusqu'au fond et que nous retrouverons souvent en sa compagnie dans le cours de ce volume ; il lut La Bruyère ; il lut Voltaire, Vauvenargues ; il lut Chamfort, où il retrouve Schopenhauer, Chamfort qu'il déteste et qu'il excuse à la fois d'avoir été du parti de la Révolution et dans lequel il trouve « un homme riche en profondeurs et en tréfonds de l'âme, sombre, souffrant, ardent et le plus spirituel des moralistes » et qu'il représente comme « étant resté étranger aux Français » (où a-t-il vu cela ?) ; — il lut Fontenelle, qu'il admire trop à mon avis et comme un homme dont les jeux d'esprit et les paradoxes sont devenus des vérités ; il lut Stendhal, comme on peut s'y attendre ; et, en tant qu'il n'a pas voulu aller plus loin chez nous que le dix-huitième siècle, il devait lire Stendhal qui en est ; et il juge que Stendhal « est peut-être de tous les Français de ce siècle celui qui a possédé les yeux et les oreilles les plus riches de pensées ».

Tout cela le ravit et lui découvrit à lui-même sa véritable nature d'esprit. Il était classique. Voici les formules de l'art classique, nouvelles ou qu'il croit nouvelles, qui abondent sous sa plume. Point de littérature personnelle : « L'auteur doit se taire lorsque son œuvre se met à parler. » Le réel, rien que le réel, mais non point tout le réel : « De même que le bon écrivain en prose ne se sert que des mots qui appartiennent à la langue de la conversation, mais se garde bien d'utiliser tous les mots de cette langue — et c'est ainsi que se forme précisément le style choisi — de même le bon poète de l'avenir ne représentera que les choses réelles, négligeant complètement les objets vagues et démonétisés, faits de superstitions et de demi-vérités, en quoi les poètes anciens montraient leur force. Rien que la réalité, mais nullement toute la réalité. Bien plutôt une réalité choisie. » — On trouverait une théorie à peu près complète de l'art classique, et particulièrement de l'art classique français, éparse dans les œuvres de Nietzsche. Il est sûr au moins que le *clair*, le *précis*, l'*ordonné* et le *choisi* furent pour lui une sorte de révélation ravissante. Il se jura évidemment de sacrifier à ces nouvelles idoles ou plutôt de considérer comme des idoles tout ce qui n'était pas ces dieux-là.

La France le mena-t-elle à la Grèce ou la Grèce le ramena-t-elle plus tard à la France ? Le passage suivant, très important, peut appuyer l'une ou l'autre de ces deux hypothèses, ou celle-ci encore qu'il étudia les Grecs et les Français en même temps : « Quand on lit Montaigne, La Rochefoucauld, Fontenelle et particulièrement ses *Dialogues des morts*, Vauvenargues, Chamfort, on est plus près de l'antiquité qu'avec n'importe quel groupe de six auteurs d'un autre peuple. Par ces six écrivains l'esprit des derniers siècles de l'ère ancienne a revécu à nouveau. Réunis, ils forment un chaînon important dans la grande chaîne continue de la Renaissance. Leurs livres s'élèvent au-dessus du changement dans le goût national et des nuances philosophiques où chaque livre croit devoir scintiller maintenant pour devenir célèbre ; ils contiennent plus d'idées véritables que tous les ouvrages de philosophie allemande ensemble... Pour formuler une louange bien intelligible, je dirai *qu'écrites en grec, leurs œuvres eussent été comprises par des Grecs*. Combien, par contre, un Platon lui même aurait-il pu comprendre des écrits de nos meilleurs penseurs allemands, par exemple de Gœthe et de Schopenhauer, pour ne point parler de la répugnance que lui eût inspirée leur façon d'écrire, je veux dire ce qu'ils ont d'*obscur*, d'*exagéré* et parfois de sec et de figé ? Ce sont là des défauts dont ces deux écrivains souffrent le moins parmi les penseurs allemands, et ils en souffrent trop encore ! Gœthe, en tant que penseur, a plus volontiers étreint les nuages qu'on ne le souhaiterait, et ce n'est pas impunément que Schopenhauer s'est promené presque toujours parmi les symboles des choses plutôt que parmi les choses elles-mêmes. — Par contre, quelle *clarté* et quelle *précision* délicate chez ces Français ! Les Grecs les plus subtils auraient été forcés d'approuver cet art, et il y a une chose qu'ils auraient même admirée et adorée, la malice française de l'expression : ils aimaient beaucoup ce genre de choses, sans y être précisément très forts. »

Il s'écartait donc de plus en plus, non seulement du romantisme allemand, mais de l'Allemagne elle-même, et il commençait sans doute à se demander « s'il y a des classiques allemands », c'est-à-dire s'il y a eu des écrivains allemands d'un génie assez général, assez universel, assez *inactuels*, tout en fondant leur réputation de leur vivant, assez conquérants de l'avenir par la grandeur de leur pensée et par la force impérissable de leur expression, pour rester, pour grandir ou au moins pour ne pas déchoir cinquante ans après leur mort; et peut-être commençait-il à répondre non, comme il l'a écrit plus tard dans *Humain, trop humain :* « Des six grands ancêtres de la littérature allemande, cinq sont en train de vieillir incontestablement, ou ont même déjà vieilli... Je fais abstraction de Gœthe... Mais que dire des cinq autres ? Klopstock vieillit déjà de son vivant d'une façon très vénérable et si foncièrement que le livre réfléchi de ses années de vieillesse, sa *République des Savants*, n'a été jusqu'aujourd'hui prise au sérieux par personne. Herder eut le malheur d'écrire toujours des ouvrages qui étaient toujours trop neufs et déjà vieillis; et pour les esprits plus subtils et plus forts, comme pour Lichtenberg, l'œuvre principale de Herder avait quelque chose de suranné dès son apparition. Wieland qui, abondamment, avait vécu et engendré la vie, prévint, en *clarté française ! Qu'est-ce en somme que cette clarté française que de figé, de sec, d'étroit — et de trop raisonneur !*

homme avisé, la diminution de son influence par la mort. Lessing subsiste encore aujourd'hui ; mais parmi les savants jeunes et toujours plus jeunes ! Et Schiller est sorti maintenant des mains des jeunes gens pour tomber dans celles des petits garçons, de tous les petits garçons allemands. C'est pour un livre une façon de vieillir que de descendre à des âges de moins en moins mûrs... »

Toujours est-il qu'il se dégermanisait de plus en plus et qu'il se sentait attiré vers les pays de clarté et les horizons à la ligne nette. C'est à cette époque-là, c'est-à-dire vers 1870, qu'il découvrit la Grèce. Avait-il déjà eu quelque goût d'hellénisme étant écolier, au gymnase ? Il serait assez intéressant de le savoir. Je n'en sais rien ; mais la chose n'a du reste qu'un intérêt de curiosité, la seule éducation qui compte étant la seconde, celle qu'on se donne à soi-même ; et les véritables goûts, les goûts profonds, ceux qui demeurent toute la vie, se formant entre la vingtième année et la trentième. C'est donc vers 1870, comme il l'a dit très nettement dans sa préface des *Origines de la Tragédie grecque* et dans ses notes sur cet ouvrage, qu'il se prit pour la Grèce d'un goût profond, d'une véritable passion amoureuse, d'une manière de dévotion. Ce fut pour lui une nouvelle lumière. Il dut se dire, il se dit certainement :

> *Devenere locos lætos et amœna vireta...*
> *Purior hic campos œther et lumine vestit*
> *Purpureo.*

C'est le moment de la grande crise intellectuelle et même morale de Nietzsche, et tout son développement définitif a cette crise pour origine. Voulant se rendre compte des racines profondes de l'art tragique chez les Athéniens, des sources psychologiques de cet art, de l'état d'âme que cet art supposait chez ceux qui le pratiquaient, soit comme auteurs, soit comme interprètes, soit comme auditeurs, il se fait peu à peu toute une idée, fausse à mon avis, mais originale, intéressante et extrêmement féconde en conséquences, de l'âme grecque, du tempérament grec et de la race grecque, et cette idée il la caresse, et il s'en pénètre, et il s'en enivre, et il en fera tout un système philosophique, sociologique et moral ; et en vérité Nietzsche est tout entier dans les *Origines de la Tragédie grecque*.

A travers bien des gaucheries, bien des tâtonnements et bien des obscurités, voici l'idée sommaire que Nietzsche se fait de l'art tragique des Grecs et de l'âme grecque.

Une race a été, qui n'aimait que la beauté et la vie. Elle aimait surtout la vie, la vie forte et surabondante, puissante et joyeuse, exaltée et triomphante. Et c'est ce qu'on peut appeler son âme dionysiaque. Mais elle aimait aussi la beauté, la pureté de la ligne, la noblesse des attitudes, la majesté du front et la sérénité du regard. Et c'est ce qu'on peut appeler son âme apollinienne.

Et ces deux aspirations se réunissent et se joignent, en quelque sorte, dans la conception olympienne. L'Olympe est un séjour d'êtres supérieurs, à la fois puissamment vivants et noblement beaux, exaltés dans la joie de vivre et dans la volonté de vivre, *immortels*, mot dont, pour l'avoir trop répété, on ne sent plus la signification, immortels, c'est-à-dire insatiables de vie et en voulant pour l'éternité et voulant une vie éternellement inépuisable ; d'êtres, aussi, qui se plaisent à être beaux, à être grands, à être forts, à être nobles et harmonieux ; d'êtres qui se complaisent en eux-mêmes et dans une indéfinie progression de beauté en eux, d'êtres qui réalisent la beauté et qui s'appliquent à la réaliser toujours davantage. L'olympien est un être supérieur qui unit en lui l'état dionysiaque et l'état apollinien.

Il est le modèle du Grec ; et le Grec dans sa vie et dans son art cherche à se rapprocher de cet idéal. Dans sa tragédie il cherche la synthèse ou au moins l'union de l'état apollinien et de l'état dionysiaque. Il met l'état dionysiaque dans le chœur [très douteux] et l'état apollinien dans les personnages. En tout cas il cherche une forme d'art où la vie et la beauté soient réalisées et soient profondément unies, où la beauté soit présentée vivante, mouvante et agissante ; et où la vie soit présentée en beauté, toujours en beauté et sous toutes les formes de beauté, musique, rythme, vers, noblesse des attitudes, union intime de la beauté et de la vie, union intime de l'état apollinien et de l'état dionysiaque, réalisation approximative de l'olympisme.

Et dans sa vie même, le Grec cherche à réaliser encore cette union qu'il rêve toujours. Activité conquérante, activité politique, activité colonisatrice, activité administrante ; et, avec cela, l'art toujours, art des poètes, art des sculpteurs, art des architectes, art des peintres. La Grèce répand et veut répandre sa vie et son art à la fois sur l'Univers. Vivre et vivre en beauté ; faire vivre le monde et le faire vivre en beauté, voilà quelle semble être sa préoccupation constante et sa perpétuelle volonté.

Et l'on peut donc considérer sa tragédie comme l'intermédiaire et l'on se risquerait à dire comme le médiateur entre le ciel grec et la terre grecque. Elle donne aux hommes la vue approximative de cette union de l'état apollinien et de l'état dionysiaque que réalisent là-haut les immortels ; et elle leur donne l'exemple de cette union de l'état apollinien et de l'état dionysiaque qu'ils doivent réaliser sur la terre. Par la tragédie olympienne les Olympiens disent aux hommes : soyez olympiens. Vie et beauté dans le ciel, vie et beauté sur la terre ; vie et beauté céleste enseignée par la tragédie à la terre.

— Mais n'est-ce pas mettre beaucoup de choses dans la tragédie grecque, et les Athéniens cherchaient-ils autre chose dans la tragédie que l'occasion de se rassasier de larmes, comme parle Homère, et de satisfaire leur sensibilité ?

— Non pas, répond Nietzsche, et il suffit de lire aussi bien Platon qu'Aristote pour voir comment les Grecs entendaient la tragédie, au fond, *même quand ils n'étaient pas d'accord*. Platon chasse les poètes de la République parce qu'il craint qu'ils n'efféminent par la sensiblerie la race forte et joyeuse. Aristote, toujours en contradiction avec Platon, défend la tragédie en assurant qu'en appliquant la sensibilité des auditeurs à des choses fausses elle les « purge » de cette sensibilité et les rend à la vie énergiques, joyeux et forts. Et c'est-à-dire que tous les deux veulent une race énergique et amoureuse de la vie et entendent bien qu'il ne faut pas que l'art l'alanguisse et la détende.

Et, *au delà* de Platon et d'Aristote, pour employer une formule nietzschéenne, Nietzsche dit davantage. Il dit que ce goût même de la race grecque pour un art qui, encore que dionysiaque et apollinien, était pathétique, était triste, et étalait l'horreur et la misère humaine, révèle une race forte et allègre, qui ne craignait pas l'étalage de la misère et de la douleur ; qui ne demandait pas des dénouements heureux; qui ne demandait pas de mensonges optimistes; qui était assez sûre d'elle pour contempler la misère humaine, y trouver un plaisir esthétique et n'en être point ébranlée : qui peut-être avait besoin de se divertir ainsi un instant de son optimisme pour le retrouver entier et intact le moment d'après; qui peut-être éprouvait un plaisir mâle et âpre à voir le malheur humain, à le sentir menaçant, à s'en sentir menacé et à marcher à l'action, dût ce malheur tomber sur elle et au risque de ce malheur ; qui peut-être éprouvait un plaisir viril et sain à dire comme Gœthe : « Par-dessus les tombeaux, en avant! »; qui, en tout cas, n'allait pas chercher dans l'art des consolations, des solanées et des stupéfiants, mais, comme les forts, je ne sais quel breuvage amer et tonique.

Ainsi en possession d'une idée très douteuse sur l'art grec, mais qui faisait pour lui office de vérité, Nietzsche réfléchit sur cette révélation et se sentit ébranlé exactement en tout ce qu'on lui avait enseigné. On lui avait enseigné le romantisme allemand, c'est-à-dire un art de tristesse, de mélancolie, d'attendrissement et de sensibilité apitoyée. Il croyait découvrir un art et une race allègres, joyeux, énergiques, amoureux de la vie et non de la mort, apolliniens dans leurs instants de calme, dionysiaques dans leurs moments d'exaltation, et regardant vers la vie, même quand ils étaient apolliniens, et c'est-à-dire, même quand ils étaient apolliniens, restant dionysiaques encore. Et c'était bien là, à peu près, le contraire du romantisme.

On lui avait enseigné le pessimisme, c'est-à-dire, au fond et en gros, la croyance que la vie est mauvaise ; et il croyait voir un art et une race enivrés de l'amour de la vie, un art et une race profondément optimistes, mieux que cela, un art et une race qui faisaient servir le pessimisme à l'optimisme et qui par conséquent effaçaient l'un et l'autre et surtout les pédantesques et puériles oppositions de l'un contre l'autre, l'antinomie fausse de celui-ci et de celui-là, un art et une race qui, *par delà* l'optimisme et le pessimisme, rencontraient la vie, et la vie dans toute sa plénitude, à savoir la vie en beauté.

On lui avait enseigné une musique dont il avait été comme enivré, mais que maintenant il jugeait débilitante ; et il croyait voir une race et un art où la musique ne servait qu'à accompagner de vives exaltations du sens de la vie ou à régler des danses viriles, joyeuses ou belliqueuses. Il se sentit ébranlé.

Il ne faut pas croire qu'il le fut sans regret et sans regard jeté en arrière et que son état, en cette crise, fut tout de suite l'état dionysiaque. Malgré son orgueil et son humeur batailleuse, — et j'ai prévenu que les traits principaux du caractère de Nietzsche n'étaient pas tout son caractère, — il connut la tristesse de l'homme qui se sépare de son pays, ou de son parti, ou de son cénacle, tristesse que tout homme qui a quelque personnalité a connue à un moment de sa vie. Malgré tout son orgueil, il avait eu, et Dieu merci, quelque chose de la docilité, du respect pour le maitre, du *famulisme*, qui caractérise tout écolier allemand ; et il éprouvait un serrement de cœur et un peu d'angoisse à penser par lui-même : « Je connais un homme qui, encore enfant, s'était déjà habitué à bien penser de l'intellectualité des hommes, c'est-à-dire de leur véritable penchant pour les objets de l'esprit... *à avoir, par contre, une idée très médiocre de son esprit à lui* (jugement, mémoire, présence d'esprit, imagination). Il ne s'accordait aucune valeur lorsqu'il se comparait à d'autres. Mais au cours des années il fut forcé, *une fois d'abord*, puis cent fois, de changer d'opinion sur ce point. On pourrait croire que ce fut à sa grande joie et à sa grande satisfaction. En effet, il y avait quelque chose de cela ; mais, comme il disait une fois, il s'y mêle une amertume de la pire espèce, une amertume que je n'ai pas connue dans mes années antérieures ; car depuis que j'apprécie les hommes et moi-même avec plus de justesse par rapport aux besoins intellectuels, mon esprit me paraît moins utile. Avec lui je ne crois plus pouvoir faire œuvre bonne, parce que l'esprit des autres ne s'entend pas à l'accepter ; je vois maintenant toujours devant moi l'abîme affreux qui existe entre l'homme secourable et l'homme qui a besoin de secours. Voilà pourquoi je suis tourmenté par la misère de posséder mon esprit à moi seul et d'en jouir autant qu'il est supportable. Mais donner vaut mieux que posséder, et qu'est l'homme le plus riche lorsqu'il vit dans la solitude d'un désert ? »

On ne saurait trop méditer ce passage si l'on veut bien comprendre Nietzsche. Il est plein à la fois de modestie, d'orgueil et de la déception de la modestie et de la tristesse de l'orgueil et de ce sentiment de solitude qui est à la fois la fierté et la misère des hommes supérieurs. Cela explique l'âpreté ordinaire de Nietzsche. Un sentiment n'est fort que s'il est né d'une souffrance. Si Nietzsche fut personnel et solitaire avec impertinence et insolence, c'est, d'abord, si l'on veut, parce qu'il était exagéreur de son naturel ; c'est ensuite, si l'on veut, comme l'a remarqué M. Fouillée, parce que les Allemands aiment à forcer le trait, autant que Renan, par exemple, aimait à l'adoucir ; c'est surtout parce que de son isolement et de sa personnalité s'opposant aux idées de la multitude il avait souffert d'abord énormément, et que, dès lors, il prenait une sorte de revanche à accuser cette personnalité, cette originalité, cet isolement, à l'armer en guerre pour le confirmer et n'en plus souffrir, à l'exagérer comme avec colère contre lui-même et à dire : « Oui, je pense seul contre tous et cela ne me fera plus souffrir. » — Tel l'homme qui a été timide auprès des femmes et qui, ayant vaincu cette timidité, prend un plaisir de vainqueur à être trop assuré auprès d'elles ; tel l'orateur qui a commencé par être paralysé à la tribune, et qui, cette maladie guérie, devient trop improvisateur, parce qu'il l'est avec une volupté qui a son origine dans ses anciennes affres.

Du reste, si Nietzsche se dégagea avec une douleur qui n'a rien que de très honorable, il se dégagea avec le courage qui était bien le fond de sa nature. Il secoua les influences qui avaient pesé sur lui, d'un coup d'épaule, sec et dur et définitif ; il se guérit de ses maladies — ce sont ses expressions — par une médication spontanée, très énergique et radicale : « Il était en effet grand temps de *prendre congé* (1). Cela me fut démontré tout de suite. Richard Wagner, le plus victorieux en apparence, en réalité un romantique caduc et désespéré, s'effondra soudain, irrémédiablement anéanti comme devant la sainte croix. Aucun Allemand n'avait-il donc alors des yeux pour voir, de pitié dans la conscience pour déplorer cet horrible spectacle ? Ai-je donc été le seul qu'il ait fait *souffrir* (2) ? N'importe ; l'événement inattendu me jeta une lumière soudaine sur l'endroit que je venais de quitter et me donna aussi ce frisson de terreur que l'on ressent après avoir couru inconsciemment un immense danger. Lorsque je continuai seul ma route, *je me mis à trembler*. Peu de temps après je fus malade, plus que malade, fatigué par la continuelle désillusion au milieu de tout ce qui nous enthousiasmait encore, nous autres, hommes modernes... fatigué par dégoût de tout ce qu'il y a de féminisme et d'exaltation désordonnée dans ce romantisme, de toute cette menterie idéaliste et de cet amollissement de la conscience qui de nouveau l'avait emporté, là, sur un des plus braves ; fatigué enfin, et ce ne fut pas ma moindre fatigue, par la tristesse d'un impitoyable soupçon : je pressentais

(1) Souligné par Nietzsche.
(2) **Id.**

qu'après cette désillusion, j'allais être condamné à me défier plus encore, à mépriser plus profondément, à être plus absolument seul que jamais... Je pris alors, et non sans colère, parti *contre* (1) moi-même et *pour* (2) tout ce qui justement me faisait mal et m'était pénible... Cet événement de ma vie — l'histoire d'une maladie et d'une guérison; car cela finit par une guérison — n'a-t-il été qu'un événement à moi personnel? Cela n'a-t-il été que mon « humain, trop humain »? Je suis tenté de croire aujourd'hui le contraire... Je recommande mes livres de voyage à ceux qui s'affligent d'un passé et qui ont assez d'esprit de reste pour souffrir aussi de l'esprit de leur passé. Avant tout à vous, qui avez la tâche la plus dure, hommes rares, intellectuels courageux, vous les plus exposés de tous, qui devez être la conscience de l'âme moderne et, comme tels, posséder sa science, vous chez qui se rassemble tout ce qu'il peut y avoir aujourd'hui de maladies, de poisons, de dangers; vous dont c'est la destinée d'être plus malades que n'importe quel individu, parce que vous n'êtes pas seulement des individus; vous dont c'est la consolation de connaître le chemin d'une santé nouvelle et, hélas, de suivre ce chemin... »

(1) Souligné par Nietzsche.
(2) Id.

Il revient souvent sur cette crise et il cherche à l'expliquer, et il cherche surtout à expliquer cette ancienne erreur dont il se flatte si fort d'être revenu ; car quelque courage que l'on ait ou que l'on mette à proclamer qu'on s'est trompé, encore aime-t-on toujours à montrer qu'on avait quelques bonnes raisons de se tromper et que par conséquent, tout en se trompant, on n'était pas si loin d'avoir raison. Il a expliqué son pessimisme-romantisme par l'instinct dionysiaque fourvoyé, par l'instinct dionysiaque latent en lui, mais existant en lui et ne se trompant qu'en prenant pour une manifestation de lui-même ce qui ne l'était pas. Demi-erreur, qui eût pu mener déplorablement loin ; mais demi-erreur. De même en effet que les Grecs, au sein même de leur optimisme, admettent un pessimisme d'art qui ne sert qu'à renforcer peut-être, à coup sûr qu'à stimuler et aiguillonner leur optimisme fondamental, comme nous l'avons expliqué plus haut, de même on a pu se tromper sur le pessimisme allemand de 1860 et le prendre pour quelque chose d'analogue au pessimisme d'art des Grecs, pour quelque chose qui fût auxiliaire de l'optimisme et même *fonction* de l'optimisme.

C'est l'erreur que croit avoir faite Nietzsche et c'est dans cette mesure seulement qu'il se flatte d'avoir erré : « Je considérais... le pessimisme philosophique du XIXe siècle comme le symptôme d'une force supérieure de la pensée, d'une bravoure plus téméraire, d'une plénitude de vie plus victorieuse que celle qui avait été le propre du XVIIIe siècle (Hume, Kant, Condillac). Je pris la connaissance tragique comme le véritable *luxe* (1) de notre civilisation, comme sa manière de se prodiguer, la plus précieuse, la plus noble, la plus dangereuse ; mais pourtant, en raison de son opulence, comme un luxe qui lui était permis (2). — De même j'interprétais la musique allemande comme l'expression d'une puissance dionysiaque de l'âme allemande... On voit que je méconnaissais alors, tant dans le pessimisme philosophique que dans la musique allemande, ce qui lui donnait son véritable caractère, son romantisme... Tout art et toute philosophie peuvent être considérés comme des remèdes... Mais il y a deux sortes de souffrants ; il y a ceux qui souffrent d'une surabondance de vie et il y a ceux qui souffrent d'un appauvrissement de la vie. Et ceux qui souffrent d'une surabondance de vie veulent un art dionysiaque et aussi une vision tragique de la vie intérieure et extérieure... l'homme dionysien se plaît non seulement au spectacle du terrible et de l'inquiétant ; mais il aime le

(1) Souligné par Nietzsche.
(2) Id.

fait terrible en lui-même et tout le luxe de destruction, de désagrégation, de négation .. à cause d'une surabondance qu'il sent en lui capable de faire de chaque désert un pays fertile... Et ceux qui souffrent d'un appauvrissement de la vie demandent à l'art et à la philosophie le calme, le silence, une mer lisse — ou bien aussi l'ivresse, les convulsions, l'engourdissement, la folie. Et au double besoin de ceux-ci répond tout romantisme en art et en philosophie, et aussi tant Schopenhauer que Wagner, pour nommer ces deux romantismes les plus célèbres et les plus expressifs parmi ceux que *j'interprétais mal* alors, d'ailleurs, on en conviendra, nullement à leur désavantage (1). »

Il est certain qu'on peut s'y tromper et que les surabondants et les dégénérés demandant absolument la même chose, il est difficile de savoir, à ce qu'ils demandent, à ce qu'on leur donne et à ce qu'ils acceptent, s'ils sont dégénérés ou surabondants, et si la tragédie grecque est signe de surabondance chez ceux qui l'acclament et si le drame de Wagner, qui lui ressemble trait pour trait, est signe de dégénérescence chez ceux qui l'applaudissent ; et donc l'erreur de Nietzsche était très facile.

(1) *Gai Savo'*, parag. 370. J'ai remanié le passage pour le rendre plus net, sans le trahir, je crois, aucunement.

La différence, dit Nietzsche, c'est le romantisme. Certes, oui ; mais le romantisme étant très difficile à définir, d'une part, et, d'autre part, la chose en question étant les dispositions psychiques de ceux qui écoutent, et ceci étant probable que les Grecs eussent écouté Wagner dans un esprit classique et y eussent satisfait leur surabondance de vie et n'y eussent puisé que des inspirations dionysiaques, et n'y ayant rien de plus difficile que de savoir dans quelles dispositions psychiques les Européens écoutaient Wagner en 1865 et s'ils l'écoutaient dans un esprit classique ou dans un esprit romantique, encore une fois l'erreur de Nietzsche était aisée, si aisée que non seulement il a raison de la présenter comme une demi-erreur, mais qu'encore il est possible qu'elle ne fût pas une erreur du tout.

Quoi qu'il en soit, voilà Nietzsche, après beaucoup d'efforts, beaucoup de souffrances et beaucoup de courage, ce que je dis très sérieusement, absolument détaché du pessimisme, du romantisme et de Wagner, absolument féru des Français des xviie et xviiie siècles et des Grecs du temps de Sophocle, et absolument passionné pour deux choses : la vie intense et la beauté.

Sans aller plus loin pour le moment, demandons-nous ce qu'il a conquis. Ce n'est pas un nouveau système, c'est une nouvelle tendance. Ce n'est pas précisément une nouvelle mentalité, c'est un nouveau cœur. Il aime d'un autre côté. Il a une tendance maîtresse qu'il n'avait pas et qui est le contraire de celle qu'il avait auparavant.

Et ce n'est pas tout à fait vrai; car ces choses-là ne sont jamais vraies et il n'y a que les serpents qui changent de peau et il n'y a aucun animal qui change d'instinct. Nietzsche a toujours aimé la nouveauté et un peu l'excentricité. Il devrait songer un peu qu'il n'a jamais été Kantien, ni Hégélien. Il a été avec Schopenhauer, parce que Schopenhauer était le dernier venu ; il a été avec Wagner, essentiellement pour la même raison. Un goût de quelque chose de nouveau et de nature à étonner un peu le philistin a toujours été chez Nietzsche. Et, où nous le voyons maintenant, qu'est-il ? Un homme qui cherche à être nouveau et novateur et révolutionnaire et insurgé, encore ; mais comment ? D'une excellente façon : par une pensée nouvelle qui soit à lui. Il cherche la nouveauté dans l'originalité, dans la personnalité. Il a bien raison ; mais il obéit encore à un des instincts antérieurs de sa nature.

Ce qu'il faut dire, c'est qu'une des tendances innées de Nietzsche l'a incliné à se donner, vers la vingt-cinquième année, une tendance générale qui, assurément, n'était point du tout celle qu'il avait auparavant.

Tant y a que Nietzsche s'est trouvé, au moins comme tendance générale de sentiments. Désormais il aimera passionnément tout ce qui est vie intense et beauté splendide, et il aimera tout ce qui est pour concourir à la réalisation ici-bas de la vie intense et de la beauté, et il aura méfiance, puis aversion, puis haine, puis colère, contre tout ce qu'il croira de nature à entraver cette réalisation ou à la ralentir.

II

PRÉDICATION DE LA FOI

Donc Frédéric Nietzsche va prêcher à tout le monde et surtout à lui-même l'amour de la vie, l'amour de la vie intense, l'amour de la beauté, l'amour de la beauté faite de force, et dire éperdument, car c'est sa manière et il est né poète lyrique, poète dionysiaque : « Vers la vie ! Toujours plus de vie ! Mettons toujours plus de vie dans le monde ! Vive Gœthe ! » Nietzsche n'est guère autre chose qu'un Gœthe nerveux et surexcité.

Aussi bien, il croit s'apercevoir que si le monde a un sens, il n'a un sens qu'*en beauté*, qu'il ne peut être compris que comme manifestation d'un désir de beau, et qu'en dernière analyse il n'y a que les artistes qui comprennent le monde. Car enfin si nous voulons entendre le monde comme manifestation de justice, nous sommes très vite confondus de l'inutilité de notre effort et il est bien certain qu'excepté dans le cerveau humain il n'y a pas un atome de justice dans l'univers. Si nous voulons entendre le monde comme manifestation de moralité, nous sommes très vite leurrés dans notre espoir, et il nous faut convenir qu'excepté dans le cerveau humain il n'y a pas une ombre de moralité dans le monde. Si nous voulons entendre le monde comme une manifestation de bonté et dire comme Platon : « Dieu a créé le monde par bonté », nous touchons au ridicule et c'est une simple absurdité que de concevoir une puissance qui crée des êtres par bonté pour les faire souffrir. Mais les objections s'effacent, les antinomies se résolvent, les absurdités disparaissent et le scandale de la raison et aussi de la conscience s'évanouit, si nous envisageons l'Univers comme une manifestation du beau ; et du « mal sur la terre » il n'est plus question si nous disons que l'Univers a sa raison d'être dans sa beauté et uniquement dans sa beauté. Dieu est justifié s'il est un artiste :

« Il est nécessaire de nous élever résolument jusqu'à une conception métaphysique de l'art et de nous rappeler cette proposition précédemment avancée que le monde et l'existence *ne peuvent paraître justifiés qu'en tant que phénomène esthétique,* auquel sens le mythe tragique [par exemple] a précisément pour objet de nous convaincre que *même l'horrible et le monstrueux ne sont qu'un jeu esthétique, joué avec soi-même par la volonté dans la plénitude éternelle de son allégresse.* » — Le monde inintelligible comme justice, comme moralité et comme bonté, devenant intelligible comme beauté (Nietzsche dira plus tard le contraire ; mais nous verrons cela et peut-être les contradictions de Nietzsche sont-elles résolubles), c'est aller dans le sens du monde, c'est le suivre, c'est adhérer à lui. C'est surtout ne pas entrer avec lui dans ce conflit et dans cette lutte qui déchirent les meilleurs d'entre nous que d'aller vers la vie, vers la beauté et vers la joie. Oh ! que ceci est important ! Ne pas quitter la terre, ne pas tourner le dos à la terre, ne pas renier la terre, rester fidèle à la terre ! « Je vous en conjure, mes frères, *restez fidèles à la terre* et ne croyez pas ceux qui vous parlent d'espoirs supraterrestres ! Ce sont, qu'ils le sachent ou non, des empoisonneurs. Ce sont des contempteurs de la vie, des moribonds et des empoisonnés eux-mêmes, de ceux dont la terre est fatiguée. Qu'ils s'en aillent donc ! Mes frères, restez fidèles à la terre, avec toute la puissance de votre vertu ! Que votre amour qui donne et votre connaissance *servent le sens de la terre.* Je vous en prie et je vous en conjure. Ne laissez pas votre vertu s'envoler des choses terrestres et battre des ailes contre des murs éternels. Hélas ! il y eut toujours tant de vertu égarée ! Ramenez, comme moi, la vertu égarée sur la terre. »

Ce qui est, donc, certainement notre devoir, c'est de nous développer, de nous déployer tout entiers en toutes nos puissances, c'est d'arriver à être pleinement ce que nous nous sentons être : « Nous autres, nous voulons *devenir ceux que nous sommes.* » Il s'agit de dire *oui* à l'existence, de lui dire *oui* toujours ; et c'est-à-dire, non point de l'accepter, ce qui est une manière de la subir, mais de l'aimer, de l'embrasser amoureusement et passionnément : « Ce dernier *oui*, adressé à l'existence, un oui joyeux, débordant de pétulance, est non seulement la vision la plus haute, mais encore la plus profonde, celle que la vérité et la science confirment et maintiennent avec la plus grande sévérité. Rien de ce qui est ne doit être détruit ; rien n'est superflu... Pour comprendre cela, il faut du courage et, comme condition de ce courage, un excédent de force ; car dans la même mesure où le courage ose se porter en avant, la force s'approche de la vérité. La connaissance et l'affirmation de la vérité sont une nécessité pour l'homme fort, de même que l'homme faible, sous l'inspiration de la faiblesse, sent la nécessité de la lâcheté et de la fuite devant la réalité, sent la nécessité de ce qu'il appelle l'idéal. »

Quand on y songe, le pessimisme, l'idéalisme, le Christianisme, tous ces états de *renoncements* au monde tel qu'il est ne sont pas autre chose que des suicides. Ils sont, au moins, des sécessions. L'homme se retire du réel dans l'idéal comme le peuple de la cité sur le Mont Sacré, et il appelle sacré ce lieu, seulement parce qu'il s'y retire ; mais il n'y a aucune raison de le nommer ainsi et il n'est sacré que comme un tombeau. Nous faisons partie de l'Univers et je ne sais pas trop ce qui nous donnerait bien le droit de le juger. Il est et nous en sommes. Notre affaire c'est de l'accepter joyeusement et d'aller où il va, peut-être en l'aidant à y aller, en ajoutant à son expansion, à son développement large et fougueux, à la gloire de son mouvement, de son rythme et de son geste ; et de s'appliquer à y mettre plutôt une dissonance, outre que l'effort en est puéril, cela ne paraît pas très rationnel. Non, je ne veux pas l'homme buté, morose et boudeur ; « je veux l'homme le plus orgueilleux, le plus vivant, le plus affirmatif ; et je veux le monde, et le veux tel qu'il est, et je le veux encore, et je le veux éternellement et je crie insatiablement : *bis !* et non seulement pour moi seul, mais pour toute la pièce et pour tout le spectacle ; et non seulement pour tout le spectacle ; mais au fond pour moi, parce que le spectacle m'est nécessaire, et parce que je lui suis nécessaire et parce que je le rends nécessaire. »

— Mais cette disposition d'âme rend nécessaire la lutte ; car il ne suffit pas d'accepter le monde pour qu'il vous accepte et l'aimer oblige à le conquérir.
— Précisément ! Il faut être dispos à l'amour et à la lutte, à l'amour pour le monde et à la lutte contre lui par amour de lui : « On ne produit qu'à la condition d'être riche en antagonismes ; on ne reste jeune qu'à la condition que l'âme ne se détende pas, n'aspire pas au repos... Rien ne nous est devenu plus étranger que ce *desideratum* du passé, à savoir *la paix de l'âme*. Rien ne nous fait moins envie que la morale de ruminant et l'épais bonheur d'une *bonne conscience*. »

— Mais cette règle de vie se retournera contre vous. Il se peut très bien qu'à chercher la vie, l'extension de la vie, la vie toujours plus vivante, ce soit la peine, la souffrance, la blessure et finalement que vous rencontriez. — Soit et précisément ! L'optimisme complet et vrai emporte le mal avec lui, l'acceptant avec joie et l'embrassant et l'enveloppant en lui jusqu'à le faire disparaître à force de l'absorber. « *Il faut vivre dangereusement* » (un des plus beaux mots qui aient été prononcés par une bouche humaine), il faut vivre dans les périls, pour savourer la vie en sa plénitude et même pour savoir ce que c'est ; « croyez-m'en, le secret pour moissonner l'existence la plus féconde, la plus grande jouissance de la vie, c'est de vivre dangereusement. Construisez vos villes près du Vésuve ! Envoyez vos vaisseaux dans les mers inexplorées ! Vivez en guerre avec vos semblables et avec vous-mêmes ! Soyez brigands et conquérants tant que vous ne pourrez pas être possesseurs, vous qui cherchez la connaissance. Bientôt le temps passera où vous vous satisferez de vivre cachés dans les forêts comme des cerfs effarouchés. »

La mort fût-elle certaine, elle est encore de votre gibier d'optimiste ; car qu'est-ce qu'elle est ? La preuve que vous l'avez cherchée ; donc la preuve que vous avez vécu ; donc elle fait partie de la vie comme sa preuve, comme son stimulant, comme son but et comme sa récompense. En vérité la mort ainsi comprise est pleine de vie, et si elle en est le dernier éclat elle en est l'éclat suprême. « La plus belle vie pour le héros est de mûrir pour la mort en combattant. » — Et dès lors, ô douleur, où est ton aiguillon ? Je le vois très bien et merci à elle. Mais, ô mort, où est ta victoire ? Je ne le vois pas et la mort ne triomphe pas ; c'est moi qui triomphe en elle. — Et je ne crois pas qu'on puisse aller plus loin dans l'optimisme « par delà le bien et le mal » et qui enveloppe et emporte en lui le mal et le bien au delà de l'horizon humain et qui, comme Hercule, est vainqueur de la mort elle-même par ce seul fait, par ce seul acte qu'il la change et qu'il en fait comme une apothéose de la vie.

Nietzsche a consacré à peu près la moitié de ses écrits à cette glorification de la vie et de l'amour de la vie, de toute la vie. Mais je n'y insisterai pas davantage, ceci n'étant pas analytique et n'ayant pas besoin d'être analysé, ceci étant affirmatif et lyrique et, si beau qu'il soit au point de vue de l'art, n'étant point fait ni pour être commenté ni pour être discuté. C'est Nietzsche devant les objections et discutant lui-même qu'il faut voir et qu'il faut suivre ; et nous y arrivons.

III

CRITIQUE DES OBSTACLES

Premiers obstacles.

Jusqu'ici Nietzsche, quoique déjà l'idée perce, est encore dans le sentiment. Frappé, comme artiste, de la beauté de la vie grecque telle qu'il l'entend, il est amoureux de beauté et de libre vie, de beauté et de libre force, et il est arrivé à ce sentiment général de l'existence : il faut vivre de toutes ses forces et créer de la beauté vivante, en soi et hors de soi, par l'emploi courageux et héroïque de toutes ses forces. Voilà qui est bien ; mais ici il rencontre, car il voit juste et il voit loin, tous les obstacles qui, dans l'humanité et dans l'histoire de l'humanité, s'opposent à la vie ainsi entendue et ainsi sentie. Et ces obstacles sont nombreux, et il les a tous vus, ce me semble, et il s'est attaché à les ruiner et détruire tous, non pas les uns après les autres, car ce n'est pas sa manière, mais tous, en attaquant selon son humeur tantôt celui-ci, tantôt celui-là, quelquefois deux ou trois ensemble, en un combat incessant de tirailleur et de batteur d'estrade. Il a fait la critique des obstacles, c'est-à-dire il s'est attaché à montrer l'inanité, la puérilité, l'absurdité ou la malfaisance de tout ce qui, dans les institutions humaines et dans les opinions humaines, contrariait ou contredisait l'optimisme, empêchait l'homme de vivre en liberté, en gaîté, en force, en héroïsme et en beauté.

Ces obstacles, bien entendu, sont innombrables, et nous n'envisagerons avec lui que les principaux.

Un premier obstacle, intérieur en quelque sorte, est la timidité de l'homme dans la recherche de la vérité, la timidité de l'homme, en face de *la connaissance* à démêler, à surprendre, à saisir, à conquérir. Nous ne sommes pas des penseurs loyaux. Nous avons peur de la vérité, peut-être haine pour la vérité, comme a dit Pascal. La connaissance nous fait peur et nous ne l'abordons pas avec probité. C'est que nous savons qu'elle a ses dangers. Certainement elle les a. Elle a des dangers en proportion de ses plaisirs. On pourrait écrire une histoire qui n'a jamais été écrite, l'histoire du Don Juan de la connaissance. Ce ne serait pas l'histoire de Montaigne, de Sainte-Beuve ou de Renan; ni l'un ni l'autre n'ont été jusqu'au dernier chapitre. L'histoire complète du Don Juan de la connaissance serait celle-ci : « Il lui manque l'amour des choses qu'il découvre ; mais il a de l'esprit et de la sensualité et il jouit des chasses et des intrigues de la connaissance, qu'il poursuit jusqu'aux étoiles les plus hautes et les plus lointaines [c'est ici que s'arrête l'histoire de Montaigne, de Sainte-Beuve et de Renan] — jusqu'à ce qu'enfin il ne lui reste plus rien à chasser, si ce n'est ce qu'il y a d'absolument douloureux dans la connaissance, comme l'ivrogne qui finit par boire de l'absinthe et de l'eau forte. C'est pourquoi il finit par désirer l'enfer ; c'est la dernière connaissance qui le séduit. Peut-être qu'elle aussi le désappointera comme tout ce qui lui est connu. Alors il lui faudrait s'arrêter pour toute éternité ; cloué à la déception et devenu lui-même l'hôte de pierre, il aura le désir d'un repas du soir de la connaissance, repas qui jamais plus ne lui tombera en partage ! Car le monde des choses tout entier ne trouvera plus une bouchée à donner à cet affamé. »

On comprend donc bien cette crainte de la déception qui arrête l'homme au commencement même de la recherche personnelle du vrai. On retrouve ici la lâcheté générale de l'homme. Mais il ne faut pas être lâche et il ne faut pas craindre la défaite, car craindre la défaite, ceci même est une défaite avant le combat ; c'est donc être vaincu pour ne pas risquer d'avoir le dessous. Il faut aller à la recherche vaillamment et avec amour de la connaissance, amour préalable de la connaissance, comme ce prince qui était amoureux d'une princesse lointaine qu'il n'avait jamais vue. Il faut se dire que la vie n'a de sens que comme recherche du vrai, et qu'on ne la trouve bonne qu'à partir du moment qu'on la prise de la sorte : « Non ! la vie ne m'a pas déçu ! Je la trouve, au contraire, d'année en année plus riche, plus désirable et plus mystérieuse, depuis le jour où m'est venue *la grande libératrice*, à savoir cette pensée que la vie pouvait être *une expérience* de celui qui cherche la connaissance et non un devoir, non une fatalité, ni une duperie. Et la connaissance elle-même, que pour d'autres elle soit autre chose, par exemple un lit de repos, ou bien le chemin qui mène au lit de repos, ou bien encore un divertissement ou une flânerie ; pour moi elle est un monde de dangers et de victoires, où les sentiments héroïques aussi ont leurs places de danses et de jeux. *La vie est un moyen de la connaissance* (1) : avec ce principe au cœur, on peut non seulement vivre avec bravoure ; mais encore *vivre avec joie, rire de joie* (2).

(1) Souligné par Nietzsche.
(2) Id.

Et comment s'entendrait-on à bien rire et à bien vivre, si l'on ne s'entendait pas d'abord à la guerre et à la victoire ? »

Il faut avoir dans la recherche de la vérité, non seulement la loyauté, la probité, mais le scrupule de la probité. Il faut tellement aimer la vérité pour elle, quelle qu'elle puisse être, qu'il faut, non seulement ne pas l'aimer pour soi, mais *contre soi*. Il faut toujours se contredire — explication qui serait suffisante des innombrables contradictions de Nietzsche ; il se contredit par loyauté ; il n'efface pas l'objection qu'il se fait. — Il faut toujours accueillir le contraire de sa pensée et examiner ce que ce contraire peut valoir. « Ne jamais rien retenir ou taire devant toi-même de ce qu'on pourait opposer à tes pensées ! Fais-en le vœu ! Cela fait partie de la première probité du penseur. Il faut que chaque jour tu fasses aussi ta campagne contre toi-même. Une victoire ou la prise d'une redoute ne sont plus ton affaire à toi ; mais l'affaire de la vérité — et ta défaite à toi, elle aussi, n'est plus ton affaire. »

Mais cette loyauté dans la recherche de la connaissance est extrêmement rare chez les hommes. En général ils veulent se tromper et être trompés. A quoi cela leur sert-il ? A ne pas se donner de peine personnellement, il est vrai ; mais très probablement à s'assurer une peine générale qui est éternelle. Car il est probable que l'homme est né pour comprendre au moins tout ce dont il a besoin pour vivre. Les animaux savent et comprennent tout ce qu'il faut qu'ils comprennent et sachent pour les nécessités et même pour les agréments de leur vie. Il est donc vraisemblable que l'homme doit chercher tout le vrai susceptible de le rendre heureux. Or il est malheureux, dit-il. Qu'il cherche donc et avec loyauté et avec courage, sans aimer l'erreur, sans avoir confiance en l'erreur, sans la croire utile, sans cette appréhension du vrai qui est une singulière timidité. Cet obstacle à la vie en force est le premier à briser, le premier dont il faut montrer l'inanité, la puérilité, la bassesse et à proprement parler l'ineptie. Il faut avoir au moins le courage d'ouvrir les yeux.

Nietzsche, en tout cas, donne l'exemple. Nul penseur n'est plus loyal et ne va plus que lui, sinon au fond des choses, du moins à ce qu'il croit le fond des choses, sans s'inquiéter de la peur qu'au fond des choses il y ait du désagréable, du pénible, de l'odieux ou même rien.

Autre obstacle qui s'oppose à ce qu'on arrive d'une part à la vérité, à la connaissance, d'autre part à la vie en force, en liberté et en beauté. Cet obstacle c'est l'habitude, qui, en ces matières, s'appelle la tradition. L'humanité vit sur son passé, auquel elle tient par habitude ; et ce passé n'est qu'erreur et ne peut être qu'erreur. L'homme a été élevé par ses erreurs ; et ses erreurs sont devenues comme un fond de sa nature, dont il ne peut pas bien facilement se détacher ; et ces erreurs, d'une part, se continuent et se prolongent, d'autre part, rencontrant des vérités, se combinent avec celles-ci et produisent des erreurs nouvelles plus graves peut-être, comme toute erreur qui est mêlée de vérité et reçoit par là un nouveau crédit : « L'homme a été élevé par ses erreurs. — En premier lieu il ne se vit toujours qu'incomplètement », sur quoi il a conçu une règle de vie qui ne s'appliquait pas ou s'appliquait mal et contribuait à lui donner de lui une idée incomplète ; — « en second lieu il s'attribua des qualités imaginaires », comme par exemple la faculté de savoir l'avenir, ou la faculté du libre arbitre, ou la faculté de comprendre le surnaturel ; et ces erreurs furent productrices de règles de vie qui subsistent encore et qui le trompent. — « En troisième lieu il se sentit dans un rapport faux vis-à-vis des animaux et de la nature » ; il se sentit différent d'elle et d'eux, ce qui l'amena à croire à un antagonisme entre lui et le reste de la nature, erreur ou vue incomplète qui lui donna une direction fausse (1). — « En quatrième lieu il inventa des tables du bien toujours nouvelles, les considérant, chacune pendant un certain temps, comme éternelles et absolues, en sorte que tantôt tel instinct humain, tantôt tel autre occupait la première place, ennobli par suite de cette appréciation » ; de sorte que la série même de ces morales successives était une erreur générale ou une confusion générale, qui restait dans le cerveau humain pour l'obscurcir ou pour empêcher au moins qu'il ne s'éclairât.

A ces quatre erreurs initiales ou quasi initiales on pourrait en ajouter plusieurs autres. Qui s'étonnerait dès lors que l'homme vive dans l'erreur ou revienne toujours à l'erreur qui fut son berceau et qui devait l'être, qui ne pouvait pas ne pas l'être ? L'habitude est là, sans vouloir parler de l'hérédité ; l'habitude est là, *qui conserve dans l'homme cultivé ce qui était naturel et nécessaire à l'homme primitif.*

Et non pas seulement l'habitude. Songez au langage. Le langage est la prison de l'esprit. Il emprisonne la pensée des hommes d'aujourd'hui dans la pensée des hommes d'autrefois, puisqu'il ne permet aux hommes d'aujourd'hui d'exprimer leurs pensées que dans les mots des hommes d'autrefois ;

---

(1) Je suis moins sûr, ici, de l'interprétation.

puisqu'il ne donne à ma pensée, pour sortir, que la fenêtre par où passait la pensée de mes aïeux ; puisque, ce faisant, en dernière analyse il me force à prendre la pensée de Descartes pour dire la mienne. Le langage est donc conservateur des erreurs anciennes ou peut-être des vérités anciennes ; mais à coup sûr il est conservateur et antilibérateur. C'est un grand « danger pour la liberté intellectuelle. *Toute parole est un préjugé* ».

Et quand on songe que même sans parler on parle encore, que la pensée intérieure ne devient précise que par une parole intérieure et dans une parole intérieure, qu'elle ne s'est bien trouvée elle-même que quand elle a trouvé son mot, que dès que je pense, c'est que je parle, et qu'auparavant plutôt j'aspirais à penser que je ne pensais en effet ; on comprend à quel point les premières erreurs, naturelles et nécessaires, subsistant et par elles-mêmes, puisqu'elles ressortissent à des faiblesses peut-être éternelles de notre nature, et par l'habitude et par la tradition et par la nécessité de les exprimer encore un peu même quand on veut exprimer autre chose et même le contraire, ont un très grand empire et très difficile à ébranler et presque imprescriptible sur l'esprit des hommes.

Donc Nietzsche fera la guerre et suppliera qu'on

fasse la guerre à la timidité philosophique ; à l'insuffisante probité philosophique ; à l'obscurité qui souvent n'est qu'un artifice subtil dont la timidité s'accommode et dont l'improbité philosophique nous leurre; à l'habitude et à la tradition qui sont bien souvent des formes encore ou de la timidité, ou de la nonchalance et de la paresse; aux suggestions verbales enfin, qui nous trompent, nous font dire le contraire de ce que nous voulons dire ou la moitié seulement de ce que nous voulons qui soit dit par nous et compris par les autres.

Ce sont les premiers obstacles qu'il trouve à la vérité qu'il apporte.

IV

CRITIQUE DES OBSTACLES

La Société.

Un obstacle encore à la diffusion de la véritable doctrine, ce sont les sociétés actuelles. Disons tout de suite que c'est pour cela que Nietzsche a été estimé anarchiste par quelques-uns, encore qu'il ne le soit pas du tout et que foncièrement il soit précisément le contraire. Il n'est pas anarchiste, il n'est pas antisocial; seulement il voit très bien que toutes les sociétés actuelles et toutes les sociétés depuis un assez long temps sont directement opposées à sa foi et font obstacle à sa foi par leur constitution même. Les sociétés actuelles, quelles qu'elles soient, monarchies absolues, monarchies tempérées, démocraties, ne visent aucunement à faire vivre ou à aider l'homme à vivre en liberté, en force et en beauté ; si elles visent à quelque chose (de quoi, du reste, on peut douter), c'est à faire vivre le plus d'hommes possible. C'est là certainement le but, subconsciemment conçu et senti, de leur démarche générale.

Songeant, bien vaguement, à cela, mais en tout cas ne songeant pas à autre chose, elles ne peuvent penser qu'à assurer à tous les hommes une vie excellemment médiocre, une petite vie humble et restreinte, qui ne gêne pas, qui n'empiète pas, qui ne se déploie pas, une vie telle que chacun, très rétréci et comprimé, n'empêche point les autres de naître d'abord, et d'avoir, eux aussi, chacun sa petite place, sa petite case, son tout petit champ d'évolution. L'idéal de chacune de ces sociétés semble être celui d'un architecte d'hôpital ou d'un directeur d'hôpital qui mesure au plus juste les cubes d'air indispensables et qui dit : « En gagnant cinq centimètres encore sur chacun, j'obtiendrai quatre lits de plus, peut-être cinq. » — Il est difficile de vivre en liberté, en beauté, en force, et en surabondance dans ce système et dans cette pratique.

Très évidemment les sociétés modernes, aussi bien pour leurs simples citoyens que pour leurs soldats, s'occupent peu de la qualité et ne s'inquiètent que de la quantité. Elles ne veulent ni « faire grand » ni « faire beau » ni peut-être même « faire bien » ; elles veulent « faire nombreux ». Cela, à ce qu'il semble, tient bien à leur constitution même, en dehors de tout système politique. Elles sentent ou croient sentir que les hommes se mettent en société, comme on dit — mais peu importe que ce soit une sottise historique, il ne s'agit que de but et de dessein idéal — se mettent en société, donc, pour se garantir de l'ennemi possible et pour vivre en paix et en bonheur, non point du tout pour « vivre dangereusement » ; par conséquent plutôt pour appeler le plus d'êtres possible à la vie et maintenir le plus d'êtres possible dans la vie, que pour les faire vivre en beauté, en force et en danger ; et, du reste, le seul fait d'appeler à la vie le plus d'êtres possible restreint la place, comme nous avons vu, et forme en soi un obstacle à la vie belle. « *Beaucoup trop d'hommes viennent au monde ; l'Etat a été inventé pour ceux qui sont superflus ! Voyez comme il les attire, les superflus ! Comme il les enlace ! Comme il les mâche et les remâche !* » Les sociétés modernes, et depuis une antiquité assez reculée elles sont modernes, sont donc de soi antinietzschéennes ; et Nietzsche ne peut pas s'empêcher d'être un peu antisocial et surtout de le paraitre. Très certainement (pourquoi ne pas le reconnaitre ?) il a dû avoir des moments d'antisociétisme et se dire : « La vie telle que je la conçois, il se pourrait bien qu'elle fût tout simplement la vie sauvage et qu'elle ne pût se réaliser pleinement ou brillamment que dans « l'état de nature », ou dans cet état primitif à sociétés peu organisées que l'on appelle quelquefois l'état de la nature. Au fond, c'est l'invention sociale elle-même qui est contre moi. »

Il a pu se dire cela, encore que je ne voie pas qu'il l'ait écrit nulle part, lui qui écrivait tout ce qu'il pensait, avec tant de bravoure et de hardiesse; il a pu penser cela quelquefois, et, pour ma part, je le sais trop intelligent pour douter qu'il ait fait cette réflexion ; mais, persuadé, peut-être à tort, qu'il y a eu une race, à savoir la grecque, qui a été organisée en société et qui a créé la vie libre, belle et forte, il ne s'est pas arrêté à la pensée antisociale et il a laissé à quelques disciples de lui, peut-être logiques, la tâche ou le plaisir de la déduire de ses prémisses.

Ce dont il a fait la critique pénétrante, subtile et dure, ce qu'il a attaqué vigoureusement et dédaigneusement à la fois, c'est la société moderne, la société utilitaire, la société qui a pour rêve de donner à un très grand nombre d'êtres humains un petit bonheur étroit, laid et dégoûtant. Cette société-là est la bête noire, ou, si vous voulez, le troupeau noir de Nietzsche. Il la poursuit de railleries enflammées qui sont admirables. Ce qu'elle veut confusément, cette société, c'est deux choses qui sont excellemment antinaturelles : la justice et l'égalité; et où elle va, c'est à une chose qui est abominablement antiesthétique, c'est-à-dire antinaturelle encore, la médiocrité et la platitude. Ecoutez-les, « les tarentules ». Ecoutez-les parler de justice, c'est-à-dire d'envie et de vengeance : « C'est précisément ce que nous appelons justice quand le monde se remplit des orages de notre vengeance. » — Ainsi parlent entre elles les tarentules. — « Nous voulons exercer notre vengeance sur tous ceux qui ne sont pas à notre mesure et les couvrir de nos outrages. » — « C'est ce que se jurent en leurs cœurs les tarentules. » — « Et encore : volonté d'égalité, c'est ainsi que nous nommons dorénavant la vertu et nous voulons élever nos cris contre tout ce qui est puissant »... « C'est une mauvaise race; ils ont sur le visage les traits du bourreau et du ratier. Méfiez-vous de tous ceux qui parlent beaucoup de *leur* justice... Mes amis, je ne veux pas que l'on me mêle à d'autres et qu'on me confonde avec eux... C'est avec ces prédicateurs d'égalité que je ne veux pas être mêlé et confondu. Car, ainsi me parle *la* justice: les hommes ne sont pas égaux. »

Nietzsche ne tarit pas sur les « tarentules ». Il considère les socialistes comme la race « la plus honnête, la plus bornée et la plus malfaisante de l'Univers ». Il la tient pour amoureuse d'uniformité, de médiocrité et de laideur, comme tout ce qu'il y a au monde de plus étranger à la vie, de plus hostile à la vie, et de plus destructeur de la vie. Le démocrate lui paraît je ne sais quel ami de l'ombre et des ténèbres humides, tout ce qu'il y a de moins apollinien ; et le socialiste, qui n'est pour lui, et il a raison, que le démocrate logique, un être de nuit, dont le seul souci est de vouloir éteindre tout ce qui ressemble un peu au soleil.

Ce qu'il y a de désagréable, c'est que ceux qui pourraient être puissants, ceux qui sont marqués pour diriger, ceux que les Grecs eussent appelés *aristoï*, ceux-ci même acceptent une certaine solidarité avec les tarentules, croient ou semblent croire, d'abord à la nécessité de leur existence, ensuite à la légitimité de leurs désirs, et enfin s'associent avec elles. A tort : « La vie est une source de joie ; mais partout où la canaille vient boire, toutes les fontaines sont empoisonnées... Mais j'ai demandé un jour et j'étouffais presque de ma question : Comment ? La Vie aurait-elle besoin de la canaille ?... Et j'ai tourné le dos aux dominateurs lorsque je vis ce qu'ils appellent aujourd'hui dominer : trafiquer et marchander de puissance avec la canaille. »

Et il se forme ainsi un singulier Etat moderne, l'Etat appuyé sur la canaille, l'Etat-canaille, pourrait-on dire, et cet état, antinaturel et antiesthétique, se croit adorable, s'affirme adorable et se fait adorer; il est la « nouvelle idole ». Il se fait adorer, comme un sanctuaire d'oracle antique, sur un mensonge, du moins sur une contre-vérité à laquelle il croit peut-être et à laquelle la foule croit. Il se dit le peuple, il s'appelle le peuple et précisément il est le contraire : « L'Etat c'est le plus froid de tous les monstres froids. Il ment froidement et voici le mensonge qui rampe dans sa bouche : « Moi, l'Etat, je suis le Peuple. » C'est un mensonge ! *Ils étaient des créateurs ceux qui créèrent les peuples et qui suspendirent au-dessus des peuples une foi et un amour ;* ainsi ils servaient la vie. Mais *ce sont des destructeurs, ceux qui tendent des pièges au grand nombre et qui appellent cela un Etat* : ils suspendent sur eux un glaive et cent appétits. »

Voilà bien l'Etat moderne : il persuade au peuple qu'il sort du peuple et qu'il est le peuple ; et, sous ce prétexte, au lieu de le hausser vers quelque chose de grand, il l'abaisse en l'adulant ; au lieu de le réveiller et de le susciter, il l'endort ; au lieu de le discipliner, il le dissémine et le pulvérise ou le laisse dans sa dissémination et sa pulvérulence naturelles ; et c'est pour faire tout cela qu'il veut qu'on l'adore et qu'il « hurle, le monstre » : « Il n'y a rien de plus grand que moi sur la terre et je suis le doigt ordonnateur de Dieu. »

Et, où, s'il vous plaît, tout cela conduit-il, peut-il conduire, doit-il conduire ? Les sociétés modernes, avec leur goût du grand nombre, du toujours plus grand nombre, et de la médiocrité et de la platitude, et l'Etat-idole avec son goût pour l'uniformité et sa haine naturelle de toute supériorité individuelle, l'Etat-canaille en un mot, tout cela n'est pas autre chose qu'un plus ou moins lent suicide de l'humanité. « L'Etat [tel que nous venons de le définir] est partout où tous, bons et mauvais, absorbent des poisons ; l'Etat est partout où tous, bons et mauvais, se perdent eux-mêmes ; l'Etat est partout *où le lent suicide de tous s'appelle la Vie.* »

Si l'on se figure, pour peu que les choses durent ainsi, ce que les hommes deviendront à ce régime, on les voit ainsi dans un lointain avenir, prochain peut-être : « Je passe au milieu de ce peuple et je tiens mes yeux ouverts : ils sont devenus plus petits et ils continuent à devenir toujours plus petits. C'est leur doctrine du bonheur et de la vertu qui en est la cause... Ils s'en vont clopin-clopant et c'est ainsi qu'ils sont un obstacle à ceux qui se hâtent... Quelques-uns veulent, la plupart sont voulus... Ils sont ronds, loyaux et bienveillants les uns envers les autres comme les grains de sable sont ronds, loyaux et bienveillants envers les grains de sable. Embrasser modestement un petit bonheur, c'est ce qu'ils appellent résignation, et du même coup ils louchent déjà modestement vers un nouveau petit bonheur... Ils n'ont au fond qu'un désir : que personne ne leur fasse du mal ; cela s'appelle vertu et c'est de la lâcheté... La vertu c'est pour eux ce qui rend modeste et apprivoisé : c'est ainsi qu'ils ont fait du loup un chien et de l'homme même le meilleur animal domestique de l'homme... Et c'est là de la médiocrité, bien que cela s'appelle modération. »

Voyez-les bien tels qu'ils seront demain. Ils auront découvert le bonheur ; ils en seront très persuadés, et en effet ils auront découvert ce qu'ils cherchent maintenant et qui n'est pas difficile du tout à trouver et qu'ils appellent par avance le bonheur et qui est une chose à donner quelque nausée : « Je vous montre le dernier homme. Il dit : « Qu'est-ce que l'amour, la création, le désir ? Qu'est-ce que l'étoile ? » Et il clignote. » — « Nous avons découvert le bonheur », disent les derniers hommes, « et ils clignotent. Ils ont délaissé les contrées où l'on vit durement ; car on a besoin de chaleur. On aime aussi le voisin et l'on se frotte contre lui ; car on a besoin de chaleur... On travaille encore ; car le travail est une distraction. Mais l'on veille à ce que cette distraction ne devienne pas un effort. On ne veut ni pauvreté ni richesse ; l'une et l'autre donnent trop de souci. Qui voudrait encore commander ? Et qui obéit ? L'un et l'autre donnent trop de souci. Pas de berger et un seul troupeau ! Chacun veut la même chose. Tous sont égaux : qui pense autrement entre volontairement dans un asile d'aliénés. — Nous avons découvert le bonheur, disent les derniers hommes ; et ils clignotent. »

Il semble que voilà bien l'Etat moderne, ses principes, son présent et son avenir. S'il est ainsi, est-ce qu'il ne tournerait pas le dos à la culture, à l'art, à la beauté, à la civilisation et en général à ce qu'on appelle habituellement la vie humaine ? Est-ce que nous ne serions pas entre deux barbaries, avec « notre chaise au milieu », l'une, derrière nous, violente, agitée et chaotique, l'autre, devant nous, énervée, décrépite, ramollie et en air stagnant ? Est-ce que le progrès dont notre âge se vante ne serait pas celui du sable mouvant ou de la vase montant, d'un mouvement insensible et doux, de nos jambes à notre ceinture et de notre ceinture à nos épaules ? Nous le voyons s'élever, d'une ascension précise et sûre ; et nous nous disons avec orgueil : Oh ! oh ! quelque chose monte. Mais il faudrait un peu se demander si ce n'est pas nous qui descendons, ce qui n'est pas impossible, et si le moment n'est pas près de venir où quelqu'un dira : et il n'y eut plus que la vase.

Nietzsche en est persuadé au moins, et, de son regard jeté sur la société, il conclut pour le moment : Ceci encore est un obstacle à ma foi. Ceci est contraire à la vie, à la beauté et à la lumière. Ceci est une descente facile dans la nuit, *facilis descensus Averni*. Ou il ne faut pas de société, ou il faut une société qui serait juste à l'inverse de celle-ci. C'est ce que nous aurons à voir plus tard. Pour le moment notons ce point comme parfaitement acquis : ceci est encore un obstacle.

V

CRITIQUE DES OBSTACLES

Les Religions.

La croyance au surnaturel, la croyance en Dieu et à l'immortalité de l'âme, les métaphysiques et les religions sont-elles des forces ou des faiblesses de l'humanité, des santés ou des maladies de l'humanité ; la fortifient-elles, ou est-ce qu'elles la dépriment ? Ce n'est pas une des questions que Frédéric Nietzsche ait le plus creusées, mais il se l'est posée, cependant, avec angoisse, comme toujours, et il y a répondu comme toujours avec une pleine décision. Les métaphysiques et les religions sont d'abord un signe de faiblesse dans l'humanité et ensuite elles augmentent et aggravent cette faiblesse dont elles procèdent. Quasi personne ne niera que les religions sont nées de la terreur des hommes ignorants en présence des forces de la nature. C'est donc premièrement d'une faiblesse que sont nées les religions, et il est inutile d'insister sur ce point. Mais, de terrifiantes, les religions sont devenues bienfaisantes, et ceci est à examiner de plus près.

De terrifiantes les religions sont devenues bienfaisantes, cela veut dire que les hommes, d'une part ont supposé, à côté des puissances mauvaises et hostiles qui les entouraient, des puissances bonnes et favorables ; d'autre part, qu'ils se sont avisés d'apprivoiser les forces hostiles par des paroles et des actes respectueux et de les convertir en puissances favorables et bienfaisantes. Ne voyez-vous pas, de tous les côtés, la faiblesse qui tremble, la faiblesse qui flatte et la faiblesse qui supplie ? « L'Instinct de faiblesse », le sentiment de sa faiblesse, voilà ce qui crée en l'homme le *besoin* de religion ; et ce besoin crée son organe ; et tant que le besoin subsiste l'organe dure. La religion ou métaphysique est besoin de certitude générale, besoin de certitude universelle où s'encadreront les certitudes particulières, ou de certitude fondamentale sur laquelle s'appuieront les certitudes d'usage courant. C'est donc un manque de volonté qui est, historiquement à l'origine, et moralement à la racine, de toute religion ou métaphysique ; car la volonté n'a pas besoin de certitude ; elle va vers son but d'elle-même et simplement parce qu'elle est et qu'elle est portée naturellement à s'élancer et se déployer.

Ceux-là donc se trompent qui sont portés à croire que le besoin de croire est une forme du besoin d'agir. Le besoin de croire est une forme du besoin de se reposer, tout au moins de se reposer sur quelque chose : « On mesure le degré de force de notre foi — ou plus exactement le degré de sa faiblesse — au nombre des principes que notre foi ne veut pas voir ébranlés parce qu'ils lui servent de *soutiens* (1)... L'homme est ainsi fait : on pourrait réfuter mille fois un article de sa foi, en admettant qu'il en eût besoin il continuerait toujours à le tenir pour vrai... Ce désir de la certitude.... est, lui aussi, le désir d'un appui, d'un soutien, bref cet *instinct de faiblesse* (2) qui, s'il ne crée pas les religions, les métaphysiques et les principes de toute espèce, du moins les conserve. C'est un fait qu'autour de tous ces systèmes positifs s'élève la fumée d'un certain assombrissement pessimiste, soit fatigue, soit fatalisme, soit déception ou crainte de déception nouvelle, ou bien encore étalage du ressentiment, mauvaise humeur, anarchisme exaspéré [anarchisme intérieur, impuissance à se gouverner soi-même qui s'irrite?], ou enfin symptômes, quels qu'ils

(1) Souligné par Nietzsche.
(2) Id.

soient, du sentiment de faiblesse ou mascarades résultant de ce sentiment... La foi est toujours plus *demandée*, le besoin de foi est toujours plus urgent, à mesure que manque la volonté... d'où il faudrait peut-être conclure que les deux grandes religions du monde, le bouddhisme et le christianisme, pourraient bien avoir trouvé leur origine et surtout leur développement soudain dans un énorme accès de maladie de la volonté. »

Il faut remarquer ceci, qui est bien confirmatif de ce qui précède. De ce que l'homme est *ordinairement* en un certain état de faiblesse, il s'ensuit que même ses états de force, ses moments de santé et d'énergie lui inspirent la croyance en Dieu. L'homme pénétré de sa faiblesse recourt à Dieu ; mais l'homme étonné de sa force, quand il lui arrive d'en avoir, l'attribue à Dieu : « Les états de puissance inspirent à l'homme le sentiment qu'il est indépendant de la cause de ces états, qu'il en est irresponsable : ils viennent sans qu'on les désire, donc nous n'en sommes pas les auteurs. La conscience d'un changement en nous sans que nous l'ayons voulu exige une volonté étrangère. L'homme n'a pas osé s'attribuer à lui-même tous les moments surprenants et forts de sa vie ; il a imaginé que ces moments étaient passifs, qu'il les subissait et en était subjugué... et il a ainsi fait deux parts de lui, l'une pitoyable et faible, qu'il a appelée l'homme, l'autre très forte et surprenante, qu'il a appelée Dieu. »

Tout, donc, a poussé l'homme à la religion, et sa faiblesse et sa force, et sa force accidentelle en raison même de sa faiblesse ordinaire, et aussi sa faiblesse ordinaire, en raison de sa force accidentelle ; car, s'il était toujours faible, il ne sentirait pas sa faiblesse, et c'est sa force accidentelle qui lui fait sentir et mesurer sa faiblesse accoutumée. — Voilà l'origine des religions suffisamment expliquée, ce semble, puisqu'on explique par ce qui précède et pourquoi elles sont, et aussi qu'il n'est guère possible qu'elles ne soient pas.

Ajoutez à cet instinct créateur des religions, à ce double instinct créateur des religions, ou plutôt à cet instinct à deux faces doublement créateur des religions, les créateurs eux-mêmes, c'est-à-dire les organisateurs de l'instinct religieux. Ceux-ci, soit intuition rapide, soit réflexion profonde, font une chose très simple en soi qui a des conséquences incalculables. Ils avisent la façon d'être, naturelle, acquise aussi, et, enfin et surtout, ordinaire et générale, d'un peuple, et cette façon d'être : 1º ils la disciplinent ; 2º ils la divinisent, ils l'autorisent d'une idée théologique et théocratique.

Ils la disciplinent : de ce qui est pratique courante ils font une règle (pratiques, observances, rites), chose secondaire, importante pourtant ; car ce qu'on fait parce qu'on a l'habitude de le faire ennuie ; ce que l'on fait parce que c'est la règle et le devoir plaît et même réconforte (couvents). Le rite supprime l'ennui, en donnant une dignité aux choses ennuyeuses.

Ils divinisent la vie ordinaire d'un peuple. Ils persuadent à un peuple que sa vie ordinaire a un sens, et un beau sens, un sens divin, un sens mystérieux, agréable à une puissance supérieure et voulu par elle.

Les juifs sont un peuple de pillage et de rapine. Cette vie ne lui plaît pas tous les jours. Un homme vient lui dire qu'il y a un Dieu qui n'aime qu'eux, qui déteste tous les peuples qui ne sont pas eux, et qui se plaît à voir les autres peuples pillés, trompés et ravagés par eux. Immédiatement la vie de ce peuple prend un sens, et un beau sens, et devient un bien, un bien moral, un idéal, pour lequel on est prêt à sacrifier sa vie, en tout cas quelque chose de beau qui ne peut plus dégoûter ni fatiguer, ni passer pour vain. Cet homme, qui a dit cela à ce peuple, a transposé, a surélevé un instinct de ce peuple, de sorte que ce peuple dans la pensée de cet homme se retrouve d'abord, ce qui est nécessaire ; et se retrouve plus beau, se retrouve en beauté, ce qui a des conséquences extraordinaires pour son bien-être moral et pour son bonheur.

A ce même peuple, mais fatigué et languissant, épuisé par de longues guerres intestines, et à quelques autres peuples aussi, un autre homme vient vanter et louer comme divine, quoi ? leur vie même, leur petite vie humble et basse ; il l'interprète en beauté ; « il trouve autour de lui la vie des petites gens des provinces romaines : il l'interprète, il y met un sens supérieur et par là même le courage de mépriser tout autre genre de vie, le tranquille fanatisme que reprirent plus tard les frères Moraves, la secrète et souterraine confiance en soi qui grandit sans cesse jusqu'à être prête à surmonter le monde. »

Bouddha trouve autour de lui, quoi ? Disséminés un peu dans toutes les classes de son peuple, des hommes bons, bienveillants, paresseux et mous. Il ne leur persuada rien du tout, si ce n'est ceci que la paresse est un état supérieur, un état divin, que l'aspiration au repos et au néant est la plus haute pensée du monde et que Dieu n'en a pas d'autre. De la *vis inertiæ* il fait une foi. — Et c'était un trait de génie que d'avoir eu cette idée si simple. Et, en effet, c'était comprendre des gens qui ne se comprenaient pas. « Pour être fondateur de religion, il faut de *l'infaillibilité psychologique* dans la découverte d'une catégorie d'âmes moyennes *et qui n'ont pas encore reconnu qu'elles sont de même espèce.* Ces âmes, c'est le fondateur de religion qui les réunit (*relligio*). C'est pourquoi la fondation d'une religion devient toujours une longue fête de reconnaissance. »

Cette religion, ainsi créée et ainsi organisée, se transmet par l'habitude et l'hérédité et se *prouve* et se *confirme* par les actes de courage très réel qu'elle suscite ; et comme, ainsi, de la faiblesse naît la force ou semble naître la force, la religion finit par avoir sur les imaginations l'influence et le prestige de la force morale. Mais avons-nous besoin de dire que le martyre ne prouve rien ? Il prouve, si l'on veut, et encore cela pourrait être contesté, que quelqu'un est très convaincu. Mais la conviction n'est pas preuve de vérité. Sans qu'elle le soit d'erreur, assurément, elle est même présomption d'erreur, puisque l'on voit bien, sans cesse, que plus l'homme est intelligent, moins il affirme, et puisque, par conséquent, un homme assez affirmatif pour mourir pour son affirmation peut être présumé volonté énergique, passion emportée, mais esprit étroit. — Les martyrs ne prouvent donc rien du tout, mais ils séduisent, ils animent et ils enivrent. Ils sont nécessaires au développement d'une religion et ils sont les véritables colonnes, presque inébranlables, du temple ! « Il est si peu vrai qu'un martyr puisse démontrer la vérité d'une chose que je voudrais affirmer qu'un martyr n'a jamais eu rien à voir avec la vérité... Les supplices des martyrs ont été un grand malheur dans l'histoire ; ils ont *séduit*. La croix est-elle donc un argument ? »

Ainsi, née de la faiblesse humaine ; organisée par l'adresse, sincère du reste et même inconsciente, de psychologues avisés ; fortifiée et confirmée par des actes solennels et frappants de confession, de dévouement et de sacrifice, une religion étend son influence sur une partie de l'humanité. — Ce qui la détruit, c'est l'apparition d'une autre religion correspondant à un nouvel état, mais toujours à un état de faiblesse, de l'humanité ou d'une portion de l'humanité. La « religion de la souffrance humaine », par exemple, qui n'est qu'une forme de la « religion de l'humanité », tend, de nos jours, à se substituer aux autres, et qu'elle ait ou qu'elle n'ait pas chance de survie, il n'importe, ce n'est qu'un exemple de la façon dont les religions essayent de s'établir. Or qu'est-elle, cette religion de la pitié ? D'abord un reste de Christianisme. Evidemment. Il le faut bien, puisqu'une nouvelle religion doit correspondre à un état d'esprit général et même n'être que cet esprit général pensé religieusement, et puisqu'il doit y avoir des restes de Christianisme dans l'état d'esprit général de 1880. — Ensuite cette nouvelle religion est une négation du Christianisme, relativement aux parties caduques du Christianisme. Elle n'en appelle plus à Dieu, elle semble ne plus songer du tout à Dieu ; peut-être elle n'y croit pas ; elle repousse l'idée de justice ; elle repousse l'idée d'Etat ; elle repousse l'idée d'autorité et l'idée de hiérarchie, toutes idées qui, au moins, avaient été acceptées par le Christianisme. Elle est donc, partie reste de Christianisme, partie réaction contre le Christianisme, comme le Christianisme avait été partie reste du judaïsme, partie réaction contre le judaïsme. — Et enfin elle s'appuie sur la faiblesse humaine, elle y fait appel, et elle la divinise. Elle correspond à l'état de lassitude de l'Europe écrasée de guerres, d'invasion et de paix armée ; et cette fatigue elle en fait une vertu. Elle dit : « Jamais de sang versé, jamais de guerre, même juste ; que la pitié arrête et supprime le carnage ! » — Au fond c'est dire : « Vous êtes lâches ? Eh bien, je vais vous révéler un secret divin qui vous fera plaisir : vous avez raison. »

Voilà comment une religion nouvelle essaye de détruire une religion ancienne et quelquefois y réussit. Voilà les trois conditions nécessaires et quelquefois suffisantes pour qu'une religion en détruise une autre et s'établisse.

Mais qui peut détruire toutes les religions sans en mettre une autre à la place de la dernière ? Une seule chose, très difficile à la vérité, la destruction du surnaturel, l'affirmation énergique que le surnaturel n'existe pas, la mise au défi de prouver que le surnaturel existe. La première chose que le prophète de l'avenir doit crier, c'est : « Dieu est mort ; je vous dis en vérité une chose vraie : Dieu est mort. » C'est le premier mot de Zarathoustra. Il faut affirmer énergiquement que Dieu n'existe plus.

Quand cette idée s'empare de Nietzsche, elle le pousse si loin qu'il en oublie une de ses théories favorites, à savoir que le monde est une manifestation de beauté. Car cette théorie peut conduire à Dieu, à un Dieu, à quelque chose de théologique ; elle contient du divin. Si le monde est une manifestation de beauté, il suppose un artiste, au-dessus de lui, au-dessous de lui, en lui, mais encore quelque part ; ou il suppose le monde lui-même artiste, artiste de lui-même. C'est encore trop de divin. Aussi, quand Nietzsche s'échauffe en athéisme, il nie la beauté du monde et il faut bien reconnaître qu'il ne peut pas faire autrement : « La condition générale du monde est pour toute éternité le chaos, non par l'absence d'une nécessité, mais au sens d'un manque d'ordre, de structure, de forme, de *beauté*, de sagesse et quels que soient les noms de nos *esthéticiens* humains... Il n'est ni parfait, ni *beau*, ni noble et ne veut devenir rien de tout cela : il ne tend aucunement à imiter l'homme ! Il n'est pas touché par aucun de nos jugements *esthétiques* et moraux... »

Dieu est mort ; mais, prenez garde ; il reste des ombres de Dieu. Après la mort de Bouddha l'on montra encore pendant des siècles son ombre dans une caverne, une ombre énorme et épouvantable. « Dieu est mort ; mais à la façon dont sont faits les hommes, il y aura peut-être encore pendant des milliers d'années des cavernes où l'on montrera son ombre. »

Ces ombres de Dieu, c'est précisément ces croyances à quelque chose d'intelligent dans l'univers, à quelque chose ou de beau, comme nous venons de voir, ou d'ordonné, ou d'intentionnel. La métaphysique est une ombre du surnaturel ; la simple humanisation de l'univers est une ombre du surnaturel ; la simple croyance plus ou moins ferme que l'univers signifie quelque chose est une ombre du surnaturel. Comprendre l'univers c'est croire en Dieu ; croire le comprendre c'est croire en Dieu ; essayer de le comprendre c'est encore croire en Dieu ; supposer l'univers intelligible c'est être déiste, même quand on se croit athée. — Pensée profonde, que Nietzsche voit très bien, jusqu'au fond, du regard le plus clair qu'il ait jamais eu.

Donc dissipons ces ombres de Dieu. Gardons-nous de croire l'univers intelligible. Gardons-nous de toutes les hypothèses par lesquelles nous tâchons à nous l'expliquer. « Gardons-nous [par exemple, panthéisme] de penser que le monde est un être vivant. Comment devrait-il se développer ? De quoi se nourrirait-il ? Comment ferait il pour croître et s'augmenter ? Nous savons à peu près ce que c'est que la matière organisée et nous devrions changer le sens de ce qu'il y a d'indiciblement dérivé, tardif, rare, hasardé, de ce que nous percevons sur la croûte de la terre pour en faire quelque chose d'essentiel, de général et d'éternel ? C'est ce que font ceux qui appellent l'univers un organisme. Voilà ce qui me dégoûte. » — Sans aller si loin, « gardons-nous aussi de considérer l'univers comme une machine. Il n'a certainement pas été construit en vue d'un but ; en employant le mot machine, nous lui faisons un bien trop grand honneur. Gardons-nous d'admettre pour certain, partout et d'une façon générale, quelque chose de défini comme le mouvement cyclique des constellations qui sont voisines de nous : un regard jeté sur la voie lactée évoque déjà des doutes, fait croire qu'il y a peut-être là des mouvements beaucoup plus grossiers et plus contradictoires [que ceux du système solaire] et aussi des étoiles précipitées comme dans une chute en ligne droite. L'ordre astral où nous vivons est une exception ; cet ordre, de même que la durée passable qui en est la condition, a de son côté rendu possible l'exception des exceptions : la formation de ce qui est organique... Gardons-nous encore de dire qu'il y a des *lois* dans la nature. Il n'y a que des nécessités. Il n'y a là personne qui commande, personne qui obéisse, personne qui enfreigne. Lorsque vous saurez qu'il n'y a point de fins, vous saurez aussi qu'il n'y a point de hasard ; car *ce n'est qu'à côté d'un monde de fins que le mot* hasard a un sens. Gardons-nous encore de dire que la mort est opposée à la vie. La vie n'est qu'une variété de la mort et une variété très rare. Gardons-nous... mais quand serons-nous au bout de nos soins et de nos précautions ? Quand toutes ces ombres de Dieu ne nous troubleront-elles plus ? Quand aurons-nous entièrement dépouillé la nature de ses attributs divins ; ce qui revient à dire : quand aurons-nous fini d'humaniser la nature ? »

Les religions et les métaphysiques, ces reflets de religions, ne disparaîtront que quand l'homme pourra comprendre, pourra voir quelque chose *comme différent de lui.* Or c'est ce qu'il en est encore à ne pas faire, à ne pouvoir pas faire : « Nous ne faisons qu'opérer avec des choses qui n'existent pas, avec des lignes, des surfaces, des atomes, des temps divisibles, des espaces divisibles. Comment une interprétation serait-elle possible si de toute chose nous faisons d'abord une image, *notre image?* Nous ne considérons encore la science que comme une humanisation des choses aussi fidèle que possible. En décrivant les choses et leur succession nous n'apprenons qu'à nous décrire nous-mêmes toujours plus exactement... »

Tant que l'homme ne verra et ne saura que lui-même et ne pourra, sous prétexte d'expliquer les choses, que les transformer en lui, il sera dominé par des religions ou des métaphysiques nées de sa faiblesse physique et entretenues par sa faiblesse morale.

Voyez, dans un exemple, la faiblesse inhérente aux croyances métaphysiques et la faiblesse *qui en dérive.* Les hommes ont très longtemps cru à l'immortalité de l'âme humaine. «Volonté de puissance», dira-t-on à Nietzsche, désir puissant et intense de vivre toujours et toujours davantage, rêve d'olympien ou d'être qui veut être olympien ! — Il est possible, répondrait Nietzsche, la volonté de puissance, elle aussi, a ses erreurs. Mais ceci est une fausse volonté de puissance et au fond n'est qu'une faiblesse, l'horreur et la crainte de la mort ; et engendre une faiblesse peut-être plus grave, qui est celle-ci. Avec la croyance à l'âme immortelle, l'homme est forcé de prendre avant sa mort une décision, un parti ; puisque du parti qu'il prend son salut dépend. Voyez Pascal. Il en résulte une timidité extrême qui fait que la connaissance n'avance pas, que l'homme se tient craintivement comme au seuil de la connaissance : « La plus utile conquête qui ait peut-être été faite, c'est d'avoir renoncé à la croyance en l'âme immortelle. Maintenant l'humanité *a le droit d'attendre;* elle n'a plus besoin de se précipiter et d'accepter des idées mal examinées, comme il lui fallait faire autrefois. Car alors, le salut de la pauvre âme immortelle dépendant de ses convictions durant une courte existence, il lui fallait se décider d'aujourd'hui à demain et la connaissance avait une importance épouvantable. Nous avons reconquis le bon courage à errer, à essayer, à prendre provisoirement. Tout cela est de moindre conséquence. Et c'est justement pour cela que des individus et des générations entières peuvent envisager des tâches si grandioses qu'elles seraient apparues aux temps jadis comme de la folie et un jeu impie avec le ciel et l'enfer. Nous avons le droit de faire des expériences avec nous-mêmes. L'humanité tout entière en a même le droit. »

Parmi toutes ces religions et métaphysiques il en est une que Nietzsche poursuit d'une haine de dilection, et l'on peut même conjecturer que c'est à cause d'elle qu'il les déteste toutes, ce qui nous invite à le suivre attentivement sur ce terrain ; cette religion, c'est le Christianisme. Pour Nietzsche — et nous sommes ici dans les idées de Nietzsche qui me paraissent les plus justes en leur fond sinon dans toutes les conséquences qu'il en tire — pour Nietzsche le Christianisme n'est pas autre chose qu'un des avènements, et le plus considérable et le plus décisif, du plébéianisme ; et c'est pour cela qu'il y voit l'*ennemi* le plus odieux et le plus redoutable, éternel *obstacle* à ses idées générales. Le Christianisme est l'avènement du plébéianisme.

Il a été préparé par Socrate, par Platon qui, quelles que fussent, du reste, leurs idées politiques, ont habitué les esprits à considérer toutes choses au point de vue de la morale, *sub specie ethices*, et qu'ils ont accoutumés ainsi à mépriser et à nier le droit du fort, le droit du meilleur, et à vouloir que tous les hommes fussent soumis à une seule règle.

Il a été préparé par le Bouddhisme ou des infiltrations du Bouddhisme, la première religion plébéienne et appelant également dans son sein et à sa foi tous les hommes, que le monde semble avoir connue.

Il a été préparé (ce que Nietzsche me paraît avoir complètement oublié ou passé sous silence) par le prophétisme hébreu, qui est un mouvement formellement populaire, plébéien, démocratique et égalitaire.

Toutes ces préparations sont exécrables; mais le Christianisme est plus exécrable encore que tout ce qui l'a préparé. On sait comment il est né : tout ce qu'il y avait de bas, de vil, de fatigué, de déchet social et de décadence sociale, a été appelé à se considérer comme saint, comme divin, comme « membre vivant de Dieu » et à mépriser tout ce qu'il y avait de vivant et d'énergique et de beau et de noble, tout ce qui avait une volonté de vie et de beauté.

« Le Christianisme est la religion propre à l'antiquité vieillie ; il a eu besoin, comme conditions premières, des vieilles civilisations dégénérées, sur quoi il sait agir et agit comme un baume. Aux époques où les yeux et les oreilles sont « pleins de limon », au point qu'ils ne perçoivent plus la voix de la raison et de la philosophie, n'entendent plus la sagesse vivante et personnifiée, soit qu'elle porte le nom d'Epictète ou celui d'Epicure, la croix dressée des martyrs et la trompette du jugement dernier suffiront peut-être à produire de l'effet pour décider de pareils peuples à une fin convenable. Que l'on songe à la Rome de Juvénal, à ce crapaud venimeux, aux yeux de Vénus, et l'on comprendra ce que cela veut dire que de dresser une croix devant le monde... La plupart des hommes naissaient, en ce temps-là, avec des âmes assouvies, avec des sens de vieillard. Quel bienfait c'était pour eux que de rencontrer ces êtres qui étaient plus âmes que corps et qui semblaient réaliser cette idée grecque des ombres de l'Hadès ! Ce Christianisme considéré comme glas de la *bonne* antiquité, sonné d'une cloche fêlée et lasse, mais d'un son pourtant mélodieux ; ce Christianisme, même pour celui qui maintenant ne parcourt ces siècles qu'au point de vue historique, est un baume pour l'oreille. Que dut-il donc être pour les hommes de l'époque ! Par contre, le Christianisme est un poison pour les jeunes peuples barbares. Planter, par exemple, dans les âmes des vieux Germains, ces âmes de héros, d'enfants et de bêtes, la doctrine du péché et de la damnation, qu'est-ce autre chose sinon les empoisonner ? Une formidable fermentation et décomposition chimique, un désordre de sentiments et de jugements, une poussée et une exubérance des choses les plus dangereuses, telle fut la conséquence de tout cela et dans la suite un affaiblissement foncier de ces peuples barbares. »

Telle fut la nature première, la complexion première du Christianisme : douceur divinisée, faiblesse divinisée, humilité, soumission et platitude divinisées. De là les deux hostilités perpétuelles du Christianisme : hostilité à la vie, hostilité à l'art. Le Christianisme a eu de tout temps une répugnance rageuse et vindicative « à l'endroit de la vie elle-même »... Il fut « dès l'origine, essentiellement et radicalement, satiété de la vie et dégoût de la vie, sentiments qui seulement se déguisent et se dissimulent sous le travesti de la foi en une autre vie et en une vie meilleure ». N'est-il pas évident que toute doctrine qui en appelle à une autre vie *condamne* cette vie présente ou s'en plaint et la maudit, invite ou à la quitter ou à désirer d'en sortir, ou à la réduire à son minimum ? De là, dans la doctrine chrétienne, éternellement la « haine du monde », l'« anathème aux passions, la peur de la beauté et de la volupté, un au-delà futur, inventé pour mieux dénigrer le présent, un fond, un désir de néant, de mort, de repos jusqu'au sabbat des sabbats. »

Voyez saint Paul, « ce Pascal juif » comme Pascal fut un Paul chrétien, voyez ce chétif, ce malade, cet épileptique, peut-être cet ancien criminel, à coup sûr cet ancien esclave de passions violentes. Ce qu'il cherche c'est à abolir en lui le péché par l'union intime avec son Dieu, c'est-à-dire à faire disparaître la vie dans la mort, qui est une nouvelle vie et la seule désirable. Aucune « volonté de puissance », aucune « volonté de domination » aussi formidable ; car tout effort est volonté et puissance. Mais où va cet effort ? A la mort, d'abord, à la mort actuelle, condition nécessaire et condition adorée de la vie réelle. « A la mort ! — A la gloire ! » dit magnifiquement et très *exactement* le Polyeucte de Corneille. A la gloire par la mort, c'est la devise même du chrétien.

Et, par une suite nécessaire, le Christianisme a une hostilité perpétuelle et incurable à l'endroit de la Beauté et de l'Art. On pourrait dire d'abord que qui est hostile à la vie l'est à l'art comme forcément, car « toute vie repose sur apparence, art, illusion » et croyance à une illusion considérée comme belle, séduisante et fortifiante. Sans aller si loin, le Christianisme est hostile à l'art comme n'admettant rien que ce qui est strictement moral et poursuivant la morale comme sa fin, ce qui exclut l'art, ou en le subordonnant, le dégrade et en le dégradant le tue. Si nous nous plaçons dans l'hypothèse de l'explication et de la justification du monde par sa beauté, hypothèse où, comme on sait, Nietzsche s'est complu quelquefois, « rien n'est plus complètement opposé à l'interprétation, à la justification purement esthétique du monde que la doctrine chrétienne, qui est et ne veut être que morale et qui, avec ses principes absolus, par exemple avec sa véracité de Dieu, relègue l'art, tout art, dans l'empire du mensonge, et c'est-à-dire le nie, le condamne, le maudit ».

Le Christianisme repousse l'art tout entier. Il n'est « ni apollinien ni dionysiaque; il nie toutes les valeurs esthétiques, il est nihiliste au sens le plus profond du mot ». Il y a cette différence, à sa honte et à sa condamnation, entre ce qui l'a préparé et lui-même, que le socratisme subordonnait l'art à la morale, considérait l'art, ainsi que tout travail humain, comme devant tendre à la morale comme à sa dernière fin ; à ce titre l'admettait donc encore ou croyait l'admettre, l'énervait, mais ne le proscrivait point, ou croyait ne pas le proscrire, tandis que le Christianisme le proscrit, et, très intelligent, en a peur, comme de son ennemi mortel, c'est-à dire vivant. Dès qu'un chrétien est intelligent, dès qu'un chrétien est profond, dès qu'un chrétien comprend le christianisme,

Luther, Calvin, Pascal, de Maistre, il proscrit l'art ; dès qu'un chrétien comprend à moitié ou aux trois quarts le Christianisme, il réduit l'art à être un auxiliaire modeste et servile de la morale : Tolstoï ; dès qu'un chrétien, encore que sincère, est chrétien superficiel, récent, accidentel et un peu de parti pris, et en somme n'y comprend rien, il prétend marier l'art au Christianisme : Chateaubriand.

Au fond le chrétien est homme de mort, d'ombre sépulcrale, amant de la mort. Regardez autour de vous : les chrétiens sont amoureux de la mort, et les hommes et femmes qui par complexion naturelle ont le goût de la mort sont chrétiens comme de disposition naturelle. Les prêtres chrétiens sont « l'espèce la plus farouche des nains, » des « créatures souterraines ».

Cette doctrine a — elle le sait bien et s'en vante avec raison — renouvelé la nature humaine ; seulement elle l'a faussée. Elle a créé des sentiments nouveaux qui sont antihumains au premier chef. Nietzsche fait au Christianisme le même reproche que le Christianisme faisait au Stoïcisme, ou très analogue. Le Christianisme faisait au Stoïcisme le reproche d'avoir prétendu supprimer les passions, au lieu de les avoir bien dirigées. Nietzsche reproche au Christianisme d'avoir, lui aussi, prétendu supprimer les passions, ou de les avoir, en les détournant de leur but, rendues plus mauvaises et aussi plus séduisantes et plus corruptrices. Le Christianisme a prétendu supprimer l'ambition, qui est le plus naturel et le meilleur des sentiments humains, qui est « la volonté de puissance. » Mais la volonté de puissance, détournée seulement de son cours, s'est revanchée, et elle est devenue la volonté de conquérir le ciel ; et elle a rejeté l'homme dans la lutte, mais dans une lutte plus cruelle et plus dure que celle de l'ambition proprement dite, dans la lutte contre lui-même et contre « le monde », lutte où il est devenu âpre, violent, triste et malheureux affreusement. Par désir de supprimer une passion, substitution d'une passion à une autre ; et substitution, à une passion bonne, d'une passion mauvaise, ou, à une passion mauvaise, d'une passion pire.

Les chrétiens ont prétendu supprimer l'amour, le faire considérer comme une passion funeste, comme un ennemi. Soit ; mais « les passions *deviennent mauvaises et perfides quand on les considère d'une manière mauvaise et perfide* ». Les chrétiens ont fait d'Eros et d'Aphrodite des génies de l'enfer, des esprits trompeurs. D'abord cela est douteux que ce qui est créé pour la propagation de l'espèce soit trompeur en soi et funeste. Ensuite c'est une vulgarité, c'est le propre des âmes les plus vulgaires que de considérer toujours son ennemi comme mauvais, comme méchant. Faites attention à cela. Ennemi, soit ; mais l'ennemi est nécessaire à la vie, à toute vie, et l'être qu'on supposerait sans ennemi serait un être très malheureux, très bas, tout proche du non être. — Et enfin et surtout, le Christianisme, en faisant de l'amour et un péché et un mystérieux et redoutable ennemi, l'a poétisé, l'a divinisé, en a fait une volupté dont on rêve avec des délices mêlées de frisson et dont, par conséquent, on rêve toujours ; et donc, en prétendant détruire l'amour, il l'a créé. « Cette diabolisation d'Eros a fini par avoir un dénouement de comédie : le « démon » Eros est devenu peu à peu plus intéressant que les anges et les saints, grâce aux cachotteries et aux allures mystérieuses de l'Eglise dans toutes les choses érotiques. C'est grâce à l'Eglise que les affaires d'amour devinrent le seul intérêt véritable commun à tous les milieux, avec une exagération qui aurait paru inintelligible à l'antiquité et qui ne manquera pas un jour de faire rire. Toute notre poésie, du plus haut au plus bas, est marquée et plus que marquée par l'importance diffuse que l'on donne à l'amour, présenté toujours comme événement principal. Peut-être, à cause de ce jugement, la postérité trouvera à tout l'héritage de la civilisation quelque chose de mesquin et de fou. »

Le Christianisme a donc renouvelé la nature humaine; mais en la faussant, en l'altérant, en la dégradant, en la corrompant. Au sens vrai du mot, le Christianisme est corrupteur.

Il est mort, dit-on, et il n'est que de curiosité historique de faire les remarques auxquelles nous venons de nous arrêter. Qu'on ne s'y trompe pas. De même que « Dieu est mort »; mais a laissé des « ombres », ces ombres métaphysiques dont nous avons parlé plus haut, de quoi l'humanité ne pourra peut-être pas se débarrasser d'ici à des milliers d'années; de même il est curieux de voir quelles ombres aussi a laissées le Christianisme. Le Christianisme avait dit : « Sauvez-vous par la foi », et sur cette parole le « dogme » avait été fondé; mais il avait dit aussi : « Aimez-vous les uns les autres, aimez votre prochain comme vous-même; aimez votre « ennemi » ; et, sur ces paroles, la « morale » chrétienne avait été fondée. Peu à peu le dogme est tombé; mais la morale est venue en premier plan. Remarquez qu'elle y est *d'autant* plus venue que le dogme tombait. Plus on mettait le dogme en oubli, plus on tenait à honneur de pratiquer et surtout d'exalter la morale, pour montrer combien on pouvait être vertueux sans être chrétien. Certains athées ont pour principal mobile moral leur athéisme même, tant ils sont jaloux de prouver qu'un athée peut être homme de bien et à quel point il peut l'être. Seulement, à se détacher du Christianisme de cette façon-là, il arrive ceci qu'on est chrétien plus que jamais, et, plus que jamais propagateur et vulgarisateur du principe chrétien ; et cette ombre du Christianisme, c'est le Christianisme encore qui plane sur le monde ; et ce résidu du Christianisme en est l'essence.

Voyez bien la suite des choses : « Plus on se séparait des dogmes, plus on cherchait, en quelque sorte, la *justification* (1) de cette séparation dans un culte de l'amour de l'humanité. Ne point rester en arrière en cela sur l'idéal chrétien, mais *surenchérir* (2) encore sur lui, si cela est possible, ce fut le secret aiguillon des libres penseurs français depuis Voltaire jusqu'à Auguste Comte ; et ce dernier, avec sa célèbre formule morale « vivre pour autrui », en effet *surchristianise* (3) le Christianisme. Sur le terrain allemand, c'est Schopenhauer, sur le terrain anglais, c'est J. Stuart Mill qui ont donné la plus grande célébrité à la doctrine des affections sympathiques et de la pitié ou de l'uti-

---

(1) Souligné par Nietzsche.
(2) Id.
(3) Id.

lité pour les autres comme principe d'action. Mais ils ne furent eux-mêmes que des échos. Ces doctrines ont surgi partout en même temps sous des formes subtiles ou grossières avec une vitalité extraordinaire depuis l'époque de la Révolution française à peu près, et tous les systèmes socialistes se sont placés comme involontairement sur le terrain commun de ces doctrines... »

Voilà les résidus de Christianisme qu'il importe de brûler et les ombres de Christianisme qu'il importe de faire disparaître.

En résumé, les religions et les métaphysiques, qui ne sont que de pâles reflets des religions, naissent de la faiblesse humaine ; elles sont toujours adoptées et embrassées par les faibles pour réprimer et, s'il se peut, pour asservir les forts; elles réussissent à les réprimer d'abord et à les asservir ensuite ; elles réussissent même quelquefois à les séduire et alors, pénétrés d'elles, ce sont eux-mêmes qui se répriment, s'asservissent et, en consacrant la force au service des faibles, détruisent la force. — Religions et métaphysiques, tous les rêves de surnaturel en général, sont donc des auxiliaires de la mort, des ennemis de la vie et de la beauté, des déchéances et des dégradations de l'espèce humaine ; en tout cas des *obstacles* encore à la conception de la vie qui est celle de Nietzsche.

VI

CRITIQUE DES OBSTACLES

Le Rationalisme et la Science.

Alors si nous nous adressions à ce qui généralement passe pour l'antithèse et l'antipode et l'antagonisme de la religion et de la métaphysique, si nous nous adressions à la science ? — Examinons.

La science, c'est d'abord les savants. Assez triste population. Ils sont timides, renfermés, tristes et myopes; merveilleux pour ne pas voir le monde, pour ne pas se connaître en hommes, pour ne pas savoir ce que c'est que l'homme, pour ne pas connaître, aussi, ni les principes et origines et fondements, ni la fin, ni la portée et les conséquences de la science même qu'ils étudient; superstitieux assez souvent et dogmatiques dans leurs superstitions et préjugés, parce que, sachant exactement ce qu'en effet ils savent, ils apportent à l'expression de leurs préjugés la rigueur et l'impérieux de leurs formules de laboratoires et de cabinets; bons ouvriers de la connaissance qui, tout compte fait, ne connaissent rien, comme les ouvriers d'une usine sont étrangers à l'ouvrage qu'elle produit en définitive; moyens en tout, classe intermédiaire entre la foule et l'élite et n'ayant rien des qualités de celle-ci ni même des qualités qu'on attribue à celle-là ; infatués, du reste, pour la plupart, dans leur timidité orgueilleuse et comptant plus de pédants qu'aucune autre classe de la société et de l'espèce humaine. — Nietzsche parle toujours des savants comme un professeur qui s'est évadé du professorat. J'abrège.

La science elle-même, en dehors de son utilité pratique, à quoi les hommes peuvent, s'il leur plaît ainsi, attacher quelque importance, est une très grande duperie. Elle fut inventée, quatre cents ans environ avant Jésus-Christ, par Socrate, quoi qu'il en ait dit et peut-être cru. Avant Socrate, ce qui existait, ou du moins ce qui avait le premier rang et le pas devant, c'était *l'homme instinctif*, qui, en sa plus haute expression, était l'artiste et le poète. A partir de Socrate, ce qui exista, ou du moins ce qui prit la primauté dans l'esprit des hommes, dans la considération des hommes, ce fut *l'homme théorique*, c'est-à-dire l'homme qui raisonne, qui pour raisonner veut savoir, qui apprend donc, et qui classe et qui critique, et qui, sur les faits amassés, fait des raisonnements et des théories, en un mot le savant et le rationaliste.

Or cet homme est un ennemi mortel, lui aussi, de l'art et de la vie ; lui aussi il est antidionysien autant que possible. Socrate est assez connu comme antiartiste et Platon voulait bannir les poètes de la République. « Le plus illustre antagoniste de la conception tragique [c'est-à-dire artistique] de l'Univers, c'est la science. L'art fait aimer la vie en la présentant d'une façon synthétique ; la science la décolore et la glace en l'analysant. Ce que l'art vivifiait, la science le tue. Quiconque veut bien songer aux conséquences les plus immédiates de cet esprit scientifique, qui va de l'avant toujours et sans trêve, comprendra aussitôt comment par lui « le mythe fut anéanti, et comment, par cet anéantissement, la poésie, dépossédée de sa patrie idéale naturelle, dut errer désormais comme un vagabond sans foyer. »

C'est Socrate qui a bâti vraiment de toutes pièces cet homme théorique, par sa doctrine, singulièrement profonde en ce sens qu'elle allait du premier coup jusqu'au bout de la pensée initiale, mais par cette doctrine radicalement fausse, que la morale est en raison du savoir, que l'homme qui ne fait pas le bien est un homme qui ne sait pas le bien et que l'homme qui sait le bien fait le bien assurément. Le voilà précisément, l'homme théorique présenté comme roi du monde! Or rien n'est plus faux, et ce serait le contraire plutôt qui serait vrai. L'homme qui sait le bien ne le fait pas, parce qu'il se contente de le savoir et que cela suffit à son amour-propre et parce que, à savoir le bien et à se rendre compte qu'il le sait, il croit le faire et avoir accompli et consommé son devoir. Le bien est instinctif et passionné ; le bien est dans l'acte, et l'acte est rarement, on en conviendra, inspiré par l'idée et le savoir ; et il est fréquemment, on en conviendra, l'effet d'un mouvement instinctif et qui ne sait pas.

Mais cette pensée est bien la pensée angulaire ou fondamentale de la doctrine de l'homme théorique. Socrate a dit au monde : « Sachez, pensez, raisonnez. Savoir c'est pouvoir et pouvoir le bien. Sachez, pensez, raisonnez ; car c'est là tout l'homme. Le reste est d'enfant. » — Il fallait leur dire : « Suivez vos instincts ; ils sont bons. »

Il semble vraiment que Socrate, homme qui s'est trompé, mais véritablement inspiré, ait compris, chose rare, tout ce qu'il enseignait, et, dernier terme et dernier sens de sa doctrine, que sa doctrine allait contre la vie ; car écoutez-le au dernier soupir : « Vous immolerez un coq à Esculape. » C'est-à-dire : « Esculape vient de me guérir de la vie. » Donc la vie est un mal. Le pessimisme final, le pessimisme d'aboutissement que contient la doctrine de Socrate, oui, vraiment Socrate l'a aperçu et il l'a magnifiquement exprimé dans sa dernière parole, la plus pessimiste assurément qui ait jamais été dite.

Quoi qu'il en soit, l'homme théorique, par opposition à l'homme d'instinct, à l'homme de création, et à l'homme qui fait aimer la vie, à l'artiste, est institué et intronisé. Il apprendra, il raisonnera, il saura, il fera des théories. Tout cela est très vain. La science peut remplir sa force; mais elle est radicalement et ridiculement impuissante à remplir son dessein. Que se propose-t-elle ? Connaître, c'est entendu. Bien. Qu'est-ce que connaître ? C'est constater de quelle manière tout ce qui est en nous perçoit ce qui n'est pas nous. C'est donc, non pas connaître, mais *nous* connaître ; c'est expérimenter nos facultés dans leur exercice ; exactement rien de plus. C'est constater comment nous voyons, comment nous sentons, comment nous pensons, comment nous mesurons, comment nous raisonnons. Rien de plus. Jusqu'à présent nous ne sommes pas sortis de nous. Nous nous connaissons mieux et voilà tout.

— Mais en expérimentant nos facultés nous les affinons !

— Certainement, et après les avoir affinées ainsi pendant des milliers de siècles, où serons-nous arrivés ? A voir de quoi, très exercées et très affinées, elles sont capables, et à voir comment, très exercées et très affinées, elles perçoivent le monde. Le monde en est-il plus connu ? Point du tout le monde, mais encore nos facultés. Nous ne sommes pas encore sortis de nous, nous avons développé notre moi, mais sans en sortir ; nous l'avons poussé plus loin, mais sans sauter hors de lui, ce qui est impossible. Nous nous connaissons mieux ou nous connaissons un nous-même plus grand, mais, de ce qui n'est pas nous, rien. Alors à quoi bon ? « Cherche la connaissance ! Oui, mais toujours comme homme ! Comment ! Être toujours spectateur de la même comédie, jouer toujours un rôle dans la même comédie ? Ne pouvoir jamais contempler les choses autrement qu'avec ces mêmes yeux ? Et combien doit-il y avoir d'êtres, — innombrables — dont les organes sont plus aptes que les nôtres à la connaissance ! *Qu'est-ce que l'humanité aura fini par connaître au bout de toute sa connaissance ? Ses organes.* Et cela veut peut-être dire : impossibilité de la connaissance. Misère ! Dégoût... Tu es pris d'un mauvais accès ; la raison te violente. Mais demain tu seras de nouveau en plein dans la connaissance, et par cela même en plein dans la déraison, et je veux dire, par cela même, dans la joie que te cause tout ce qui est humain. Allons au bord de la mer. »

En effet, secouons ce joug, échappons à cet étau, inévitable pourtant et qui reviendra toujours nous violenter, du scepticisme subjectif, absolument irréfutable ; et faisons ce que les hommes ont toujours fait, faisons comme s'il était possible que nous connussions quelque chose. Soit, reprenons. Que se propose la science ? Eh bien, elle se place en face du monde, vous entendez bien, du monde, et elle se propose de le connaître et de l'expliquer, d'en donner une connaissance réelle et vraie ; réelle, c'est-à-dire complète ; vraie, c'est-à-dire logique, liée, systématique. Autrement dit, ou les mots n'ont pas du tout de sens, elle se propose de vider l'infini. Par définition elle est impuissante. — Dira-t-on que c'est quelque chose que de l'infini tirer quelque chose et l'expliquer, le rendre clair, le faire comprendre? Mais de l'infini chaque partie tient à l'infini tout entier et n'est pas explicable avant que le tout soit expliqué. Mot de Claude Bernard : « Si je savais quelque chose à fond, je saurais tout. » Donc les explications de la science sont toujours tellement superficielles qu'elles équivalent à une non-explication; et qu'elles en sont une, et tous les savoirs de la science ne savent rien.

Jeu, si l'on veut, et jeu très sérieux et honorable ; mais donner à ceux qui jouent ainsi la primauté dans l'humanité, leur confier l'humanité, il n'y a pas à cela une raison suffisante et cela a même quelque chose de ridicule : « Les adeptes de la science font l'effet de gens qui auraient projeté de creuser dans la terre un trou vertical la traversant de part en part. Le premier s'aperçoit qu'en travaillant pendant sa vie entière avec la plus grande assiduité, il ne pourrait arriver qu'à percer une infime partie de l'énorme profondeur et que, du reste, le résultat de son travail serait comblé et anéanti sous ses yeux par le travail de son voisin. »

Le savant, le rationaliste, l'homme théorique, est donc un homme dégénéré, un sous-homme. Vous avez lu *Faust*. L'avez-vous compris ? C'est la condamnation en trois points de l'homme théorique. Faust, d'abord est l'homme moderne, l'homme théorique, l'homme qui serait absolument inintelligible à un Grec d'avant Socrate ; c'est l'homme dévoré de la passion du savoir, dévoré de la passion de la « culture ». — Il en aperçoit la vanité et il fait une expérience de la vie sentimentale. — Elle ne lui réussit pas beaucoup, la vie sentimentale — Alors, après *s'être jeté dans la contemplation de l'antiquité hellénique et y avoir fait long séjour*, à quoi est-ce qu'il aboutit ? A la vie d'action, à la vie qui ne raisonne pas, et qui ne chante pas la romance sentimentale, mais qui agit et qui crée. — Qu'est-ce à dire ? Que le progrès de Faust a consisté à remonter du XIXe siècle à la Renaissance, de la Renaissance à la Grèce présocratique. Le progrès de Faust a consisté à tourner le dos au « progrès ». Tout vrai progrès fera de même. C'est la vie scientifique, c'est la vie rationnelle et théorique qui est une décadence. « Le fait que la science est devenue à ce point souveraine montre que le XIXe siècle s'est soustrait à la domination de l'idéal. C'est une certaine absence d'aspirations et de désirs qui rend possible pour nous la curiosité et la rigueur scientifiques, cette espèce de vertu qui nous est propre. »

La curiosité est une passion, mais c'est la dernière des passions ; c'est une passion de vieillard. C'est un vieillard qui a dit le premier : « Je ne vis plus que par curiosité », et il le disait assez mélancoliquement. Il y a, sans doute, des gens qui naissent avec cette « haute curiosité », comme l'appelait Renan ; mais ce sont gens qui naissent vieux. La jeunesse veut vivre et agir. L'âge scientifique est le dernier âge de l'humanité, ou il serait le dernier âge de l'humanité si elle n'était pas, heureusement, soumise à la loi de « l'éternel retour », qui est un des dogmes de Nietzsche, ou l'une de ses espérances.

Il n'y a guère d'illusion plus forte que cette idée, vraiment universelle à notre époque, qui consiste à confondre la civilisation et la science. C'est une idée universelle pour tout homme qui croit avoir réfléchi et même pour tout homme, du peuple comme de l'élite, et peut-être encore plus pour l'homme du peuple. L'homme civilisé, c'est l'homme qui sait, l'homme cultivé, c'est l'homme qui sait. Il n'y a rien de plus faux. L'artiste qui ne sait rien du tout, l'homme d'action qui sait peu de chose, est un homme aussi cultivé, aussi civilisé, souvent beaucoup plus, que le savant : « Tout notre monde moderne est pris dans le filet de la culture alexandrine et a pour idéal l'homme théorique, armé des moyens de connaissance les plus puissants, travaillant au service de la science et dont le prototype et ancêtre original est Socrate. Cet idéal est le principe et le but de toutes nos méthodes d'éducation. Tout autre genre d'existence [art, vie d'action, vie industrielle] doit lutter péniblement, se développer accessoirement, non pas comme aboutissement projeté, mais comme occupation tolérée. Une disposition d'esprit presque effrayante fait qu'ici, pendant un long temps, l'*homme cultivé* ne fut reconnu tel que sous la forme de l'*homme instruit*. Notre art de la poésie lui-même est né d'imitations érudites... A un véritable Grec le type de

Faust [au début] paraîtrait absolument inintelligible... » — Mais songez à la fin de *Faust* et songez aussi au mot de Gœthe à Eckermann. On parlait de Napoléon. Eckermann ne le comprenait pas du tout. « Mais, mon ami, dit Gœthe, il y a aussi de la productivité *en actes*. » Gœthe rappelait ainsi, « d'une manière charmante et naïve », que l'homme non théorique est pour les hommes modernes, pour les Eckermann, quelque chose « d'invraisemblable et de déconcertant », de telle sorte « qu'il faut la sagesse d'un Gœthe pour concevoir, oui, pour excuser un mode d'existence si insolite. »

Comme le voyait très bien Gœthe, la science n'est pas le seul moyen de productivité ; elle en est même un moyen inférieur et elle empêche les moyens supérieurs et éclatants de productivité de se déployer. La nouvelle idole est un peu basse et si, comme nous l'avons montré, elle est inféconde, elle détourne aussi les hommes de se diriger vers les sources fécondes. Elle refroidit le monde et le dessèche ; elle le rend plat, sans remplir même son prétentieux dessein, qui est de le faire connaître.

A-t-elle même ce beau mérite dont elle se targue, d'être l'antagoniste de la crédulité, de *détruire la foi*? Science et foi, a-t-on assez souvent opposé ces deux mots et ces deux choses ? Mais, s'il vous plaît, et la science est fondée sur une foi, et elle est le signe que l'homme a besoin d'une foi, d'une *certitude mystique*, et elle confirme et fortifie dans l'esprit de l'homme cette manie de crédulité et ce besoin irrationnel et enfantin de certitude mystique. « L'impétueux désir de certitude se décharge aujourd'hui dans les masses compactes avec des allures scientifiques et positivistes » et « ce désir d'avoir à tout prix quelque chose de solide, est ce même désir d'un appui, d'un soutien, ce même instinct de faiblesse qui crée ou conserve les religions et les métaphysiques ». La confiance en la science c'est tout simplement une piété ; ce n'est pas autre chose. « De quelle manière, nous aussi, nous sommes encore pieux ? » Le voici. Nous faisons, nous « scientifiques », le ferme propos de ne pas croire par foi, par conviction *a priori*, de ne croire que ce qui aura été démontré réel et démontré vrai. Fort bien. Mais pour que nous nous imposions cette discipline, « pour que cette discipline puisse commencer », ne faut-il pas une conviction *a priori*, à savoir que le démontré est meilleur que l'indémontré ? Certainement il faut cette conviction, et impérieuse et absolue, et qui est un *impératif*, et qui, elle, n'est pas démontrée. Mais, s'il vous plaît, c'est une foi ! « On voit donc bien que la science aussi repose sur une foi et qu'il ne saurait exister de science inconditionnée. »

Vous me direz : ce n'est pas une foi, c'est simplement le désir, naturel et légitime sans doute, de n'être pas trompé. — Soit ; mais ce désir de n'être pas trompé suppose une idée qui est celle-ci : il vaut mieux n'être pas trompé qu'être trompé. Dans l'ordre des idées générales, qu'en savez-vous ? Il est parfaitement indémontré qu'il vaille mieux n'être point trompé qu'être trompé sur l'Univers. Votre amour de vérité, votre volonté de vérité est donc gratuit ; il est parce qu'il est ; il est parce que vous êtes faits comme cela. C'est une conviction *a priori*, c'est une foi.

Vous me direz : Non, ce n'est pas cela. Ce n'est pas que je ne veuille pas être trompé ; c'est plutôt que je ne veux pas *tromper*. — Ah ! ceci est autre chose. Nous étions en métaphysique, nous voici en morale. Je croyais avoir affaire à une foi métaphysique ; j'ai affaire à une foi morale. Mais c'est la même chose, ou chose très analogue. C'est encore un impératif ; c'est encore une idée fixe non démontrée et indémontrable. Vous voulez la vérité, parce que vous ne voulez pas tromper, parce que vous êtes un honnête homme. Bien ; mais qui vous a dit qu'il ne faut pas tromper ; qui vous a persuadé cette petite « don quichotterie », cette « petite déraison enthousiaste » ? Votre conscience, votre sainte conscience ! Soit, mais vous voyez bien que la volonté de vérité repose sur un impératif qui ne donne pas ses raisons et qui entend bien ne pas les donner, sur une *foi* encore. Donc, que votre volonté de vérité vienne d'un désir de n'être pas trompé ou d'un désir de ne pas tromper, elle repose ou sur une conviction philosophique *a priori*, ou sur une conviction morale *a priori*. Le désir de posséder le démontré repose sur une idée ou sur un sentiment indémontré et indémontrable. Donc « c'est toujours encore sur une croyance métaphysique que repose notre foi en la Science ».

— Et d'où vient cette croyance métaphysique ?

— Mais, très probablement, des anciennes théologies, qui nous ont pénétrés et imbibés depuis des milliers d'années. Tout cela est encore un résidu de Dieu : « Nous, nous-mêmes, nous qui cherchons aujourd'hui la connaissance, nous les antimétaphysiciens et les impies, nous empruntons encore notre feu à l'incendie qu'une foi vieille de mille années a allumé, cette foi chrétienne qui fut aussi la foi de Platon, et qui posait en principe que Dieu est vérité et que la vérité est divine. »

Ce qu'il y a de curieux, pour y songer un instant, c'est que cette science, qui a affranchi l'homme et qui doit l'affranchir de plus en plus, — vous connaissez ce lieu commun, — a besoin d'un esclavage elle-même ; et en même temps nécessite cet esclavage et n'en veut pas entendre parler ; le produit en fait et le proscrit en paroles. La civilisation théorique, la civilisation scientifique, la « civilisation alexandrine » est arrivée peu à peu à penser, à concevoir et à proclamer l'égalité entre tous les hommes. Fort bien, si l'on veut ; mais en même temps, pour ses mines, pour son charbon de terre, pour ses chemins de fer, pour ses bâtiments, pour ses usines, pour sa division du travail résultat de tout cela, elle a besoin d'un peuple qui — les socialistes l'ont très bien démontré et dans ce raisonnement-ci ils ont raison — est tout autant un peuple d'esclaves et à certains égards plus encore, que ne l'était la foule servile d'Athènes et de Rome. Et voilà une antinomie, de plus un danger, danger que la civilisation alexandrine, c'est-à-dire la nôtre, ne soit tuée un jour, prochain peut-être, par le double effet de ses nécessités pratiques et de ses prédications théoriques et déclamatoires, les unes et les autres tendant ou aboutissant exactement à la même fin : « On ne doit pas se dissimuler désormais ce qui est caché au fond de cette culture socratique : l'illusion sans borne de l'optimisme ! Il ne faut plus s'étonner de ce que les fruits de cet optimisme mûrissent, de ce que la société, corrodée jusqu'à ses couches les plus basses par l'acide d'une telle culture, tremble peu à peu la fièvre de l'orgueil et des appétits ; de ce que la foi au bonheur terrestre de tous, de ce que la croyance à la possibilité d'une semblable civilisation scientifique se transforme peu à peu en une volonté menaçante qui exige sur la terre ce bonheur alexandrin et invoque l'intervention d'un *Deus ex machina*, à l'Euripide ! Il faut remarquer ceci : pour pouvoir durer, la civilisation alexandrine a besoin d'un état d'esclavage, d'une classe serve ; mais, dans sa conception optimiste de l'existence, elle dénie la nécessité de cet état. Aussi, lorsque l'effet est usé de ces belles paroles trompeuses et lénitives sur la dignité de l'homme et la dignité du travail, elle s'achemine peu à peu vers un épouvantable anéantissement. Rien n'est plus terrible qu'un barbare peuple d'esclaves qui a appris à regarder son existence comme une injustice et se prépare à en tirer vengeance, non seulement par soi-même, mais par toutes les générations à venir. »

Ainsi, la science est très vaine en son travail, prétendant épuiser l'inépuisable et du reste n'ayant rien expliqué tant qu'elle n'a pas expliqué tout ; elle est signe de décadence, remplaçant l'homme de productivité en actes par l'homme théorique, infécond et impuissant ; elle est ferment de décadence en ce qu'elle détourne l'homme de la vie et de la beauté pour le renfermer dans la contemplation et dans l'examen d'un « vrai » qui est du reste insaisissable ; elle n'a pas même ce mérite de n'être pas la foi et de détourner les hommes de la crédulité jugée enfantine, puisqu'elle repose elle-même sur une foi aussi indémontrée, aussi indémontrable et aussi enfantine qu'une autre. A tous les points de vue, elle aussi est une étrangère, une intruse importune et un *obstacle*.

VII

CRITIQUE DES OBSTACLES

La Morale.

Les religions sont fausses et la science est vaine, et l'une et les autres sont des obstacles à la vie forte et à la vie réelle, et des ferments de décadence dans l'humanité. Occupons-nous de la morale, de la morale non religieuse, pour ne pas revenir sur ce que nous avons examiné, de la morale indépendante, considérée depuis Socrate, peut-être depuis un temps antérieur à lui, comme loi et règle de l'humanité et comme ce qui guide et élève, fortifie et agrandit le genre humain. Cela est-il vrai ? Voyons.

D'abord, il nous semble bien que la morale est *fausse*, en soi, et sans aller plus loin dans l'analyse qu'on en pourrait faire et dans l'examen de ses effets. La morale, c'est un commandement qui nous enjoint de ne pas être naturels, d'échapper à la nature. Ne voilà-t-il pas, déjà, qui est étrange ? Pourquoi un être naturel, sans doute, qui fait partie de la nature, aurait-il pour devoir, pour règle de vie, de vivre contrairement à la nature et, à supposer qu'il le puisse, en dehors d'elle ? « L'homme contre le monde », contre le monde entier, l'homme « principe négateur du monde », est-ce que cela n'est pas tellement singulier qu'il en est risible ? Que tout ait sa loi, ce qui est possible, ce qui, en tout cas, est le principe de nos adversaires ; et que nous en ayons une aussi, mais contraire à la loi universelle, mais qui nie, qui heurte du front et qui méprise la loi universelle ; un ciron contre le monde, un quasi-rien contre tout ; c'est comme un paradoxe d'aliéné ; « le monstrueux mauvais goût de cette attitude apparaît à notre conscience et ne nous inspire que du dégoût. »

Il semble bien que si la morale n'est pas dans la nature et est contre nature, c'est tout simplement qu'elle est fausse. Un physicien à qui l'on dirait : « Ce corps est très particulier ; il n'obéit pas à l'attraction ; il est le seul dans la nature qui n'obéisse pas à l'attraction et qui lui résiste très fermement. Comment expliquez-vous cela ? » ; ce physicien répondrait par le mot d'Arago : « Il y a une explication : c'est que cela n'est pas vrai. Vous avez sur ce corps une illusion ; et s'il était doué d'intelligence et qu'il eût sur lui-même cette même illusion, je lui dirais qu'il est un fou. »

La morale, considérée en ce qu'elle est en son fond, une loi particulière à l'homme, à laquelle n'obéit pas l'univers et qui est contraire à celles auxquelles l'univers obéit, n'est qu'une folie, une illusion et n'est pas vraie.

Les hommes l'ont parfaitement senti ; car, trouvant, malgré tout, trop monstrueux le paradoxe de ce tout petit homme contre tout l'immense univers, ils ont inventé, pour faire contrepoids, un autre univers qui fût avec l'homme et dans le même plateau de la balance que l'homme. Ils ont inventé le monde divin. Il y a l'univers, absolument immoral, oui ; mais il y a Dieu moral, comme l'homme ; juste, comme l'homme ; conservateur et vengeur de la morale et de la justice et qui rétablit tout à un moment donné et en un lieu donné selon la justice et la morale. Dès lors, contrepoids : d'un côté l'univers, de l'autre côté l'homme et Dieu, et, même si l'homme n'est rien, Dieu étant infini, c'est l'univers qui, par comparaison à Dieu et à l'homme ensemble, devient quantité négligeable et un pur rien. Et, dès lors, la morale ayant pour elle un point de ce qui est dans la nature, et, de plus, tout le surnaturel, se moque bien de ce que l'univers, point à son tour, et à son tour atome et raccourci d'atome, est immoral.

Très bien joué. Et, par parenthèse, cela fait éclater une fois de plus combien il y a connexion intime entre la morale et la religion, entre la morale et le surnaturel. Quand la morale ne vient pas du surnaturel, ne procède pas de lui, elle en a besoin pour ne pas être paradoxale et ridicule, et elle l'invente pour se donner du lest et du poids et de l'autorité et s'imposer aux hommes. « Le monde transcendantal est imaginé par Kant pour laisser la place de la liberté morale. »

Très bien joué; mais c'est un jeu, c'est une pure jonglerie. Nous sommes dans la nature. Cette nature a ses lois, établies de Dieu, peut-être ; mais elle a ses lois. Ce qui est naturel, ce qui est vrai, ce qui est divin, si la nature est œuvre d'un Dieu, c'est que nous nous conformions aux lois naturelles et non pas que nous nous révoltions contre elles. Un poisson voulant vivre dans l'air, et persuadé que *son devoir* est d'y vivre, serait une bête bien singulière.

Et qui ne voit que cette invention de tout un monde surnaturel pour expliquer la morale, ou pour la fonder, ou pour empêcher qu'elle ne paraisse absurde, est tout simplement une transposition et une projection artificielles. L'homme moral, surpris de l'être, en quelque sorte, et voulant se rendre compte de cela et se justifier d'être ainsi, se projette lui-même dans l'infini et invente un Dieu moral qui n'est que lui-même démesurément agrandi. En cette ombre de lui-même, il se complait et il se rassure, et il se dit : « Je ne suis pas *seul* et je ne suis pas *le seul* de mon espèce. J'ai un compagnon sublime et fort, à qui je ressemble et qui m'appuie contre le monde si différent de moi et sans doute hostile, et qui me défendra contre lui et me récompensera de lui avoir résisté ; qui, tout au moins, me donne confiance par sa présence; qui, tout au moins, me sauve du ridicule et de la terreur d'être seul de mon espèce, comme un étranger dans un pays inconnu. » — La morale inventant le monde transcendantal pour se rassurer, c'est le voyageur causant amicalement avec son ombre.

— Mais, nonobstant tout l'univers réel, et indépendamment de l'univers transcendantal, je trouve la loi morale dans ma conscience, et cela c'est un fait aussi, un fait réel, dont il faut sans doute tenir compte et sur quoi je voudrais bien avoir votre avis.

Nietzsche a répondu par une *Critique de la conscience* qui n'a pour nous rien de très nouveau, car elle est tout entière dans La Rochefoucauld mais qui est renouvelée par une verve d'éloquence et de sarcasme, aussi par une pénétration psychologique, aussi par une vigueur de dialectique, qui en feraient un petit livre incomparable, si elle n'était disséminée en vingt endroits de ses ouvrages. Je ne vais guère faire autre chose que la ramasser. Les citations, ici comme partout où Nietzsche a la « vision nette », valent beaucoup mieux que l'interprétation que quiconque en pourrait faire.

Vous dites que votre conscience vous ordonne impérieusement de faire telle chose et qu'il vous est pénible de lui désobéir. Vous dites : « lorsque l'homme décide que cela est bien ainsi ; lorsqu'il conclut que c'est pour cela qu'il faut que cela soit et enfin lorsqu'il fait ce qu'il a ainsi reconnu comme juste et nécessaire, alors l'acte est moral. » Voilà ce que vous dites. « Mais, mon ami, tu me parles là de trois actions, au lieu d'une, car ton jugement : cela est bien ainsi, est un premier acte. » Et cet acte est arbitraire ou, au moins, n'est pas contrôlé. « Pourquoi considères-tu cela », à quoi tu songes, « comme juste ? Parce que ma conscience me l'indique » comme juste. — Mais pourquoi considères-tu ta conscience comme infaillible ? Pourquoi ne prends-tu pas conscience de ta conscience ? Pourquoi n'analyses-tu pas sa décision ? « Ton jugement : cela est bien ainsi, a une première histoire dans tes instincts, tes penchants, tes antipathies, tes expériences et tes inexpériences. Il faudrait que tu te demandasses : comment s'est-il formé là et puis encore, après : « Qu'est-ce qui me pousse en définitive à l'écouter ? » Car, remarque bien. « Tu peux prêter l'oreille à son commandement comme un brave soldat qui entend les ordres de son officier. Ou bien comme une femme qui aime celui qui commande. Ou bien comme un flatteur et un lâche qui a peur de son maître. Ou bien comme un sot qui obéit parce qu'il n'a rien à répliquer à l'ordre donné. Bref, tu peux obéir à ta conscience de cent façons différentes. »

Songe aussi aux habitudes prises : « Si tu écoutes tel ou tel jugement comme la voix de ta conscience, en sorte que tu considères quelque chose comme juste ; c'est peut-être parce que tu n'as jamais réfléchi sur toi-même et que tu as accepté aveuglément ce qui, depuis ton enfance, t'a été désigné comme juste. »

Songe encore à un subtil déguisement de ton amour-propre, comme dirait La Rochefoucauld, c'est-à-dire de ton intérêt. Si tu écoutes tel ou tel jugement comme la voix de ta conscience, c'est peut-être « parce que le pain et les honneurs te sont venus jusqu'à présent avec ce que tu appelles ton devoir ; et tu considères ce devoir comme juste

parce qu'il te semble être ta condition d'existence;
car ton droit à l'existence te paraît irréfutable. »

Peut-être encore « la fermeté de ton jugement
moral pourrait bien être une preuve de pauvreté
personnelle, d'un manque d'individualité; et ta
force morale pourrait avoir sa source dans ton en-
têtement ou dans ton incapacité de percevoir un
idéal nouveau. En un mot, si tu avais pensé d'une
façon plus déliée, mieux observé et appris davantage, à aucune condition tu n'appellerais plus
devoir et conscience ce devoir et cette conscience
que tu crois qui te sont personnels; ta religion
serait éclairée sur la façon dont se sont toujours
formés les jugements moraux ». — Ils se forment
de mille façons différentes. Il est étrange que l'on
n'analyse point « l'impératif catégorique » comme
tout autre phénomène de conscience; mais aussi
c'est que, celui-là, on *ne veut pas* l'analyser, on
ne tient pas à l'analyser et l'on a d'assez bonnes
raisons pour cela. Ne veulent pas analyser l'impératif catégorique ceux qui veulent agir énergiquement et qui ont besoin d'obéir sans discuter à
quelque chose de très haut qui commande sans
raisonner. Ils ont besoin de l'absolu comme un
homme d'action a besoin de l'absolutisme :
« Tous les hommes qui sentent qu'il leur faut les
paroles et les intonations les plus violentes, les

attitudes et les gestes les plus éloquents pour *pouvoir* (1) agir, les politiciens révolutionnaires, les socialistes, les prédicateurs, avec ou sans Christianisme, tous ceux qui veulent éviter les demi-succès ; tous ceux-là parlent de « devoirs » et toujours de devoirs qui ont un caractère absolu. Autrement, et ils le savent très bien, ils n'auraient pas droit à leur pathos démesuré ; ils le savent fort bien. C'est pourquoi ils s'emparent avidement d'une philosophie de la morale qui prêche un impératif catégorique quelconque (ou bien ils s'assimilent un morceau de religion, comme fit par exemple Mazzini). *Parce qu'ils désirent qu'on ait absolument confiance en eux, il faut qu'ils commencent par avoir en eux une confiance absolue*, en vertu d'un dernier commandement quelconque, indiscutable et sublime, sans condition, d'un commandement dont ils se sentent les serviteurs et les instruments et dont ils voudraient se faire reconnaître comme les serviteurs et les instruments. Nous trouvons là les adversaires les plus naturels et souvent très influents de l'émancipation morale et du scepticisme ; mais ils sont rares. »

Ne veulent pas, non plus, analyser l'impératif catégorique, ceux-là, beaucoup plus nombreux, qui

---

(1) Souligné par Nietzsche.

ont un intérêt d'amour-propre à déguiser une soumission et une servilité toute terrestre et temporelle sous les dehors d'une soumission spirituelle et de caractère religieux ou moral. Subtile manœuvre de l'égoïsme, dont ceux qui en profitent peuvent être plus ou moins dupes : « Celui qui se sent déshonoré à la pensée qu'il est l'instrument d'un prince, d'un parti, d'une secte, ou même d'une puissance d'argent ; mais qui veut être cet instrument, ou bien est forcé de l'être ; celui-là, en face de lui-même et de l'opinion publique, aura besoin de principes pathétiques que l'on puisse sans cesse avoir à la bouche, de ces principes d'une obligation absolue, à quoi l'on peut se soumettre et se montrer soumis sans honte. Toute servilité un peu ingénieuse tient à l'impératif catégorique et se montre ennemie mortelle de ceux qui veulent enlever au devoir son caractère absolu. »

Tout cela se ramène peut-être à dire que la conscience, loin qu'elle soit le fond même de notre nature et sur quoi nous devons nous appuyer sans cesse, n'est qu'une accommodation de notre être à ce qui l'entoure et à ce avec quoi il est obligé de vivre. Leibniz pensait de la conscience *intellectuelle* ceci : la connaissance n'est de la représentation qu'un accident et non l'essence, et ce que nous appelons conscience (intellectuelle) n'est qu'une condition de notre être intellectuel ; nous ne pouvons pas penser sans prendre conscience d'une certaine quantité de nos représentations ; mais ceci n'est qu'un accident, relativement assez rare, et, sans doute, nous est nécessaire pour penser, mais n'est nullement le fond et n'est même que la surface de notre être intellectuel. De même la conscience morale n'est que la conscience intellectuelle d'un commencement d'acte auquel nous attribuons une valeur ou une beauté, et nous avons besoin de cette conscience pour agir ; elle conditionne nos actes ; elle est la condition de nos actes ; sans elle nous n'aurions pas de raison d'agir ou nous aurions une autre raison d'agir. Faut-il en conclure qu'elle est impérative et légitimement impérative ? Non pas. Elle est un mobile comme un autre, à contrôler comme un autre, divisible et subdivisible en plusieurs arrière-mobiles, comme un autre, et non pas une table vivante de la loi, à quoi nous n'avons qu'à nous conformer aveuglément.

— Vous me direz : « *Contrôlable !* Contrôlable par quoi ? Par la conscience, sans doute ; et nous voilà au rouet. » — Je vous répondrai : « Mais certainement ! Contrôlable par la conscience au delà de la conscience ; et comme il y a des arrière-mobiles dans le commandement de la conscience considéré comme mobile, il doit y avoir des arrière-consciences pour contrôler ces arrière-mobiles. Mais remarquez qu'à reculer ainsi et à faire reculer la conscience, nous la ruinons ; car nous la faisons reculer jusque dans l'inconscient où elle se perd. Je subdivise le commandement de ma conscience, par l'analyse, en plusieurs mobiles, et je contrôle ces mobiles, certainement avec ma conscience ; mais ces mobiles, hérédité, éducation, tempérament, multiples influences sociales, ou se perdent dans la nuit du passé, ou se dispersent dans l'espace du présent ; ils m'échappent ; je n'en suis plus juge, non pas plus que je n'en suis maître ; je suis même incapable de les distinguer ; et, dès lors, où est mon contrôle, et c'est cette conscience qui semblait si ferme qui s'est énervée et qui se sent impuissante, et c'est cette conscience qui semblait si solide et comme si compacte qui, à se disperser, s'est évanouie.

C'est donc un préjugé et une illusion, comme tant de choses qui n'ont pas été analysées, que le « témoignage » et le « commandement » de la conscience. La conscience est une chose multiple qui se présente à nous comme une, ce qui lui donne de l'autorité ; une chose variable qui se présente à nous comme immuable, ce qui lui donne du crédit ; et une chose très conditionnée elle-même et très relative, qui se donne à nous comme absolue, ce qui lui donne une divinité qu'elle n'a nullement.

C'est une idole pour qui la consulte sans la regarder. Regardez-la. A voir qu'elle est bâtie de matériaux et de quels matériaux elle est bâtie, vous ne tremblerez plus devant elle.

— Mais il y a la responsabilité, le sentiment de la responsabilité, qui est un fait aussi et un fait peut-être universel et qui, postérieur au commandement de la conscience, le confirme, le sanctionne et, par conséquent, le fortifie et consolide singulièrement. Je reçois, je crois recevoir un ordre intérieur, voilà le premier fait ; j'y obéis et je suis content de moi ; je n'y obéis pas et je suis mécontent de moi, voilà le second fait. Vous avez analysé le premier fait et peut-être vous l'avez dissous ; il vous reste à analyser le second.

— Volontiers. Il me semble que le sentiment de la responsabilité est une illusion. Cette illusion vous vient de ce que vous croyez savoir comment vos actes s'accomplissent, comment « s'effectue l'action humaine ». Cette créance est une erreur. Nous ne savons pas du tout comment s'effectue l'action humaine. C'est une erreur d'enfants ou de primitifs que de croire savoir comment les actions humaines s'accomplissent. Nous avons mis des siècles à apprendre « que les choses extérieures ne sont pas telles qu'elles nous paraissent. Eh bien, il en est exactement de même du monde intérieur... Tous les actes sont essentiellement inconnus. » — Les anciens croyaient que l'acte est contenu dans la pensée que nous en avons comme l'oiseau dans son œuf et qu'il doit nécessairement en sortir, et c'est pour cela que Socrate et Platon concluaient logiquement que faire un acte c'est le savoir, que qui le sait le fait, et que qui ne le fait pas est simplement un homme qui ne le savait pas et que le criminel est simplement un homme qui ne sait pas la vertu. — Est ce que cela ne vous paraît pas puéril? *Ce serait pourtant la vérité même*, si nous savions comment l'action s'accomplit. En ce cas il serait très vrai de mesurer la pensée à l'acte et de conclure de tel acte non fait que la pensée n'en existait point et de tel acte fait que la pensée en existait. Mais ce n'est pas cela du tout. Entre la pensée et l'acte il y a quelque chose que nous ne connaissons pas le moins du monde ; « ce que l'on peut savoir d'un acte ne suffit jamais pour l'accomplir, et le passage de l'entendement à l'action n'a été établi jusqu'à présent dans aucun cas. » Dès lors la responsabilité disparaît. Vous n'êtes guère la cause d'un acte dont il vous est impossible de démêler en vous quelle est la cause; et tant qu'on ne saura pas comment se fait le passage de l'idée à l'acte, et tant qu'on ignorera tout ce qu'il y a entre elle et lui, tout ce qu'il peut y avoir, tout ce qu'il doit y avoir entre elle et lui ; c'est une illusion, c'est un préjugé, c'est l'effet d'une connaissance de soi-même grossière et erronée que de se tenir pour responsable.

Voulez-vous réfléchir un peu sur cette impossibilité où nous sommes de connaitre vraiment notre mécanisme intérieur et par conséquent d'en être responsables, récompensables, punissables, ou seulement d'en porter un jugement ? Songez à ceci : à peine connaissons-nous et pouvons-nous nommer par des noms nos instincts les plus grossiers ; quant à « leur force, leur flux et leur reflux, leur jeu réciproque, et aux lois de leur *nutrition*, c'est chose qui nous est complètement inconnue ». Pourquoi le même fait irrite-t-il l'un et amuse-t-il l'autre, et irrite-t-il et amuse-t-il le même homme selon le moment ? « Nous nous apercevons, un jour, en traversant une place publique, que quelqu'un se moque de nous... Selon l'espèce d'homme que nous sommes, ce sera un événement très différent. Un tel l'accueillera comme une goutte de pluie; tel autre le secouera loin de lui comme un insecte ; l'un y cherchera un motif de querelle, l'autre examinera ses vêtements pour savoir s'ils prêtent à rire ; tel autre songera au ridicule en soi; enfin il y en aura peut-être un qui se réjouira d'avoir involontairement contribué à ajouter un rayon de soleil à la joie du monde. — Et dans chacun de ces cas un instinct trouvera à se satisfaire, que ce soit celui du dépit, de la combattivité, de la méditation ou de la bienveillance. »

Notez que je viens de supposer plusieurs hommes; mais le même homme peut, dans le cas que j'ai supposé, éprouver l'un quelconque ou l'autre quelconque des sentiments sus énumérés. Pourquoi ? Parce que c'était, à ce moment-là, « son humeur », comme on dit. Mais « humeur », qu'est-ce à dire ? C'est-à-dire qu'un de ses instincts, et non un autre, s'est emparé de cet incident comme d'une proie, comme d'un butin et s'en est nourri. Mais pourquoi cet instinct, et non pas un autre, pourquoi justement celui-là ? Parce qu'il était à ce moment-là à son point culminant d'avidité, parce qu'il était affamé et à l'affût. Mais pourquoi à ce moment-là ? C'est ce que vous ne saurez jamais. Vous ne connaissez pas la nutrition de vos instincts.

Un souvenir personnel. « Dernièrement, à onze heures du matin, un homme s'est affaissé droit devant moi, comme frappé de la foudre : toutes les femmes du voisinage se mirent à pousser des cris. Moi, je le remis sur pied et j'attendis auprès de lui que la parole lui revînt. Je ne fus pas ému. Je n'eus aucun sentiment ni de crainte ni de pitié. Je fis simplement ce qu'il y avait à faire et je m'en allai tranquillement. Supposez que l'on m'eût averti la veille que le lendemain, à onze heures, quelqu'un tomberait ainsi à mes pieds, j'aurais souffert les tortures les plus variées, je n'aurais pas dormi et, au moment décisif, je serais peut-être devenu semblable à cet homme, au lieu de le secourir. Car dans l'intervalle tous les instincts imaginables *auraient eu le temps* de se représenter et de commenter le fait divers. Les événements de notre vie sont bien plus ce que nous y mettons que ce qu'ils contiennent. Peut-être sont-ils vides par eux-mêmes. Peut-être vivre c'est inventer. »

Toujours est-il que le jeu de nos instincts et surtout les causes du jeu de nos instincts nous sont inconnues. « Nos évaluations et nos jugements moraux ne sont que des images et des fantaisies, cachant un processus physiologique inconnu de nous... Tout ce que nous appelons conscience n'est en somme que le commentaire plus ou moins fantaisiste d'un texte inconnu, peut-être inconnaissable. »
— Comment pourrions-nous donc être responsables d'un *spectacle*, que nous ne voyons pas tout entier, que nous voyons mal, que nous entendons mal, dont nous ne connaissons ni les coulisses, ni les dessous et dont, à coup sûr, nous ne sommes pas les auteurs ?

On se méprend sur ce jugement de la conscience

en ceci qu'on s'imagine qu'il a une « valeur » et qu'il donne une « valeur ». Il est un phénomène d'enregistrement. Il enregistre un état de contentement ou de mécontentement, d'appétit ou de répugnance ; il n'évalue pas l'acte à faire ou l'acte fait, il n'est pas à consulter pour savoir si l'acte vaut ou ne vaut pas : « Autrefois on faisait ce raisonnement : la conscience rejette, repousse cette action ; donc cette action est condamnable. Mais, dans le fait, la conscience réprouve une action parce que cette action a été longtemps réprouvée. Elle ne crée pas de valeurs », et l'on en conviendra surtout si l'on songe à ceci que dans les commencements « ce qui déterminait » sans doute à rejeter certaines actions, ce n'était pas la conscience ; mais le jugement ou préjugé relativement aux conséquences de cette action ». Et la conscience n'est, à le prendre ainsi, que l'enregistreur de sentiments, idées ou préjugés passés, surannés et périmés en eux-mêmes. Et si vous l'envisagez comme enregistreur de sentiments ou pensées parfaitement actuels, son autorité comme créatrice de valeurs, comme faisant que quelque chose vaut, n'est pas plus grande ; car enfin « l'approbation de la conscience, le sentiment de bien-être que cause la paix avec soi-même sont du même ordre que le plaisir d'un artiste devant son œuvre. Ils ne *prouvent* rien du tout. Le contentement n'est pas une mesure pour évaluer ce à quoi il se rapporte, tout aussi peu que le manque de contentement peut servir d'argument contre la valeur d'une chose. Nous sommes loin d'en savoir assez pour pouvoir évaluer la mesure de nos actions ; il nous manque pour cela la possibilité de prendre un point de vue objectif. Lors même que nous réprouverions un acte, nous ne serions pas juges ; mais parties. Les nobles sentiments qui accompagnent un acte ne prouvent rien au sujet de la valeur de cet acte : *malgré un état d'élévation très pathétique, l'artiste peut accoucher d'une très pauvre chose.* » — On ne sait pas même s'il ne faudrait point pousser jusqu'à dire que ces impulsions de la conscience « sont trompeuses ». Elles peuvent l'être ; elles « peuvent détourner notre regard, notre force de jugement critique, nous détourner de la précaution, du soupçon que nous pouvons faire une bêtise » ; elles peuvent « nous rendre bêtes ».

Les hommes sont illogiques. Il est bien entendu, d'un consentement à peu près unanime, que nous ne sommes pas responsables de nos rêves. Pourquoi donc ? « Rien ne vous appartient plus en propre que vos rêves ; rien n'est davantage votre œuvre. Sujet, forme, acteur, spectateur, dans ces comédies vous êtes tout vous-même, et tout est vous-même. » C'est dans le rêve que le *moi* sans alliage peut-être, presque sans alliage sans doute, à coup sûr avec beaucoup moins d'alliage que dans la veille, se révèle à vous. Dans la veille, subissant l'influence de ce qui vous entoure, vous réprimez et corrigez vos pensées et sentiments à mesure qu'ils naissent, en considération et en conformité de ce qui vous entoure et de ceux qui vous entourent. Vous avez honte ou peur de telle pensée qui vous vient, parce qu'elle vous *ferait* honte devant vos semblables ; et vous la réprimez, vous l'étouffez un moment avant qu'elle soit claire, pour ne pas l'avoir eue, pour pouvoir vous dire que vous ne l'avez pas eue. Et en effet vous ne l'avez pas eue complètement. La part d'autrui dans vos pensées et vos sentiments à l'état de veille, est donc énorme, et dans l'état de veille c'est moi autant que vous qui pense en vous. Ce n'est certes pas là qu'il faut chercher et qu'il faut tâcher à saisir et à surprendre votre personnalité.

Dans l'état de sommeil, au contraire, ce pouvoir réprimant sur votre pensée naissante, vous ne l'avez plus. Le sommeil, c'est le domaine de la pensée sans contrainte. Le rêve, c'est la pensée libre et par conséquent c'est le moi pur. Si vous voulez savoir si vous êtes brave, au fond et vraiment, si vous êtes lâche, si vous êtes bon, si vous êtes méchant, faites attention à ce que vous faites en rêve ; c'est le texte le plus précieux sur vous-même et le plus sûr que vous puissiez lire.

Cependant vous prétendez n'être pas responsable de vos rêves. Je serais porté à en conclure « que la grande majorité des hommes doit avoir des rêves épouvantables ». Si elle en avait de beaux, elle en serait fière et s'en déclarerait responsable avec enthousiasme et « l'on exploiterait la poésie nocturne en faveur de l'orgueil humain ». Mais, quoi qu'il en soit, vos rêves c'est bien vous, c'est plus vous que vous éveillé. Quand on a étudié le caractère d'une personne et qu'on lui fait raconter ses rêves, on retrouve en eux tous ses sentiments à un plus haut degré de naïveté et dans une plus nette et pure lumière de naïveté et de candeur.

Or, revenons-y, vous ne voulez pas être responsables de vos rêves. Vous avez raison ; mais point davantage, et encore moins, et à plus forte raison non, vous n'êtes pas responsables de vous-mêmes dans votre état de veille. « Car la vie est un rêve, un peu moins inconstant », comme dit Pascal, c'est-à-dire un peu plus réprimé et corrigé par le non-moi qui, sans doute, n'est pas vous ; et si vous êtes plus libres dans vos rêves qu'en veille, ce n'est pas une raison pour ne croire à votre libre arbitre que quand vous êtes éveillé ; et en dernière analyse « le libre arbitre a son père et sa mère dans la fierté et dans l'orgueil humain ». — Il y a à remarquer que cette théorie du libre arbitre a quelque chose, inconsciemment peut-être, mais a quelque chose « d'antireligieux. » Sa prétention c'est de « créer à l'homme un droit de se prendre pour condition et pour cause de ses actes supérieurs ». Elle est donc, à proprement parler, une « forme du sentiment de fierté croissante ». Voici son *processus* : « L'homme sent sa puissance, son bonheur, comme on dit. Il faut bien qu'en face de cet état sa volonté soit en jeu ; autrement il lui semble que puissance et bonheur ne lui appartiendraient pas. La vertu, c'est donc *la tentative de considérer un fait de volonté, dans le présent ou dans le passé, comme un antécédent nécessaire à chaque sentiment de bonheur élevé et intense.* Si la volonté de certains actes est régulièrement présente dans la conscience, on peut prévoir qu'un sentiment de puissance en sera l'effet. » Or ceci est une illusion, assez naturelle, de notre amour-propre ; c'est un « jeu d'optique de la psychologie primitive » ; cela provient toujours de « la fausse supposition que rien ne nous appartient, *à moins que ce ne soit sous forme de volonté dans notre conscience.* Toute la doctrine de la responsabilité est attachée à cette psychologie naïve, à savoir *que la volonté seule est une cause* et qu'il faut avoir conscience que l'on a manifesté sa volonté pour pouvoir se considérer soi-même comme une cause ». — Et l'on voit bien qu'à remonter à son principe, au principe de l'illusion qui le constitue, « le libre arbitre a son père et sa mère dans la fierté et dans l'orgueil humains. — Je dis cela peut-être un peu trop souvent ; mais ce n'est pas une raison pour que ce soit un mensonge. »

On devrait refléchir à cela quand on se trouve en présence d'un criminel qu'on a à juger. Il faut, évidemment, protéger la société contre ceux qui la gênent [Nietzsche n'a jamais varié là-dessus et même il est protecteur de la société extrêmement dur], mais quant à *punir*, c'est une aberration. *Le criminel seul sait à quel point il est coupable,* ou plutôt il ne le sait pas; mais il le sait incomparablement plus que vous. Il connaît tout l'enchaînement des circonstances extérieures et intérieures qui l'ont amené à son crime, ou plutôt il ne les connaît pas, mais, comparé à vous, il les connaît. Il s'ensuit « qu'il ne considère pas, comme son juge ou son accusateur, que son acte est en dehors de *l'ordre* et de la *compréhension* ». Vous, juge ou accusateur, vous êtes *étonné*, stupéfait d'un acte que vous n'avez pas commis et qu'il vous a été impossible de commettre, et vous « mesurez exactement la peine au degré d'étonnement qui s'est emparé de vous ». C'est là qu'est l'injustice, dérivant de l'ignorance.

Savez-vous quel est le travail du défenseur en procès criminel ? Il est très simple. Il consiste à sortir peu à peu de l'ignorance au sujet des antécédents et des circonstances de l'acte. Il consiste à connaître l'acte. Quand il le connaît, *l'étonnement* dont je parlais tout à l'heure diminue peu à peu et avec lui l'horreur pour l'acte. L'acte commis rentre dans l'ordre et il finit par ne plus paraître du tout une faute, mais seulement quelque chose de dangereux pour la communauté. Si le ministère public n'était pas dominé par ses instincts professionnels, comme il fait exactement la même chose que l'avocat, à force de fouiller les antécédents du criminel et de les connaître, il finirait, lui aussi, par ne plus voir du tout la faute en tant que faute. Il finirait par comprendre le crime comme s'il l'avait commis et, par conséquent, il finirait par ne plus du tout le trouver criminel, mais seulement dangereux pour la société. A analyser un acte criminel, c'est-à-dire à le connaître, on le vide de toute criminalité. Il est extrêmement dangereux, si l'on veut punir, d'étudier une affaire criminelle ; car on finit par diminuer la distance entre soi et le criminel jusqu'à la supprimer complètement et, parti de cette idée :

« Jamais je n'aurais fait pareille chose », on arrive à celle-ci : « J'en aurais certainement fait autant ».

L'institution du jury est à cet égard une chose essentiellement sociale. Le juré est un honnête homme que le crime étonne prodigieusement et pour qui le crime est une chose dans laquelle *il n'entre pas*. Il est donc dans les dispositions où il faut être pour punir. Le juge, très habitué au crime, vivant dans le crime, finirait par y être extrêmement indulgent, tant il arriverait à le trouver naturel et presque, je dis en chaque espèce, nécessaire.

— Cependant, quand les magistrats, et non pas le jury, jugeaient au criminel, ils n'étaient pas tendres.

— Pardon ! On s'était, sans doute, tellement aperçu qu'il y avait danger social à faire juger les criminels par des gens habitués au crime, qu'on avait inventé un détour et une fiction. On défendait, s'il vous plaît, *on défendait* au juge de juger le criminel. On ne lui permettait que d'appliquer la loi au criminel. Il devait juger, non point du tout selon sa conscience, mais strictement selon la loi. Il avait, non à dire : « En mon âme et conscience, cet homme est coupable » ; mais à chercher à quelle ligne, dans un livre, correspondait l'action commise par cet homme et à appliquer cette ligne à cette action, sans aucune intervention de sa conscience, sans aucune intervention de sa sensibilité morale. Et c'est ainsi, on le sait, que les juges de l'ancien régime jugeaient toujours et considéraient qu'il était de leur devoir de juger. En d'autres termes, on faisait juger par la loi, c'est-à-dire par quelque chose qui était aussi éloigné que possible de l'espèce et à qui il était absolument impossible de faire la psychologie du criminel particulier qui était en cause, et qui ne connaissait rien du tout de la question particulière. Autrement dit encore, on faisait juger, non le criminel, mais le crime. Et c'était très bien, si l'on voulait punir.—Voyez-vous bien là la preuve qu'on ne se fiait pas à un juge intelligent, précisément à cause de son intelligence, pour punir un homme et que par un détour et une fiction, on le forçait à ne pas juger lui-même. Et c'était très bien si l'on voulait punir. Il n'y a que deux moyens pour être sûr que les criminels seront punis : les faire juger par un livre qui ne les connaît pas et qui ne les a prévus qu'abstraitement, ou les faire juger par des hommes exprès choisis pour être incapables de les comprendre. Et les deux systèmes sont très bons si l'on veut que la société se protège et se défende.

Retenons de ceci que la culpabilité est une manière de préjugé et que jamais nous ne savons à quel point un homme est coupable, ni s'il l'est. Tout ce que nous savons, et encore est-ce très difficile à mesurer, c'est que le criminel est un danger pour la société que nous avons faite et que nous tenons à conserver.

La vérité, dans ces questions de culpabilité et d'innocence, de vice et de vertu, est peut-être, non pas précisément le contraire de ce qu'on a cru jusqu'à présent, mais l'inverse de ce qu'on a cru jusqu'aujourd'hui. On s'est, très longtemps, accoutumé à considérer la vertu et le vice comme des causes ; nous avons penchant à les tenir pour des conséquences, et nous « retournons » en quelque sorte toute la question. « Nous retournons d'une curieuse façon le rapport entre la cause et l'effet, et il n'y a rien peut-être qui nous distingue plus foncièrement des anciens croyants en la morale. Nous ne disons plus, par exemple : « Si un homme dégénère au point de vue physiologique, c'est le vice qui en est cause. » Nous ne disons pas davantage : « La vertu fait prospérer l'homme, elle apporte longue vie et bonheur. » Notre opinion est, au contraire, que le vice et la vertu ne sont point des causes, mais des résultats... Nous tenons à l'idée que malgré tout (malgré éducation, milieu, hasard, circonstances) on ne devient que ce que l'on est..... On devient un honnête homme parce que l'on est un honnête homme ; c'est-à-dire parce que l'on est né capitaliste de bons instincts et de conditions prospères... Vient-on au monde *pauvre*, né de parents qui en toutes choses n'ont fait que gaspiller et n'ont rien récolté, on est « incorrigible », je veux dire mûr pour le bagne ou la maison d'aliénés. Nous ne pouvons plus imaginer aujourd'hui la dégénérescence morale séparée de la dégénérescence physiologique : la première n'est qu'un ensemble de symptômes de la seconde ; on est nécessairement mauvais comme on est nécessairement malade. Mauvais : le mot exprime ici certaines incapacités qui sont physiologiquement liées au type de la dégénérescence, par exemple la faiblesse de la volonté, l'incertitude et même la multiplicité de la personne, l'impuissance à supprimer la réaction à une excitation quelconque et à se dominer [impulsifs], l'incapacité de résister à toute espèce de suggestion d'une volonté étrangère. Le vice n'est pas une cause ; le vice est une conséquence. Le mot vice sert à résumer dans une définition arbitraire certaines conséquences de la dégénérescence physiologique. Une proposition générale comme celle qu'enseigne le christianisme : « l'homme est mauvais » serait justifiée si l'on pouvait admettre que le type du dégénéré fût considéré comme le type normal de l'homme. Mais c'est là peut-être une exagération. »

Il faut encore, pour bien se rendre compte de ce que c'est que cette morale dont l'homme est si fier, remonter à ses origines et se demander d'où elle est venue, et se demander aussi d'où elle nous vient dans le temps présent, ce qui n'est pas tout à fait la même chose.

D'où elle est venue? Très probablement de l'idée de la Némésis céleste, de l'idée que des êtres très puissants, qui nous dominent et qui peuvent nous punir, aiment que nous souffrions et aiment à nous voir souffrir. Voici la suite des choses : dans la société primitive, dans la société barbare, sans cesse en danger et peut-être naturellement féroce, mais en tout cas habituée à la férocité par l'état de guerre perpétuelle, on aime à faire souffrir, on aime à se venger, « c'est une vertu que d'être inventif dans la vengeance et insatiable dans la vengeance ». La communauté prend conscience de sa force et se réconforte ou croit se réconforter aux spectacles sanguinaires. En un mot, « la cruauté est une des plus anciennes réjouissances de l'humanité ». Dans ces conditions, que peuvent croire les hommes relativement à leurs Dieux ? Comme ils les font à l'image de l'homme, naturellement, ils s'imaginent que les Dieux prennent plaisir, eux aussi, à la souffrance des hommes et s'en réjouissent ; que le spectacle du bonheur humain les attriste et que le spectacle du malheur humain « les amuse et les met de bonne humeur ». Dès lors, l'homme, de même que pour se plaire à lui-même, il fait souffrir ses semblables, de même pour plaire aux Dieux, il se fait souffrir, surtout quand il se sent heureux, trop heureux, heureux de manière à inquiéter les Divinités et à leur déplaire.

De la sorte, la guerre au bonheur devient un devoir, et la souffrance volontaire un acte de piété. Et voilà toute la morale primitive. La morale est une succession méthodique de sacrifices dans le sens très précis du mot. On combat un désir, c'est un sacrifice aux Dieux ; on se refuse une jouissance, c'est un sacrifice aux Dieux ; on retranche de son superflu et même de son nécessaire, c'est un sacrifice aux Dieux ; on se martyrise, c'est un sacrifice aux Dieux. La lutte de l'homme contre soi, c'est encore aujourd'hui toute la morale ; c'était encore plus, c'est-à-dire plus précisément, toute la morale aux temps primitifs. — « C'est ainsi que s'est introduite la notion *de l'homme moral et craignant Dieu*, à savoir l'idée que la vertu consiste dans la souffrance voulue, dans la privation, dans la mortification, non pas, notez-le bien, comme moyen de discipline, de domination de soi, d'aspiration au bonheur personnel ; mais comme une vertu qui dispose favorablement pour la communauté les

Dieux méchants, parce qu'elle fait monter sans cesse à eux la fumée du sacrifice expiatoire ».

Une fois cette idée entrée dans le monde, et elle a dû y entrer très vite, le pli était pris et l'homme s'est toujours cru obligé de se battre contre lui-même pour satisfaire... quoi? Soit, d'abord, des Dieux méchants et jaloux ; soit, ensuite, un Dieu bon, mais sévère et qui veut qu'on songe à lui et, sinon qu'on se torture, du moins qu'on ne s'abandonne pas tout entier à soi, ce qui est une manière de l'oublier ; soit, enfin, la conscience, c'est-à dire un Dieu intérieur, Dieu passé en nous, reste des divinités d'autrefois, résidu théologique qui a tous les caractères, atténués peut-être, quelquefois identiques, quelquefois exagérés, des Dieux d'autrefois, qui est sévère, qui veut qu'on songe à lui, qui est exigeant, qui est méchant et cruel, qui n'est jamais satisfait, qui est plus difficile, plus susceptible et plus impérieux à mesure même qu'on lui donne davantage, qui commande *catégoriquement* et sans donner ses raisons, bref Dieu, le Dieu d'autrefois, seulement en nous au lieu d'être extérieur et éloigné, aussi mystérieux du reste et dont le commandement est un « mystère ». La morale n'est pas autre chose que la religion transformée et particulièrement que la Némésis transformée.

Et qu'on ne me reproche pas, pourrait dire Nietzsche, que tantôt je fais dériver la religion de la morale, comme plus haut (la morale forcée d'inventer la religion pour ne pas être absurde), tantôt je fais dériver la morale de la religion, comme maintenant. Il n'y a pas contradiction, vous le voyez bien, puisque la morale et la religion, c'est la même chose. Ce sont deux formes de la même pensée, et c'est la vérité même que : tantôt cette pensée, sous forme de religion, crée la morale, la construit, la développe et la laisse, même après elle, dans l'humanité ; et tantôt cette pensée sous forme de morale, a besoin de la religion pour se soutenir, pour se prouver, pour se donner un air raisonnable et à son tour crée la religion. Religion et morale se créent alternativement, ou dans le même temps, l'une l'autre ; — elles s'engendrent réciproquement, indéfiniment, au cours des temps, et pour mieux dire, elles sont consubstantielles l'une de l'autre ; — et elles sont, si vous voulez, une même divinité en deux personnes, qui tantôt présente à l'humanité une de ses deux personnes, puis une autre ; mais la première amène toujours à sa suite la seconde, et la seconde ramène toujours et est toujours forcée de ramener la première ; — et quelle est la première chronologiquement, c'est ce qu'on ne sait pas et c'est probablement ce qu'on ne peut pas savoir, parce qu'il est presque certain qu'il n'y a chronologiquement, et aussi essentiellement, ni première ni seconde et qu'elles existent, distinctes, mais inséparables et indivisibles, de toute éternité, étant en leur fond une seule et même chose.

Et maintenant songez à l'habitude, à la tradition, à l'hérédité ; et songez que la morale, comme du reste la religion, se continue et se prolonge parmi les hommes par une sorte de fatalité atavique, par une sorte de soumission à l'usage et aux mœurs, de sorte que la « lâcheté et la paresse sont les conditions premières de la moralité »; et vous aurez dans toute sa suite l'histoire de la morale dans le monde humain.

Or, cette morale, dont nous avons vu le fond et combien il est vain ; dont nous avons vu les origines et combien elles sont peu respectables ; est-elle bonne au moins dans ses effets et sert-elle à quelque chose ?

La morale est déprimante, vulgarisante, enlaidissante, affaiblissante, et dans le sens courant du mot, démoralisante. Elle dit à l'homme : sacrifie-toi à tes semblables, et par là elle lui conseille une manière de suicide qui n'est pas même utile à ces semblables dont on parle. Elle tarit dans l'homme les sources d'activité, désirs, passions, égoïsme, tendance à persévérer dans l'être et à augmenter son être, volonté de puissance, et c'est cet être comme desséché et énervé, qu'elle croit qui va être utile aux autres hommes ! Sa prétention et sa tactique consistent à dériver vers le bien général l'activité de chaque particulier; soit ; mais elle commence par briser tous les ressorts de cette activité même. Elle fait des esclaves et en espère les effets et les bienfaits du travail libre ; elle fait même pis ; elle fait des hommes-outils, des hommes-instruments ; elle essaye de donner à l'homme cette « ténacité aveugle, qui est la vertu typique des instruments », et c'est de ces hommes matérialisés, de ces hommes déchus de toute humanité qu'elle espère un travail utile pour l'humanité.

Au fond, l'altruisme tourne dans un cercle vicieux ou s'engage dans une impasse.

Il tourne dans un cercle vicieux qui est celui-ci : « Travaille pour autrui, sois désintéressé. » Oui, mais qui dit cela ? Autrui. De sorte que c'est l'intérêt qui conseille le désintéressement et qui le réclame. On est fondé à lui répondre comme au renard qui a la queue coupée : « Retournez-vous, de grâce, et l'on vous répondra. « Pour conseiller le désintéressement il faudrait être désintéressé soi-même. L'altruisme « ne pourrait être décrété que par un être qui renoncerait par là, lui-même, à son avantage et qui risquerait d'amener, par ce sacrifice exigé des individus, sa propre chute. » Mais si l'être (prochain, autrui, société) qui me demande le sacrifice de moi en tire ou seulement croit en tirer un grand avantage, il conseille le désintéressement par intérêt, il conseille l'altruisme par égoïsme, et par conséquent il se contredit, et par sa parole il dit : « Sacrifie-toi », et par son exemple il dit : « Ne te sacrifie pas. » Qui prétend-il, qui espère-t-il convaincre ?

Voilà le cercle vicieux.

Et l'impasse, c'est ceci :

Vous dites, vous, autrui, vous communauté, vous société : « Soyez forts pour moi. — Soit, mais comment ? — En étant faibles pour vous. Commencez par détruire en vous toutes vos forces et puis soyez forts à mon service. N'ayez pas de passions ; mais soyez passionnés pour moi. Ne tendez pas à persévérer dans l'être, mais appliquez-vous de toute votre énergie à faire que je persévère dans le mien. Annihilez-vous pour me procurer une force. Soyez un rien pour que de tous ces riens que vous serez se compose une force immense qui sera moi. » —Voilà l'impasse. L'altruisme dit à l'homme de marcher en avant après qu'il a dressé un mur devant lui ; et, pour changer de métaphore, il lui dit de marcher en avant après lui avoir coupé les tendons des jambes.

Ce n'est pas toujours l'altruisme qui parle par la bouche de la morale, c'est quelquefois dans l'intérêt de l'individu que la morale prétend parler à l'individu. Elle lui dit des choses étranges et vraiment funestes. Tantôt elle lui dit : « Travaille obstinément et furieusement. Cela te procurera richesse et honneur, d'abord ; ensuite cela te préservera des passions et de l'ennui. Ce sont de grands avantages. » — On ne voit pas trop ces avantages si extraordinaires. En vérité cette « ténacité aveugle » écarte un peu l'ennui, qui encore, très subtil, sait très bien se glisser dans les interstices du travail ; et amortit un peu les passions, qui encore, très tenaces elles-mêmes, vous troublent au sein du travail même d'une façon plus mauvaise et pernicieuse que si vous les assouvissiez ; mais surtout cette ténacité aveugle et maniaque « enlève aux organes la finesse au moyen de quoi les richesses et les honneurs pourraient procurer une jouissance »; et aussi ces remèdes prétendument radicaux contre l'ennui et les passions émoussent en même temps les sens et les rendent récalcitrants à toute nouvelle excitation. « La plus active des époques, la nôtre, de tout son argent et de toute son activité ne sait pas faire autre chose que d'accumuler toujours plus d'argent et toujours plus d'activité, parce qu'il faut plus de génie pour dépenser que pour acquérir. Et nous finirons par en avoir le dégoût ». Oui, « on a maintenant honte du repos, remords de la méditation... on vit comme quelqu'un qui craindrait sans cesse de laisser échapper quelque chose. Plutôt faire n'importe quoi que de ne rien faire. C'est un principe. Ce principe est une *ficelle* pour donner le coup de grâce à tout goût supérieur... On en viendra bientôt à ne plus céder à un penchant vers la vie contemplative, à ne plus se promener accompagné de pensées et d'amis sans mépris de soi et mauvaise conscience... » — Voilà un des beaux résultats, un des derniers en date, de la morale.

Quand elle ne pousse pas à une fureur d'activité qui est une dégradation de la belle nature humaine, la morale conduit à d'autres genres d'abaissements ; elle conduit, et c'est le plus souvent, à une sorte de médiocrité dans le bien et dans le mal, à une sorte de lâche tempérament, à cette modération en toutes choses dont les anciens déjà, mais non pas certes les anciens de l'époque héroïque, faisaient une vertu et qui est quelque chose de gris, de terne, de laid et de répugnant. Cette morale de petits bourgeois, et notez que c'est la vraie, que ses conseils sont encore ce que la morale a trouvé de meilleur, de plus raisonnable selon sa raison et de plus logiquement conforme à elle-même. cette

morale ne semble avoir pour but suprême que de
donner un bon sommeil à chaque homme à la fin
de chaque jour ; voilà le noble but où elle aspire et
où elle conduit. On se demande si la grande règle
des mœurs humaines est bien celle qui n'a pas de
fin plus noble et qui n'obtient ni ne désire résultat
plus glorieux.

On vantait à Zarathoustra un sage que l'on disait
savant à parler du sommeil et de la vertu... Zarathoustra se rendit chez lui et s'assit devant sa
chaire et le sage parla ainsi : « Ayez en honneur le
sommeil et respectez-le ! C'est la chose première.
Evitez tous ceux qui dorment mal et qui sont éveillés
la nuit ! Le voleur lui-même a honte en présence
du sommeil... Ce n'est pas une petite chose que
de savoir dormir : il faut savoir veiller tout le jour
pour savoir dormir. Dix fois dans la journée il faut
que tu te surmontes toi-même ; c'est la preuve
d'une bonne fatigue et c'est le pavot de l'âme. Dix
fois il faut te réconcilier avec toi-même ; car s'il est
amer de se surmonter, celui qui n'est pas réconcilié dort mal. Il faut trouver dix vérités pendant le
jour ; autrement tu chercheras des vérités pendant
la nuit et ton âme restera affamée. Dix fois dans la
journée il faut rire et être joyeux ; autrement tu
seras dérangé la nuit par ton estomac, ce père de
l'affliction. Il faut avoir toutes les vertus pour bien

dormir. Porterai-je un faux témoignage ? Commettrai-je un adultère ? Convoiterai-je la servante de mon prochain ? Tout cela serait contraire au bon sommeil... Honneur et obéissance à l'autorité et même à l'autorité boiteuse ! Ainsi le veut le bon sommeil. Celui qui mène paître ses brebis sur la verte prairie sera toujours pour moi le bon berger. Ainsi le veut le bon sommeil. Je ne veux ni beaucoup d'honneurs ni de grands trésors, cela fait trop de bile. Mais on dort mal sans un bon renom et un petit trésor. Je prends grand plaisir aussi aux pauvres d'esprit : ils accélèrent le sommeil. Ils sont bienfaisants surtout quand on leur donne toujours raison. Ainsi s'écoule le jour pour les vertueux. Quand vient la nuit, je me garde bien d'appeler le sommeil. Il ne veut pas être appelé, lui qui est le maître des vertus ! Mais je pense à ce que j'ai fait et pensé dans la journée. Et, ruminant mes pensées, je m'interroge avec la patience d'une vache et je me demande : quelles furent tes dix victoires sur toi-même ? Et quelles furent les dix réconciliations et les dix vérités et les dix éclats de rire dont ton cœur s'est régalé ? En considérant cela, bercé de quarante pensées, soudain le sommeil s'empare de moi, le sommeil que je n'ai point appelé, le maître des vertus. » — Lorsque Zarathoustra entendit ainsi parler le sage, il se mit à rire dans son cœur ;

car une lumière s'était levée en lui. Et il parla ainsi à son cœur : « Bienheureux celui qui habite auprès de ce sage ! Un tel sommeil est contagieux, même à travers un mur épais... Sa sagesse dit : veillez pour dormir. Et en vérité si la vie n'avait pas de sens et s'il fallait que je choisisse un non-sens, ce non-sens-là me semblerait le plus digne de mon choix. Maintenant je comprends ce que jadis on cherchait avant tout, lorsque l'on cherchait des maîtres de la vertu. C'est un bon sommeil que l'on cherchait et des vertus couronnées de pavots. Pour tous ces sages de la chaire, ces sages tant vantés, la sagesse était le sommeil sans rêve : ils ne connaissent pas de meilleur sens de la vie. »

La morale est donc, très probablement, un narcotique, dont l'humanité, fatiguée du tumulte des passions, a senti, à un moment donné, le besoin de se munir. Ce n'est certainement pas une raison pour la proscrire ; mais encore ce ne lui est pas un titre de gloire et ce n'est pas une raison pour la vénérer. Il paraît évident que la constitution de la morale est une première décadence de l'humanité. La morale, sans doute, a existé de tout temps, puisque nous avons montré qu'elle se confond avec la religion, qu'elle la crée et est créée par elle, etc. ; mais il y a eu un moment, peut-être un moment pour chaque peuple, où la morale a été constituée, a été une chose à part, une institution définie et à peu près comprise par tout le monde comme institution définie (époque de Socrate chez les Grecs). Ce moment est certainement le moment de première décadence. Il y a un temps où la lassitude se retourne contre la vie, où « l'instinct de dégénérescence » se dirige contre le vouloir-vivre avec « une souterraine soif de vengeance », et c'est, ou le temps de Socrate, ou celui du Christianisme, ou celui de la philosophie de Schopenhauer, ou celui « dans un certain sens déjà » de la philosophie de Platon, et c'est même « l'idéalisme tout entier »; mais enfin il arrive toujours un moment où l'homme veut se dérober à la vie, ne lui donne plus son acquiescement, n'affirme plus la bonté de la vie, passions comprises, qui sont les formes mêmes de la vie, et n'affirme plus les forces mêmes de la vie, souffrances comprises, qui sont les rançons de la vie, inséparables d'elle, sanctions d'elle et conditions d'elle ; et c'est alors que la morale est constituée et qu'on la comprend bien comme constituée et que tous les hommes ont au moins le sentiment confus qu'elle est constituée.

En d'autres termes, la moralité n'est pas autre chose qu'une faiblesse, une lâcheté et une maladie de l'humanité. C'est une espèce de neurasthénie générale et contagieuse. Cette maladie ayant ses causes profondes, et aussi ses démarches régulières, et aussi son hygiène, a assez bon air en somme et se fait accepter comme quelque chose de bon et de sain. Ses causes lui servent de justifications. Pourquoi vivre éperdûment, pourquoi la vie intense, puisque nous sommes faibles et impuissants et vers de terre ? Vivons conformément à notre nature. — Les démarches régulières de cette maladie sont prises, de leur côté, pour des lois et des règles de conduite et l'on s'habitue à voir l'humanité se dirigeant, d'étape en étape, vers une moralité toujours plus pure, toujours plus stricte, toujours plus correcte, et ce progrès dans l'affaiblissement, dans le « progrès » lui-même, paraît une ascension très vénérable. — Et enfin cette maladie ayant son hygiène, son régime, hygiène et régime paraissent des vertus, et professeurs de vertu ceux qui les prescrivent. — Et cependant c'est la maladie qui s'installe, qui s'enracine, qui se développe, qu'on cultive avec soin et qui devient une diathèse ; et il semble que l'homme n'est pleinement rassuré et pleinement satisfait que quand elle est devenue incurable.

La morale, en effet, on ne sait trop pourquoi, exerce sur les esprits, même sur ceux qui pensent, et peut-être faut-il dire surtout sur ceux qui pensent, un véritable prestige d'hypnotisation. Elle semble intangible. On discute Dieu, le monde surnaturel, l'immortalité de l'âme ; on ne discute pas la morale. Bien plus, à quelque parti philosophique que l'on appartienne, on veut aboutir à la morale et on tient à montrer qu'on y aboutit ; quelque système philosophique que l'on invente ou que l'on soutienne, on trouve le moyen, en définitive, de l'incliner vers la morale et de prouver qu'il y arrive. Bien plus, on met toujours son honneur à prouver que le système que l'on soutient mène à la morale mieux qu'aucun autre, supporte, comporte et contient en son sein la morale plus qu'aucun autre. Bien plus, si, pour prouver son excellence, chaque système soutient qu'il est éminemment d'accord avec la morale, pour prouver que les autres sont mauvais il croit n'avoir besoin que de démontrer qu'ils conduisent à des conséquences immorales ; et le mot de condamnation des autres, comme aussi le mot d'apologie de soi-même, le mot suprême est toujours : « Il y va de la morale ! »

La morale est le sanctuaire, et elle est aussi le critérium jugé infaillible et la pierre de touche estimée absolue. « En présence de la morale, il n'est pas permis de réfléchir, encore moins de parler ; il faut *obéir*... Aller jusqu'à critiquer la morale, la morale en tant que problème, tenir la morale pour problématique, c'est... immoral. »

Cette sorte d'hypnose est à analyser. La morale séduit et fascine parce qu'elle sait « enthousiasmer ». Elle persuade que c'est une cause sainte que la sienne ; elle persuade que cela a la beauté du sacrifice que de se consacrer à elle, et qu'en la servant on oublie et l'on néglige volontairement tous ses intérêts propres ; elle persuade que celui qui la suit est quelque chose entre le héros et le saint ; elle insinue que celui qui l'enseigne, surtout qui la rétablit sur ses bases après qu'elle a été ébranlée, et elle l'est toujours, a sauvé le monde. C'est ainsi qu'elle « paralyse la volonté critique », ou bien qu'elle « l'attire de son côté » et dans son camp ; ou bien encore « qu'elle la fait se retourner contre elle-même, en sorte que la critique, pareille au scorpion, enfonce l'aiguillon dans son propre corps ».

En un mot, la morale est « *la Circé des philosophes* ». Elle les transforme en animaux inoffensifs pour elle et malheureusement sans utilité pour personne. Elle les fait dévier de leurs routes les plus droites. Elle leur fait fermer ou baisser les yeux devant elle. Ou, s'ils osent la contempler, elle les éblouit de telle manière qu'ils modifient toutes leurs idées par rapport à elle, en considération de ce qu'elle veut et qu'ils les amènent par de savants détours à n'être que ruisselets qui se dirigent vers la morale et qui s'y perdent.

De là vient que « c'est sur le bien et le mal que l'on a jusqu'à présent le plus pauvrement réfléchi ». Chose effrayante, quand on y songe ; car il est certain que c'est le bien et le mal, et la conduite des mœurs, et la règle des mœurs, qui importent le plus. Mais à force de se rendre vénérable, et à force de terroriser les esprits, la morale, en se rendant intangible, s'est rendue stérile ; et à force de ne pas permettre qu'on la discutât, a rendu impossible qu'on l'étudiât ; et à force de se faire lieu sacré, s'est faite désert.

Il faut enfin la regarder en face et bien voir qu'elle est un préjugé qui, par un privilège particulier, a su se faire respecter des esprits les plus hardis jusqu'à les stupéfier, qu'elle est un préjugé incontrôlé qui a su se rendre incontrôlable ; mais qu'elle est un préjugé, méritant ce nom plus que tous les autres, puisqu'il a su, lui, se dérober presque à toute analyse et à tout examen.

Et préjugé funeste ; car, comme nous l'avons vu, il diminue l'homme, il l'énerve, il l'émascule ; il en fait un animal timide, peureux, régulier et correct, une bête de troupeau, tout à fait contraire à ce qu'il semble bien que l'homme primitif a été et à ce qu'il semble que l'homme, au front élevé vers le ciel, doit être.

Oui, voilà bien encore une ennemie de la vie en

force et en beauté ; voilà bien encore un obstacle à la vie en force et en beauté ; voilà bien encore quelque chose qui s'oppose, et plus que tout le reste, à ce que l'homme soit fort et à ce qu'il *fasse du beau.* Un artiste doit être l'ennemi né de la morale et aussi bien, d'instinct, les artistes sont très souvent immoralistes. Ils ont raison. La morale est organisée contre la force et contre la beauté de l'homme. Elle est une force elle-même, sans doute ; mais elle est une force affaiblissante et enlaidissante. Il faut combattre la morale de tout l'amour que l'on sent et que l'on doit sentir pour la force et la beauté.

VIII

LA THÉORIE

Arrivé à ce point, Nietzsche se recueille et se ramasse en quelque sorte lui-même. Tout ce à quoi les hommes croient généralement, il l'a nié et repoussé comme mauvais : la raison, la religion, la science et la morale. Serait-il ou un nihiliste ou un sceptique ? Il a dû se le demander et aussitôt se répondre qu'il n'était certainement ni l'un ni l'autre. Nihiliste ! Aussi peu que possible. ! Il accepte tout, il consent à tout, il adhère à tout, il embrasse tout avec ardeur, avec joie et avec enthousiasme. Loin, bien loin, bien au delà des querelles du pessimisme et de l'optimisme qu'il méprise ; bien au delà de l'optimisme et du pessimisme qu'il trouve étroits l'un et l'autre ; dans un optimisme — si l'on veut se servir de ce terme faute d'un autre — ou dans un *affirmatisme,* si l'on accepte le mot, qui embrasse l'optimisme et le pessimisme, il accepte vaillamment le monde avec ses beautés et avec ses laideurs, avec ses bonheurs et avec ses souffrances, avec ses joies et avec ses rigueurs, avec ses sourires et avec ses atrocités, comme quelque chose qu'il faut aimer avec ivresse, avec un beau délire dionysiaque et dont il faut souhaiter le développement, l'agrandissement, l'embellissement indéfini, et qu'il faut vouloir tout entier toujours vivant, toujours vivace, toujours vivant d'une vie plus intense, toujours *rajeunissant.*

Ce qui lui déplait, quelquefois, c'est que ce monde semble vieillir et que certaines idées dont il s'est féru, et que certains sentiments dont il s'est engoué, le rendent sénile et risquent de le rendre décrépit. Il n'y a rien du nihiliste dans ces dispositions d'esprit.

Serait-il sceptique ? Peut-être ne l'est-on pas par ce seul fait qu'on ne croit point à ce que croient la plupart des hommes. Nietzsche sent bien qu'il croit à quelque chose et qu'il y a une foi profonde. Il croit aux Grecs d'avant Socrate. C'est quelque chose. C'est croire à la beauté et à la noblesse de la race humaine. C'est croire que l'homme peut réaliser un idéal de liberté, de force libre, de beauté, de grâce, de noblesse et d'eurythmie. C'est croire que l'homme est un animal exceptionnel, non pas raisonnable, comme quelques-uns l'estiment, non pas mystique, comme c'est l'avis de quelques-uns, non pas moral, comme c'est une opinion répandue, non pas anti-naturel, comme quelques-uns s'obstinent à le prétendre ; mais fort et beau, et fait pour créer de la force et de la beauté, et de la beauté sous quoi l'on sente toujours une manifestation de la force, et de la force toujours soumise aux lois mystérieuses, mais senties par lui, de la beauté éternelle. Voilà la foi de Nietzsche. Il n'est pas sceptique. Il ne l'est — car ce sont les deux manières essentielles de l'être — ni par ne pas croire, ni par ne pas vouloir; ni par ne croire à rien, ni par s'abandonner, se relâcher, laisser tomber ses bras et s'abstenir. Eh bien, cette foi, il veut la répandre, et l'objet de cette foi, il veut le réaliser.

Il veut, et c'est tout dire en un mot, créer une humanité *affranchie*, et rendue à sa vraie nature ; une humanité affranchie de la morale, de la religion, de la superstition à la science et de la superstition à la raison ; rendue aux instincts forts et aux passions fortes qui ont fait la grandeur et la beauté de l'humanité en sa jeunesse verte et fleurissante. L'éloge des passions, c'est tout Nietzsche affirmatif. Les passions sont bonnes. Quelle est leur racine commune ? L'égoïsme. L'égoïsme est bon.

D'abord il est indéracinable et inévitable, et c'est une folie que de le vouloir extirper ou de vouloir s'en affranchir ; mais, de plus, il est une chose excellente, il est une chose sainte. — On vous dit : aimez votre prochain. Quand on analyse cette pensée, on voit qu'elle est fausse jusqu'à en être puérile, et l'on voit qu'elle est une faiblesse. Cet amour de votre prochain, ce n'est « qu'un mauvais amour de vous-même », car « vous entrez chez votre prochain pour fuir devant vous-même et de cela vous voudriez faire une vertu ; mais je pénètre votre désintéressement ». Ce que vous cherchez chez le prochain, c'est quelqu'un qui vous supporte, parce que vous ne savez pas vous supporter vous-même, et quelqu'un qui vous aime, parce que vous ne savez pas vous aimer assez et comme il faut. « Je voudrais que toute espèce de prochains et les voisins de ces prochains vous devinssent insupportables ; car alors il faudrait que vous fissiez de vous-même un ami et un ami au cœur fort et débordant. » Mais vous allez chez les autres pour dire du bien de vous, les amener à en dire et, de ce que vous les entendez en dire, en penser davantage. Vous allez chez les autres pour vous oublier ou pour vous chercher, et les deux ensemble, à savoir pour oublier celui que vous êtes et pour chercher celui que vous affectez d'être. Vous allez chez les autres pour cultiver ce qu'il y a de plus mauvais dans votre égoïsme et délaisser ce qu'il y aurait d'excellent et de fécond s'il était cultivé. Non, je ne vous conseille pas l'amour du prochain. Je vous conseille bien plutôt l'amour du lointain. « Plus haut que l'amour du prochain se trouve l'amour du lointain et de ce qui est à venir ; plus haut que l'amour de l'homme je place l'amour des choses et des fantômes. Ce fantôme qui court devant toi (l'avenir), ce fantôme, mon frère, est plus beau que toi. Pourquoi ne lui prêtes-tu pas ta chair et tes os? Mais tu as peur, et tu t'enfuis chez ton prochain... Mes frères, je ne vous conseille pas l'amour du prochain, je vous conseille l'amour du plus lointain. — Ainsi parlait Zarathoustra. »

On ne saurait croire, quelque soin que La Rochefoucauld ait pris de nous prémunir contre ces erreurs, combien de choses on trouve désintéressées qui sont du pur égoïsme, combien de choses on inscrit dans la colonne de l'altruisme qui sont de « l'amour-propre » tout pur, seulement de l'amour-propre qui se déguise, et qui, en se déguisant, se pervertit, et qui serait bien meilleur, et qui serait bon, et qui serait excellent, et qui serait capable des meilleurs effets s'il ne se déguisait point, s'il ne se pervertissait pas et ne se décomposait pas en trompant les autres et en se trompant sur lui-même. Notre amour du prochain, qu'est-ce autre chose qu'un désir impérieux de possession, de nouvelle propriété ? Notre amour de la science, qu'est-ce autre chose qu'un désir de nouveauté ? « Nous nous fatiguons peu à peu de ce qui est vieux, de ce que nous possédons avec certitude et nous nous mettons à étendre de nouveau les mains. » C'est ainsi que le plus beau paysage où nous vivons depuis trois mois ne nous inspire plus que le désir d'en voir un autre. L'homme est le « Don Juan de la connaissance ». Renan, qui, plus que tout homme au monde, fut le Don Juan de la connaissance, se plaignait de son inquiétude d'esprit qui, après qu'il avait trouvé la vérité, la lui faisait chercher encore.

Qu'est-ce que la pitié ? C'est un désir de possession. Lorsque nous voyons quelqu'un souffrir, nous saisissons volontiers cette occasion qui nous est offerte de nous emparer de quelqu'un, de le faire nôtre. Cet homme charitable appelle amour « le désir de possession nouvelle éveillé en lui et il prend son plaisir comme devant une nouvelle conquête qui lui fait signe ». Voilà ce qu'il y a au fond de cette *religion de la pitié* dont on nous bat les oreilles et à laquelle on voudrait nous convertir, bien en vain ; car « nous connaissons trop les petits jeunes gens et les petites femmes hystériques qui aujourd'hui ont besoin de s'en faire un voile et une parure ».

Mais c'est encore l'amour des sexes qui se révèle le plus clairement comme manifestation du désir ardent de propriété, c'est-à-dire comme égoïsme intense (1). « Celui qui aime veut posséder à lui tout seul ce qu'il désire : il veut avoir un pouvoir absolu tant sur son âme que sur son corps ; il veut être aimé uniquement et habiter l'autre âme, y dominer, comme ce qu'il y a de plus élevé et de plus admirable. Si l'on considère que cela ne signifie pas autre chose que d'exclure le monde entier d'un bien précieux, d'un bonheur et d'une jouissance ; si l'on considère que celui qui aime vise à l'appauvrissement et à la privation de tous les autres compétiteurs, qu'il vise à devenir le dragon de son trésor, comme le plus indiscret et le plus égoïste des conquérants et des exploiteurs ; si l'on considère enfin que, pour celui qui aime, tout le reste du monde paraît indifférent, pâle, sans valeur et qu'il est prêt à tout abandonner pour son amour, à troubler toute espèce d'ordre, à mettre à l'arrière-plan tous les intérêts ; on s'étonnera

---

(1) La Rochefoucauld. *Maximes*, LXVIII : « L'amour est dans l'âme une passion de régner, dans les esprits une sympathie, dans le corps une envie cachée et délicate de posséder ce qu'on aime, après beaucoup de mystères. »

que cette sauvage avidité, cette iniquité de l'amour sexuel ait été glorifiée et divinisée à un tel point et à toutes les époques ; oui, que, de cet « amour » on ait fait sortir l'idée d'*amour* en opposition à l'égoïsme, tandis qu'il est peut-être l'expression la plus naturelle de l'égoïsme. » — Le véritable amour ne connaîtrait pas la jalousie. C'en serait le signe ; et s'il existe c'en est la marque, et il n'y en a pas d'autre. Mais les amants savent si bien que l'amour sans jalousie n'existe pas ou n'existe guère que précisément de la jalousie ils font le signe et la marque de l'amour et qu'ils disent toujours : « Tu n'es pas jaloux, tu ne m'aimes pas » ; alors qu'il faudrait dire en bonne psychologie : « Tu n'es pas jaloux, tu ne t'aimes pas. » Mais ils savent bien, bons psychologues à leur manière, c'est-à-dire pratiques, que qui n'est pas jaloux est rarement celui qui fait « abstraction de soi, tant il *adore*, mais presque toujours celui qui, ayant possédé, devient indifférent à sa possession et curieux d'une possession nouvelle » ; et en pratique ils ont bien raison. La jalousie indique que l'on veut posséder et posséder seul, et si elle est marque d'amour, elle démontre que l'amour n'est qu'instinct de propriété. — Que cet instinct de propriété ait été appelé amour au lieu d'être appelé égoïsme, avarice, avidité (*avaritia*), c'est assez curieux ;

mais « ce fut apparemment ceux qui ne possédaient pas et qui désiraient posséder qui ont établi cet usage courant dans la langue. — Ils ont toujours été les plus nombreux. — Ceux qui, au contraire, sur ce domaine ont été favorisés par beaucoup de possession et de satiété ont bien laissé échapper de temps en temps une invective contre « le démon furieux », comme disait cet Athénien, Sophocle, le plus aimable et le plus aimé de tous ; mais Eros se mettait toujours à rire de pareils calomniateurs, justement ses plus grands favoris. »

On pourrait poursuivre ainsi la revue de toutes les passions, de toutes les inclinations et de toutes les *vertus*, qui sont, de l'aveu unanime, le cortège, la cour, la maison, la famille, les enfants de l'altruisme et qui ne sont au fond, qui ne sont en réalité que déguisements ou peut-être, et c'est ce qu'on en peut dire de plus favorable, des transformations de l'égoïsme. A quoi bon, puisque La Rochefoucauld l'a fait ?

Seulement, voici le point. La Rochefoucauld a fait son analyse des substitutions de l'égoïsme pour les flétrir en les ramenant à l'égoïsme, l'égoïsme étant pour lui chose condamnable et haïssable et à proscrire. Ce n'est pas cela. La vérité est que l'égoïsme est détestable en ses substitutions, déguisements et, si l'on veut, transformations ; mais très bon en lui-même, excellent en soi. Ce qu'il faut c'est combattre tous les déguisements de l'égoïsme, les faire rougir d'eux, les montrer sots, ridicules, odieux, funestes ; et puis, après en avoir ainsi détourné les hommes, ramener les hommes à l'égoïsme tout pur, lequel est bon, et habituer les hommes à rougir de tous les déguisements de l'égoïsme et à ne point rougir de l'égoïsme lui-même. En d'autres termes, l'égoïsme, pour se faire accepter, s'est mis par le monde à jouer toutes sortes de rôles, que du reste il joue mal, et à travers lesquels le critique dramatique le reconnaît pleinement ; il faut lui persuader qu'il est plus beau en son naturel, qu'il est plus respectable en son naturel, qu'il est plus fécond en son naturel et qu'il est plus utile en son naturel ; que l'humanité a besoin de lui, mais de lui à l'état pur, non pas sous les travestissements qu'il recherche et dans les mélanges qu'il opère de lui avec autre chose et dans les combinaisons bizarres et malsaines où il se plaît à entrer.

Voyez-les, ces combinaisons. On les appelle vertus, le plus souvent. Qu'est-ce que la modération ? Une prudence qui n'est pas autre chose que de la lâcheté, c'est-à-dire l'égoïsme le plus bas, mêlée peut-être d'un peu de souci de ne pas heurter, froisser, gêner ses semblables. D'abord, ce n'est pas beau, et il n'y a pas de quoi se vanter ; ensuite, c'est la modération qui met l'humanité dans un état de platitude générale, de médiocrité universelle, d'indolence unanime, de prostration devant de petits tyrans aussi modérés, presque aussi médiocres et aussi plats qu'elle-même. Qu'on ait fait de la modération une vertu, cela indique une déchéance et comme une déliquescence de la race humaine.

Qu'est-ce que la pitié ? Un attendrissement qui vous saisit en présence des malheurs où vous pouvez tomber vous-mêmes. *Hodie tibi, cras mihi*. C'est de la prévoyance, de la prévision plutôt, c'est-à-dire de l'égoïsme qui sait voir jusqu'à demain. Il est difficile de voir là une vertu si admirable. Et, de plus, la pitié énerve l'homme, en lui persuadant qu'il a fait son devoir en versant une larme sur le sort de son semblable, qu'il a fait son devoir en donnant quelque chose de son superflu à quelque infortuné. Elle l'énerve en le replongeant dans une douce quiétude aussitôt qu'il a payé ce tribut ridicule à l'humanité. Elle l'énerve en le détournant de toute action grande, forte, civilisatrice, *ascendante*, qui pourrait faire couler des larmes, troubler la quiétude générale et la vôtre, peut-être coûter un certain nombre de vies humaines. La pitié est l'ennemie née de l'héroïsme. Soyez sûrs qu'elle a été inventée par quelqu'un qui n'était un héros en aucune manière.

« Cette vertu dont Schopenhauer enseignait encore qu'elle est la vertu supérieure et unique, le fondement de toutes les vertus ; cette pitié, j'ai reconnu qu'elle était plus dangereuse que n'importe quel vice. Entraver par principe le choix dans l'espèce, la purification de celle-ci de tous les déchets, c'est ce qui fut appelé jusqu'aujourd'hui vertu par excellence. » — La compassion, pour peu qu'elle crée véritablement de la souffrance — et cela doit être ici notre seul point de vue — est une faiblesse comme tout abandon à une vertu préjudiciable. Elle augmente la souffrance dans le monde. Si, ça et là, par suite de la compassion, une souffrance est indirectement amoindrie ou supprimée, il ne faut pas se servir de ces conséquences occasionnelles, tout à fait insignifiantes dans l'ensemble, pour justifier les démarches de la pitié qui porte dommage. « En admettant que ces procédés prédominassent, ne fût-ce que pendant un seul jour, elles pousseraient immédiatement l'humanité à sa perte. Par elle-même, la compassion ne possède pas plus un caractère bienfaisant que tout autre instinct. C'est seulement quand on l'exige et quand on la vante — et cela arrive lorsqu'on ne comprend pas ce qui porte préjudice en elle, mais qu'on y découvre une source de joie — qu'elle revêt une sorte de bonne conscience ; c'est seulement alors qu'on s'abandonne volontiers à elle et qu'on ne craint pas ses conséquences... Si nous nous laissons assombrir par la misère et les souffrances des autres mortels et si nous couvrons de nuages notre propre ciel, qui donc portera les conséquences d'un tel assombrissement ? Certainement les autres mortels, et ce sera un poids à ajouter à leurs propres charges. Nous ne pouvons être pour eux ni secourables ni réconfortants, si nous voulons être les échos de leur misère et aussi si nous voulons sans cesse prêter les oreilles à cette misère — à moins que nous n'apprenions l'art des Olympiens et que nous ne cherchions à nous rasséréner par le malheur des hommes au lieu d'en être malheureux. Mais cela est un peu trop olympien pour nous... (1) ».

On parle beaucoup de nos jours de la solidarité.

---

(1) Cf. La Rochefoucauld : « Je suis peu sensible à la pitié et je voudrais ne l'y être point du tout. Cependant il n'est rien que je ne fisse pour le soulagement d'une personne affligée et je crois effectivement que l'on doit tout faire, jusqu'à lui témoigner même beaucoup de compassion de son mal ; car les misérables sont si sots que cela leur donne le plus grand bien du monde ; mais je tiens aussi qu'il faut se contenter d'en témoigner et se bien garder d'en avoir. C'est une passion qui n'est bonne à rien au dedans d'une âme bien faite ; qui ne sert qu'à affaiblir le cœur et qu'on doit laisser au peuple, qui n'exécutant jamais rien par raison, a besoin de passions pour le porter à faire les choses. »

La solidarité est une vertu particulièrement moderne dont on fait beaucoup d'état dans les discours officiels comme aussi dans les discours populaires. On est infiniment d'accord sur la solidarité. Elle n'est en son fond que le besoin de s'appuyer les uns sur les autres, tant chacun est convaincu de sa propre faiblesse, de sa propre infirmité et de sa propre pusillanimité. C'est quelque chose comme l'égoïsme de la peur, comme un égoïsme lâche. Les moutons qui se serrent les uns contre les autres pratiquent la solidarité de la façon la plus correcte et la plus précise. Seulement rien n'indique qu'ils en soient très fiers et qu'ils en fassent la matière de discours publics. La solidarité est un commerce par association où chacun espère bien plus gagner qu'un autre et où chacun déguise, sous l'affectation de rendre des services, l'ardent désir d'en recevoir. Qu'il y ait là-dedans un atome d'altruisme, après tout il est possible ; mais ce qu'on y voit le plus distinctement, c'est un égoïsme sournois et hypocrite, qui se dissimule, qui s'ingénie, qui se masque, qui s'insinue et qui n'a pas le courage de son opinion, ni peut-être conscience de son opinion. Mon Dieu ! que l'égoïsme est laid quand il se barbouille, lui qui, vraiment, serait si beau s'il se nettoyait de toutes les vertus dont il se farde !

Parlerons-nous de la piété? Ce n'est plus une vertu très en usage. Mais ce fut la reine des vertus autrefois, et elle est encore comme sur les degrés de son ancien trône. La piété est un égoïsme particulier, à fond d'orgueil. Elle consiste à croire très profondément qu'il y a une puissance supérieure, immense, sublime, infinie, avec laquelle nous avons un commerce intime, à qui nous parlons quand nous voulons, qui nous écoute toutes les fois que nous lui parlons et qui — c'est vraiment notre confiance et nous osons le lui dire — ne peut rien nous refuser, tant nous l'aimons. Ce n'est pas en vain que les hommes ont dans beaucoup de langues attribué la même dénomination à « l'amour » et à l'amour de Dieu. Ces choses ne sont pas très différentes. Comme l'amour est un désir et un appétit de possession, de même l'amour de Dieu est un désir profond, plus ou moins conscient, de posséder Dieu, de conquérir Dieu et de s'assujettir Dieu, de l'avoir sous sa dépendance et à sa disposition et d'obtenir de lui toutes les faveurs dans le temps et dans l'éternité. Et les démarches de ces deux amours, à peu de chose près, sont bien les mêmes. C'est par des déclarations d'amour, aussi éloquentes qu'il les peut faire, que l'homme pieux s'efforce de conquérir son Dieu, et le fond de son raisonnement, aussi burlesque que celui de l'amoureux, est celui-ci : « Il faut bien que vous m'aimiez. Je le mérite, puisque je vous aime. » Le désir constituant un droit, c'est le sophisme des amoureux, des pieux, des collectivistes et de ceux qui sollicitent la croix de la Légion d'honneur. L'homme pieux prie pour obtenir, comme l'amoureux. Primitivement, ces prières ont dû être — et l'on a des exemples indiquant qu'il en a été ainsi — très semblables les unes aux autres.

Singulière aberration de l'orgueil et du désir que la prière. Il faudrait, pour qu'elle eût un sens : 1° « qu'il fût possible de déterminer ou de changer le sentiment de la divinité » ; 2° « que celui qui prie sût bien ce qui lui manque et ce qu'il lui faut. » Chose curieuse, le Christianisme ! Ces deux conditions nécessaires de la prière ont été *niées* par le Christianisme, qui a inventé le Dieu omniscient et omniprévoyant, le Dieu immobile et qui a affirmé que Dieu seul sait ce qu'il nous faut et que nous l'ignorons; et cependant le Christianisme a maintenu la prière. Il a maintenu la prière « parallèlement à la foi en une raison omnisciente et omniprévoyante de Dieu, par quoi, en somme, la prière perd sa portée et devient même blasphématoire ». Il a été très rusé en cela. « Il a montré par là l'admirable finesse de serpent dont il disposait. Car un commandement clair : « Tu ne prieras point ! » *aurait poussé les chrétiens à l'impiété.* Dans l'axiome chrétien *ora et labora*, l'*ora* remplace le plaisir. Et que seraient devenus, sans *ora*, ces malheureux qui se refusaient le *labora*, les saints ? Mais s'entretenir avec Dieu, lui demander mille choses agréables, s'amuser un peu soi-même en s'apercevant que l'on pouvait encore avoir des désirs, malgré un père si parfait ; c'était là pour des saints une excellente invention. » — Et si cela paraît un peu raffiné, disons que dans le Christianisme il reste toujours, comme l'a bien montré Comte, un résidu de paganisme et que la prière, si gênante pour le philosophe chrétien et pour le chrétien qui est philosophe (voir Malebranche) est un des restes, des très nombreux restes que le paganisme a laissés dans son successeur, peut-être avec la sourde intention de l'empoisonner. Ce qu'il y a de certain, c'est que le chrétien prie son Dieu quelquefois comme un chrétien, souvent, plus souvent, le plus souvent, comme un amoureux prie celle qu'il aime.

L'analogie pourrait se poursuivre. Elle doit se poursuivre. De même qu'il n'y a pas d'amour sans jalousie, de même le croyant, le pieux, le fervent, n'admet pas ou admet très difficilement qu'un autre que lui ait part aux faveurs de son Dieu. De là les guerres religieuses, aussi atroces que les querelles que l'amour a suscitées et suscite parmi les hommes. Le croyant est un amoureux jaloux que l'amour et la jalousie rendent féroces. Au fond, il voudrait *avoir* un Dieu pour lui seul. La religion primitive, c'est le fétichisme, et il en restera toujours. La religion, devenant peu à peu force sociologique et bien social, est devenue chose commune et non plus individuelle ; mais elle a toujours son caractère primitif d'amour jaloux et méfiant, et si ce n'est plus d'homme à homme qu'on se soupçonne et celui-ci qui accuse celui-là de vouloir lui voler son fétiche, c'est de secte à secte qu'on se regarde de mauvais œil, c'est la secte blanche qui accuse la secte noire de vouloir attirer à elle le Dieu de la secte blanche, de vouloir le détourner et le corrompre, et qui, pour cette raison, attaque, égorge et massacre furieusement la secte noire. Les juifs, dont, au point de vue religieux, nous avons hérité tant de choses, sont le plus remarquable exemple de cette jalousie religieuse et de cet amour de Dieu, forme aiguë de l'accaparement. La sainte piété est encore une transformation et non pas la moins notable, ni la moins odieuse, de l'égoïsme.

Dira-t-on qu'il y a bien des vertus qui ne peuvent pas se ramener à l'égoïsme ? Nous renvoyons encore à La Rochefoucauld, et pour faire court, nous prenons un dernier exemple qui est, sans doute,

celui qu'on allait triomphalement nous opposer.
« Dira-t-on, crierez-vous, que le désintéressement
soit de l'égoïsme, que le désintéressement soit de
l'intérêt ? » Certainement, on peut le dire, et avec
raison. L'homme désintéressé qui poursuit un but
sans entrevoir la possibilité d'un avantage personnel, pour sa beauté seule, pour ce qu'il y entrevoit
de grand, de haut, de sublime, celui-là a de telles
jouissances de renoncement que peut-être faut-il
dire qu'il est le plus égoïste des hommes. L'erreur,
éternelle, est de croire que l'on peut se débarrasser de son *moi*, ou s'en détacher. On ne s'en détache jamais ; mais, seulement, à vouloir s'en détacher on s'y enfonce et on s'y ensevelit davantage.
Si vous voulez, on s'enfonce pour ainsi dire dans
un moi plus profond ; on se détache des superficies du *moi*, pour se rapprocher des racines du
moi et s'y entrelacer intimement et d'une manière
inextricable et indissoluble. L'homme désintéressé ! Mais il jouit de son désintéressement d'une
façon intense ; mais il prend un intérêt infini à
son désintéressement ; mais il n'a pas sacrifié son
moi, il l'a mieux placé, et, en le plaçant mieux, il
l'a augmenté, comme un capital ; il l'a prodigieusement augmenté. Prêtre ou savant, je suppose,
Vincent de Paul ou Pasteur, allons-nous imaginer que ces gens-là ne sont pas heureux ? S'ils

sont heureux, ils n'ont pas lâché leur part de bonheur, ils n'ont pas sacrifié, ils n'ont pas renoncé. On ne peut pas dire cela. Appelez-les sublimes égoïstes, s'il vous plaît ainsi ; mais appelez-les égoïstes. Ils le sont profondément. Ils le sont royalement. Ils le sont divinement. De ce qu'ils le sont autrement que les autres et mieux, direz-vous qu'ils ne le sont pas ? Ils le sont plus ! — Non ! Mieux ! — Mais, *mieux* et *plus* c'est la même chose, s'ils en ont conscience. Or, comment voulez-vous qu'ils n'en aient pas conscience et qu'ils ne sentent pas leur bonheur ?

Et, encore une fois, je ne les en blâme pas. Je suis partisan de l'égoïsme. Je ne blâme que le travestissement. Je ne blâme que l'égoïsme en tant que se cachant et se donnant de favorables noms, parce que cela le gâte. Ici, je ne blâme que la prétention qu'a l'intérêt de se donner comme désintéressement et que l'erreur par laquelle on prend pour désintéressement l'égoïsme le plus fort.

Tenez ! Faisons notre confession. Vous êtes un chrétien, je suis un homme de science. Nous nous flattons tous deux d'être des désintéressés, des hommes qui ont renoncé. Examinons loyalement votre cas et le mien : « Il n'y a pas de livre qui contienne avec plus d'abondance, qui exprime avec plus de candeur ce qui peut faire du bien à tous les hommes, la ferveur bienheureuse et exaltée, prête au sacrifice et à la mort... que le livre qui parle du Christ. Un homme avisé peut y apprendre tous les moyens par quoi l'on peut faire d'un livre un livre universel, l'ami de tout le monde et avant tout le maître moyen de présenter toutes les choses comme trouvées et de ne pas admettre que quelque chose soit encore imparfait et en formation... La raison qui fait que de pareils livres sont pleins d'effets, ne doit-elle pas rendre d'une faible portée tout livre purement scientifique ? Celui-ci n'est-il pas condamné à vivre obscurément parmi les gens obscurs, pour être enfin crucifié, pour ne jamais plus ressusciter ? Comparés à ce que les hommes religieux proclament au sujet de leur savoir, de leur esprit sacré, tous les hommes probes de la science ne sont-ils pas pauvres d'esprit ? Une religion, quelle qu'elle soit, peut-elle exiger plus de renoncement, exclure plus impitoyablement les égoïstes que ne fait la science ? — Voilà, à peu près, comme nous pourrions parler, nous autres, et certainement avec quelque fondement historique, lorsque nous avons à nous défendre contre les croyants ; car il n'est guère possible de mener une défense sans un peu de cabotinage. Mais lorsque nous sommes entre nous, il faut que le langage soit plus loyal. Foin, donc, de la calotte du renoncement! Foin de ces airs d'humilité! Bien mieux et au contraire, c'est là notre vérité. Si la science n'était pas liée à la joie de la connaissance, à l'utilité de la connaissance, que nous importerait la science ? Si un peu de foi, d'amour et d'espérance ne conduisait pas notre âme à la connaissance, que serait-ce qui nous attirerait vers la science ? Et, bien que dans la science le *moi* ne signifie rien, il n'en est pas moins vrai que le *moi* inventif et heureux et même, déjà, tout *moi* loyal et appliqué, importe beaucoup dans la république des hommes de science. L'estime de ceux qui confèrent l'estime, la joie de ceux à qui nous voulons du bien ou de ceux que nous vénérons, dans certains cas la gloire et une immortalité relative de la personne, c'est là le prix qu'on peut attendre pour cet abandon de la personnalité : sans parler ici de résultats et de récompenses moindres, bien que ce soit justement à cause de ceux-ci que la plupart des hommes ont juré fidélité aux lois de cette république et en général à la science, et qu'ils continuent toujours à y demeurer attachés. Si nous n'étions restés, en une certaine mesure, des hommes non scientifiques, quelle importance pourrions-nous encore attacher à la science ? Somme toute, et pour donner à mon axiome toute sa généralité : *pour un être purement connaisseur, la connaissance serait indifférente* (1). Ce n'est pas la qualité de la foi et de la piété qui nous distingue des hommes pieux, c'est la *quantité; nous nous contentons de peu.* Mais, nous répondront ceux-ci, s'il en est ainsi, soyez donc satisfaits et aussi donnez-vous pour satisfaits. A quoi nous pourrions facilement répondre : mais, en effet, nous ne faisons point partie des mécontents ! Mais vous, si votre foi vous rend bienheureux, donnez-vous aussi pour tels... »

Il faut donc reconnaitre que dans la vertu qui semble consister dans l'exclusion même de l'égoïsme, que dans la vertu qui porte pour nom précisément abolition de tout égoïsme, il entre tant d'égoïsme encore qu'on se demande si cette vertu n'est pas l'égoïsme lui-même, et, après cet exemple assez frappant et les conclusions légitimement tirées de cet exemple, il semble que nous n'ayons plus besoin d'aller plus loin et que nous devions convenir que les vertus, pour parler le langage commun des hommes, sont des formes subtiles de l'égoïsme, des hypocrisies de l'égoïsme et des dégradations de l'égoïsme. Elles ne sont pas bonnes, en ce que, masquant l'égoïsme, elles le gênent et, travestissant l'égoïsme, elles l'embarras-

---

(1) Souligné par Nietzsche.

sent et, lui imposant une démarche forcée, elles l'entravent et, le mêlant de quelque matière étrangère à lui, elles l'altèrent et le corrompent. C'est l'égoïsme à l'état pur qui est beau et qui est bon. Les hommes ne se trompent pas en tant qu'égoïstes et en tant que voulant rester tels. Ils se trompent en tant que voulant dissimuler leur égoïsme à eux-mêmes et aux autres.

Remarquez que ce masque de vertu, que cette morale-masque, l'homme croit en avoir d'autant plus besoin, et en vérité, oui bien, en a d'autant plus besoin qu'il est plus civilisé, en d'autres termes qu'il en a d'autant plus besoin qu'il l'a déjà plus longtemps porté. L'homme civilisé, l'homme moralisé, est devenu très laid, très plat, très chétif, très hideux. Le masque a enlaidi le visage. D'autant plus, donc, doit-il se masquer et ainsi indéfiniment. Supposez un homme qui, pour se rendre agréable, ait pris un masque qui lui a communiqué un cancer. Après avoir été un prétendu ornement, le masque devient une horrible nécessité. Nous en sommes là dans l'Europe de 1880 et cela fait une difficulté, sans doute, dont les immoralistes se rendent très bien compte et qui les ferait presque hésiter sur leur chemin : « L'homme nu est généralement un honteux spectacle. Je veux parler de nous autres Européens… Supposons que les plus joyeux convives, par le tour de malice d'un magicien, se voient soudain dévoilés et déshabillés, je crois que, du coup, non seulement leur bonne humeur disparaîtrait soudain, mais encore l'appétit le plus féroce serait découragé. Il paraît que nous autres Européens nous ne pouvons absolument pas nous passer de cette mascarade qui s'appelle l'habillement. Mais n'y aurait-il pas les mêmes bonnes raisons à préconiser le déguisement des hommes moraux, à demander qu'ils fussent enveloppés de formules morales et de notions de convenance, à demander que nos actes fussent bénévolement cachés sous les idées de devoir, de vertu, d'esprit civique, d'honorabilité, de désintéressement ? *Ce n'est pas que je croie qu'il faille masquer la méchanceté humaine,* la dangereuse bête sauvage qui est en nous. Au contraire ! C'est précisément en tant que bêtes domestiques que nous sommes un spectacle honteux et que nous avons besoin d'un travestissement moral. L'homme intérieur, en Europe, n'est pas assez inquiétant pour pouvoir se faire voir avec sa férocité *qui le rendrait beau*. L'Européen se travestit avec la morale parce qu'il est devenu un animal malade, infirme, estropié, qui a de bonnes raisons pour être apprivoisé, puisqu'il est presque un avorton, quelque chose d'imparfait, d'informe et de gauche. Ce n'est pas la férocité de la bête de proie qui éprouve le besoin d'un travestissement moral ; mais la bête de troupeau, avec sa médiocrité profonde, la peur et l'ennui qu'elle se cause à elle-même. La morale attife l'Européen, avouons-le, pour lui donner de la distinction, de l'importance, de l'apparence, pour le rendre divin. »

Mais de ce qu'il devient difficile de revenir à l'égoïsme pur et de retrouver l'égoïsme dans l'état pur où il est beau, sain et fécond, ce n'est pas une raison pour ne pas essayer encore, et surtout ce n'est pas une raison pour que ce ne soit pas vrai que l'égoïsme est l'état naturel de l'homme et son état le meilleur. Il en est ainsi et il faut avoir l'intelligence de le comprendre et le courage de le dire. Ce qu'il y a au fond de l'homme sain, c'est l'égoïsme ardent, énergique et illimité, c'est la « volonté de puissance », c'est le désir d'extension, c'est le désir et le besoin d'être toujours plus grand, plus étendu, plus influent, d'étendre toujours son action plus loin, d'occuper toujours plus d'espace.

On se trompe un peu — si l'on peut se tromper en employant un mot si élastique et si malléable et si vague — quand on assure que le fond de l'homme, c'est le désir du bonheur. Si l'on entend par bonheur un état de repos, de tranquillité, de quiétude où l'on ne souhaite rien et où l'on ne puisse souhaiter rien, ce n'est vraiment pas cela que l'homme désire et il se trompe sur lui-même quand il croit le désirer. Il le croit, assurément, et Pascal a très bien dit : « Il tend au repos par l'agitation » ; mais il faut bien entendre que Pascal veut dire : « Il tend au repos par l'agitation, et cela indéfiniment. » Donc, en dernière analyse, c'est l'agitation qui est son besoin. Il s'agite pour s'accroître, en croyant peut-être qu'à un certain degré d'accroissement il se reposera dans la grandeur acquise et la conquête faite ; mais, abstraction faite de ceci, qui n'est qu'une illusion, il s'agite pour s'accroître et son seul vrai besoin est l'agitation pour la puissance.

Et aussi bien, subconsciemment, il le sait. Quand il se dit qu'il se reposera quand il aura atteint tel but et qu'il jouira d'un « repos bien gagné », il ne le croit qu'à moitié et il se moque un peu de lui-même, et, en lui-même, derrière celui qui dit cela il y a quelqu'un qui rit sous cape. Et c'est précisément pour cela que la plupart des hommes actifs se fixent un but, à la vérité, après lequel il est entendu qu'ils se reposeront, mais prennent la précaution de le fixer si loin que jamais ils ne doivent l'atteindre. Ce qu'ils craignent plus que tout, c'est, le lendemain de la tâche finie, cette morne tristesse qui saisit le bon Gibbon quand il eut écrit la dernière ligne de son énorme *Histoire romaine*. Le bon Gibbon avait toujours eu peur de ne pas terminer son *Histoire romaine* ; mais, au fond, il avait toujours eu l'espoir secret de mourir avant de l'avoir finie.

La volonté de puissance, le désir de persévérer dans l'être et d'accroître indéfiniment son être, en un mot l'égoïsme pur, voilà tout l'homme naturel, et quand il croit y renoncer il n'y renonce pas, et quand il l'altère plus ou moins il se dénature, et quand on se dénature on se dégrade et on s'affaiblit, et l'homme moralisé n'est qu'un égoïste perverti. Pour réintégrer l'homme dans son humanité, il faut, coûte que coûte, lui persuader de redevenir un égoïste pur et simple. Ils étaient des égoïstes radicaux ces peuples antiques qui n'admettaient même pas, qui ne comprenaient même pas qu'il y eût pour un peuple d'autre destinée que d'être conquérant ou conquis, qui allaient de l'avant, conquérant sans cesse, ajoutant des accroissements à des accroissements, étendant et développant leur personnalité, voulant remplir le monde de leur moi, jusqu'au jour, accepté par eux, où ils seraient conquis à leur tour. Et ces peuples, ce sont eux, pourtant, qui ont créé la civilisation. On ne peut pas dire qu'ils aient eu une morale de bandits et une conception de la vie digne de barbares ou de sauvages. Ils étaient des hommes, et voilà tout ; ils étaient pleinement hommes ; ils avaient la volonté de puissance, c'est-à-dire l'égoïsme sain, jeune et vivace, et ils s'agrandissaient, selon la loi de leur nature, par la conquête, par la fondation de villes, par la colonie, par la création littéraire et par la création artistique. Et de morale, *sinon de cette morale qui n'est que règle de discipline civile et civique*, ils s'en inquiétaient comme de rien.

Qu'on me dise quelle était la morale d'un Thémistocle, d'un Périclès, d'un Scipion, d'un Sylla, d'un Marius ou d'un César, sinon : « moi grand dans la patrie toujours plus grande? » Morale de guerriers, morale de brigands. C'est peut-être spirituel, c'est à coup sûr très ecclésiastique et très bureaucratique et il n'est ni clergyman ou intronisé en rond de cuir qui n'ait dit cela quelque dizaine de fois dans sa vie ; et notez que dès que leur pays remporte une petite victoire ils changent de morale immédiatement. Mais moi je vous dis : « Mes frères en la guerre, je vous aime du fond du cœur et je suis et je fus toujours votre semblable. Je suis votre meilleur ennemi. Laissez-moi donc vous dire la vérité. Je n'ignore pas la haine et l'envie de votre cœur. Vous n'êtes pas assez grands pour ne pas connaître la haine et l'envie. *Soyez donc assez grands pour ne pas en avoir honte!* Et si vous ne pouvez pas être les saints de la connaissance, soyez-en du moins les guerriers. Les guerriers de la connaissance sont les compagnons et les précurseurs de cette sainteté. Je vois beaucoup de soldats. Puissé-je voir beaucoup de guerriers !... Vous devez être ceux dont l'œil cherche toujours un ennemi, votre ennemi. Vous devez chercher votre ennemi et faire votre guerre, une guerre pour vos pensées. Et si votre pensée succombe, votre loyauté doit néanmoins crier victoire ! Vous devez aimer la paix comme un moyen de guerres nouvelles, et la courte paix plus que la longue. Je ne vous conseille pas le travail, mais la lutte. Je ne vous conseille pas la paix, mais la victoire. Que votre travail soit une lutte, que votre paix soit une victoire! On ne peut se taire et rester tranquille que lorsqu'on a des flèches et un arc. Autrement on bavarde et on dispute. Que votre paix soit une victoire ! *Vous dites que c'est la bonne cause qui sanctifie même la guerre ? Je vous dis* [en bon allemand]: *c'est la bonne guerre qui sanctifie toute cause.* La guerre et le courage ont fait plus de grandes choses que l'amour du prochain... Qu'est-ce qui est bien ? vous demandez-vous. Etre brave, voilà ce qui est bien Laissez dire aux petites filles: « Bien, c'est ce qui est en même temps joli et touchant »... Vous êtes laids ? Eh bien, mes frères, enveloppez-vous de sublime. C'est le manteau de la laideur... Que votre amour de la vie soit l'amour de vos plus hautes espérances; et que votre plus haute espérance soit la plus haute pensée de la vie. Votre plus haute pensée, permettez que je vous la commande, la voici : L'homme est quelque chose qui doit être surmonté. Ainsi, vivez votre vie d'obéissance et de guerre ! Qu'importe la vie longue ! Quel guerrier veut être ménagé ? Je ne vous ménage point et je vous aime de tout mon cœur, mes frères en la guerre. — Ainsi parlait Zarathoustra. »

Mais l'égoïsme dévastateur s'est toujours appelé *le mal* pour deux raisons assez raisonnables, dont la première est que cet égoïsme dévastateur, de quoi qu'il soit mêlé, est avant tout de la méchanceté ; et dont la seconde est qu'il commence au moins par entasser les désastres et par faire souffrir abominablement les hommes. Si cela n'est pas le mal, qu'est-ce que le mal ? — Si cela est le mal, je serais assez tenté de crier : Vive le mal ! comme Proudhon criait : Vive Satan ! car ce mal est singulièrement bienfaisant et je ne vois en somme que lui qui soit bienfaisant. Si vous n'avez pas observé que la civilisation pacifique endort les peuples et devient, peu à peu, comme un bouillon de culture de tous les vices et surtout des plus honteux!... Il me semble qu'à peu près tout le bien qui a été fait dans le monde a été fait par le « mal ». Les hommes de bien ont du bon, mais un peu moins que les méchants. Le bien est bon, certainement ; seulement le mal est meilleur. « Ce sont les esprits les plus forts et les plus méchants qui ont, jusqu'à présent, fait faire les plus grands progrès à l'humanité : ils allumèrent toujours à nouveau les passions qui s'endormaient — toute société organisée endort les passions, — ils éveillèrent toujours à nouveau le sens de la comparaison, de la contradiction, le plaisir de ce qui est neuf, osé, non éprouvé ; ils forcèrent l'homme à opposer des opinions aux opinions, un type idéal à un type idéal. Par les armes, par le renversement des bornes frontières, par la violation de la piété, le plus souvent ; mais aussi par de nouvelles religions et de nouvelles morales ! La même méchanceté est dans l'âme de tous les maîtres et de tous les prédicateurs de ce qui est neuf, cette méchanceté qui jette le discrédit sur un conquérant. Ce qui est neuf, cependant, est de toute façon le mal, étant ce qui conquiert et veut renverser les vieilles bornes et les pitiés anciennes. Or, ce n'est que ce qui est ancien qui peut être le bien. Les hommes de bien de toutes les époques ont été ceux qui ont approfondi les vieilles idées pour leur faire porter des fruits, les cultivateurs de l'esprit. Mais toute terre finit par être épuisée et il faut que toujours revienne le soc de la charrue du mal. Il y a maintenant une doctrine de la morale foncièrement erronée, doctrine très fêtée surtout en Angleterre. D'après elle, les jugements *bien* et *mal* sont l'accumulation des expériences sur ce qui est *opportun* ou *inopportun* ; et, d'après elle, ce qui est appelé bien, c'est ce qui conserve l'espèce, et ce qui est appelé mal, c'est ce qui lui est nuisible. Mais, en réalité, les mauvais instincts sont opportuns, conservateurs de l'espèce et rénovateurs au même titre que les bons. Leur fonction, seulement, est différente. »

Pour toutes ces raisons, qui sont irréfutables, il faut réhabiliter la seule vertu vraie de l'homme, la volonté de puissance, l'égoïsme intégral, l'égoïsme radical et intransigeant, l'égoïsme sans déguisement, altération ni mélange, l'égoïsme franc et hardi. Il faut dépouiller comme un vêtement embarrassant et étouffant, ou exsuder comme un virus mortel, cette morale qui n'a jamais qu'un but, qu'un objet, qu'une préoccupation, qu'une passion : tuer l'individu, dans le dessein, erroné du reste, de faire vivre la société.

Il n'y a rien de plus féroce que cette morale prétendue altruiste, qui est elle-même un égoïsme social atroce et meurtrier et qui ne dit jamais : « Je me sacrifie », mais : « Sacrifie-toi à moi. » Qu'est-ce que vous appelez « vertus » ? Vous appelez bonnes et belles et admirables « les vertus d'un homme, non en raison des effets qu'elles ont pour lui-même, mais en regard des effets que vous leur supposez pour vous et pour la société ». En vérité, dans l'éloge du désintéressement, vous êtes bien peu désintéressés ; dans l'éloge du non-égoïsme, vous êtes égoïstes remarquablement. « Car autrement » vous auriez dû « remarquer que les vertus, comme l'application, l'obéissance, la chasteté, la piété, sont généralement nuisibles à celui qui les pratique... Lorsque tu possèdes une vertu, une vertu véritable et entière, et non pas seulement le petit instinct d'une vertu, tu es la *victime* de cette vertu. Mais c'est bien pour cela que ton voisin loue ta vertu. On loue le travailleur, bien que par son application il nuise à ses facultés visuelles, à l'originalité et à la fraîcheur de son esprit ; on plaint et on vénère le jeune homme qui « s'est éreinté de travail », parce que l'on porte ce jugement : « pour la société en bloc, la perte d'un individu et du meilleur n'est qu'un petit sacrifice ! Il est regrettable que ce sacrifice soit nécessaire. Mais il serait, certes, bien plus regrettable *que l'individu pensât autrement* et qu'il accordât plus d'importance à sa propre conservation et à son développement qu'à son travail « au service de la société ». Voilà votre raisonnement en face de la vertu des autres. Il n'est pas précisément vertueux. Il est proprement cynique. Les louangeurs de la vertu en devraient dégoûter, par ce qu'il y a de profondément pervers dans la façon dont il la louent, que dis-je ? dans le principe même des éloges qu'ils lui assènent.

Vous plaignez ce jeune homme, il est vrai, en même temps que vous le vénérez ; mais vous ne le plaignez pas « à cause de lui-même ; mais parce que, par cette mort, un *instrument* soumis et ce que l'on appelle un brave homme a été perdu pour la société *désintéressée*. Peut-être prend-on en considération qu'il eût sans doute été plus utile à la société s'il avait travaillé avec plus d'égards pour lui-même et s'il s'était conservé plus longtemps. On s'avoue bien l'avantage qu'il y aurait eu à cela ; mais on estime plus durable et supérieur cet autre avantage qu'un sacrifice a été fait et que le sentiment de la bête de sacrifice a de nouveau une fois reçu une confirmation visible. » L'éloge de la vertu et autrement dit la morale est donc l'exaltation d'une certaine « déraison dans la vertu, grâce à laquelle l'être individuel se laisse transformer en fonction de la collectivité. »

L'éloge de la vertu et en d'autres termes la morale, est l'exaltation « de quelque chose de nuisible dans le privé, l'éloge d'instincts » appris et acquis et traditionnels, « qui enlèvent à l'homme son plus noble amour de soi et la force de se protéger soi-même ». Il faut à tout prix se débarrasser de cette morale-là.

Cette sorte de chasse à l'égoïsme que fait la morale avec un égoïsme monstrueux, a quelquefois un bien singulier caractère et des effets aussi ridicules que funestes. Le grand mot de la morale, n'est-ce pas ? c'est : il faut avoir de l'empire sur soi-même, il faut apprendre à se vaincre soi-même, *gnôti seauton, nicâ seauton.* Il peut y avoir quelque chose de bon là-dedans ; mais cela est surtout propre à faire des maniaques et des maniaques bien tristes. « Ces professeurs de morale qui recommandent, d'abord et avant tout, à l'homme de se posséder lui-même, le gratifient d'une maladie singulière, je veux dire d'une irritabilité constante devant toutes les impulsions et les penchants naturels, d'une espèce de continuelle démangeaison. Quoi qu'il lui advienne du dehors ou du dedans, une pensée, une attraction, un désir, toujours cet homme irritable s'imagine que maintenant son empire sur soi-même pourrait être en danger.

Sans pouvoir se confier, s'abandonner à aucun instinct, à aucun coup d'aile libre, il fait sans cesse un geste de défensive, armé contre lui-même, l'œil perçant et défiant, s'étant institué l'éternel gardien de sa tour. Oui, avec cela il peut être *grand*. Mais combien il est devenu, non seulement insupportable pour les autres, difficile à porter, mais encore comme il s'est appauvri pour lui-même et isolé des plus beaux hasards de l'âme et aussi de toutes les expériences futures ! *Car il faut savoir se perdre pour un temps, si l'on veut apprendre quelque chose des êtres qui sont ce que nous ne sommes pas.* »

Delenda est Carthago, il faut abolir la morale, Moloch social, destructeur de toutes les énergies saines et libres et fécondes ; il faut réintégrer l'égoïsme pur.

L'égoïsme, dira-t-on, quand il ne se transforme pas en prétendues vertus, selon la métempsycose ou la mimique, que l'on a étudiées plus haut, se transforme en passions, ou plutôt les passions sont ses formes naturelles et ses différents aspects. Défendrez-vous, soutiendrez-vous les passions ? Les passions ont été considérées généralement jusqu'ici comme des maladies de l'âme. Ne le sont-elles point ?

Mais certes, non, elles ne sont point des maladies. Elles sont des manifestations de la vie. Elles sont des fougues, elles sont des ébullitions, elles sont des fièvres, si l'on veut, elles ne sont point des maladies. Qu'il y ait une règle des passions, comme il y a une règle du jeu, une règle des divertissements, une règle des voyages, une règle de la marche, de la course et de la danse, c'est-à-dire une disposition et une économie judicieuses destinées à tirer le plus grand plaisir possible de ces différentes choses, on le veut bien et ceci est très acceptable et même évident ; mais les passions en elles-mêmes sont des choses saines, comme savait déjà le dire Descartes, et si elles sont des manifestations de l'égoïsme, c'est qu'elles sont des manifestations de la vie, l'égoïsme étant la vie même.

Ce qui fait que des hommes sincères ont médit, et non sans raison et non sans bon sens, du moins dans ce cas, des passions humaines, c'est que très souvent les passions auxquelles se livrent les hommes ne sont pas des passions, mais des imitations de passions, des singeries de passions. « Que d'hommes, dit La Rochefoucauld, n'auraient jamais été amoureux s'ils n'avaient pas entendu parler de l'amour ! » Rien n'est plus vrai, et de faux amoureux, de faux jaloux, de faux ambitieux, de faux autoritaires, de faux sectaires, de faux hommes de parti, de faux hommes à convic-

tions, nous en avons autant que de faux
poètes, de faux littérateurs, de faux penseurs.
L'homme, au début de la vie, prend très souvent,
extrêmement souvent, pour une passion, pour *sa*
passion, un goût très passager, très superficiel, qui
lui vient d'imiter tel ou tel personnage de son
entourage, ou de l'histoire contemporaine, ou de
l'histoire d'autrefois, ou d'un roman ou d'un
poème. Il est bien certain que cette passion-là est
ridicule, ne conduit qu'à des sottises et fait son
malheur. Il ne faut pas se tromper sur ses passions,
non plus que sur ses aptitudes, puisque aussi bien
les passions sont des aptitudes.

Mais les passions profondes, les passions vraies,
sont toutes des forces excellentes et pour l'individu
et pour la société. Les plus vilaines, même, l'avarice,
si vous voulez, sont précieuses et sont fécondes.
Le père Grandet, qui est un grand homme, qui est
un poète, pour ce qui est de lui-même goûte des
joies profondes, des extases, des ravissements de
collectionneur et de fondateur et de conquérant ;
et pour ce qui est de la société, il crée pour elle
une de ces réserves de travail accumulé qu'il est
très utile que quelques-uns préparent. Toutes les
passions sont bonnes quand elles sont vraies. C'est
un pharisaïsme détestable que de les flétrir ou de
les proscrire.

Les professeurs de morale ont beau jeu à invectiver contre les passions. La matière est d'exploitation facile, parce que, certainement, les passions, comme tout ce qui est beau, sont toutes pleines et toutes grosses de dangers. Mais, d'abord, ils exagèrent et nous en imposent; et ensuite c'est précisément les affaires pleines de dangers qui sont dignes que l'homme s'y attache. C'en est la marque : « Les prédicateurs de la morale, quels thèmes n'ont-ils pas brodés sur la « misère » intérieure des hommes « méchants » ? Et quels mensonges ne nous ont-ils pas débités sur le malheur des hommes passionnés ! Oui, mensonges, c'est là vraiment le mot : ils connaissent fort bien l'extrême bonheur de cette espèce d'hommes ; mais ils s'en sont tus, parce qu'il était une réfutation de leur théorie, d'après laquelle tout bonheur ne naît que de l'anéantissement de la passion et du silence du désir. »

Et pour ce qui est enfin de la recette de tous ces médecins de l'âme et de leur recommandation d'une cure radicale et rigoureuse, il sera permis de demander : « Notre vie est-elle assez douloureuse vraiment et assez odieuse pour l'échanger avec avantage contre le stoïcisme d'un genre de vie pétrifié ? Nous ne sentons pas assez mal pour devoir nous sentir mal d'une façon stoïque. Il me semble qu'on a toujours parlé avec exagération de la douleur et du malheur comme s'il était de bon ton d'exagérer en cette matière. On se tait, par contre, sur les innombrables moyens de soulager la douleur... Nous nous entendons fort bien à verser des douceurs sur nos amertumes et surtout sur les amertumes de l'âme ; nous avons des ressources dans notre bravoure et dans notre élévation, ainsi que dans les nobles délices de la soumission et de la résignation. Un dommage est à peine un dommage pendant une heure. D'une façon ou d'une autre un présent nous est même, de ce fait, tombé du ciel, par exemple une force nouvelle, *ne fût-ce même qu'une* nouvelle occasion de force. »

Ces prédicateurs de morale, s'ils sont sincères, ce qui n'est pas probable, n'ont pas assez réfléchi à l'intrication nécessaire, naturelle et très heureuse en somme, du plaisir et de la douleur. La douleur et le plaisir sont liés et entrelacés de telle sorte qu'ils sont fonction l'un de l'autre, conditions l'un de l'autre, ou, tout au moins, en tout état de cause, unis d'un nœud indissoluble au point d'en être quelquefois indiscernables : « Quoi donc ! Le dernier but de la science serait de créer à l'homme autant de plaisir et aussi peu de peine que possible? Mais comment, si le plaisir et le déplaisir étaient si solidement liés l'un à l'autre que celui qui voudrait goûter de l'un autant qu'il est possible, que celui qui voudrait apprendre à jubiler jusqu'au ciel devrait aussi **se préparer** à être triste jusqu'à la mort ? (*Himmeloch jauchzend. Zum Tode betruebt* » — *Chanson de Claire dans l'Egmont de Gœthe.*) Et il en est peut-être ainsi ! Les stoïciens, du moins, le croyaient, et ils étaient conséquents, quand ils demandaient le moins de plaisir possible pour que la vie leur causât le moins de déplaisir possible. — Lorsque l'on prononce la sentence : « Le vertueux est le plus heureux », en même temps l'on présente l'enseigne aux masses et l'on donne une subtilité casuistique pour les gens plus subtils. Aujourd'hui, encore, vous avez le choix : soit aussi peu de plaisir que possible, bref l'absence de douleur (et, en somme, les socialistes de tous les partis ne devraient, honnêtement, pas promettre davantage à leurs partisans), soit autant de déplaisir que possible, comme prix pour l'augmentation d'une foule de jouissances et de plaisirs, subtils et rarement goûtés jusqu'ici ! Si vous vous décidez pour la première alternative, si vous voulez diminuer et amoindrir la souffrance des hommes, eh bien ! il vous faudra diminuer aussi et amoindrir la capacité de joie. Il est certain qu'avec la science [la science philosophique, la science générale, la *connaissance*] on peut favoriser l'un et l'autre dessein. Peut-être connaît-on maintenant la science, plutôt à cause de sa faculté de priver les hommes de leur plaisir et de les rendre plus froids, plus insensibles, plus stoïques. Mais on pourrait aussi lui découvrir des facultés de grande dispensatrice des douleurs. Et *alors*, sa force contraire serait peut-être découverte *en même temps*, sa faculté immense de faire luire pour la joie un nouveau ciel étoilé ! »

Ce qu'il y a de certain, c'est que les passions sont des forces que l'on peut réprimer, mais non pas sans réprimer et supprimer la vie elle-même, qu'elles sont la vie elle-même et qu'elles donnent à l'homme qui s'abandonne à elles des douleurs vives et des joies profondes, le plaisir à la souffrance, le bonheur et le malheur — *et par conséquent le bonheur*. Car c'est là qu'il en faut arriver, l'homme est fait pour une vie où il entre du malheur mêlé de joies ; il est fait pour une vie accidentée ; il est fait pour une vie dramatique; il est fait pour une vie dangereuse. La vie dangereuse, c'est la vie naturelle de l'homme. C'est celle qui le garde de l'ennui, de la mélancolie, de la dépression, de la stagnation, du dégoût, et des passions basses, ou, pour mieux parler, de ce qu'il y a de bas et de vil dans chaque passion, des formes basses de chaque passion. La vie dangereuse est la vie *vraie*. Car, savez-vous ce que veut dire « vrai »? « *Vrai*, cela veut dire : qui élève le type humain. « La vie dangereuse est la vie supérieure. La vie dangereuse est la vie bonne. Car, savez-vous ce que c'est que le bien? C'est le beau. Ce n'est pas du tout un peu plus de plaisir ou un peu plus de bien-être. Faire dépendre le bien de pareilles choses est très bas, très lâche et c'est une espèce de nihilisme déjà, ou quelque chose qui y mène : « La prépondérance de la peine sur la joie, ou le contraire, ces deux doctrines sont des signes de nihilisme commençant. Car, dans les deux cas, on ne fixe pas d'autre sens final que les phénomènes de plaisir ou de déplaisir. Mais c'est ainsi que parle une espèce d'hommes qui n'a pas le courage de se fixer une volonté. Pour toute espèce d'hommes plus saine, la valeur de la vie ne se mesure pas à l'étalon de ces choses accessoires. — La vie ne vaut pas la peine d'être vécue » et [d'autre part], « à quoi servent les larmes? » C'est une argumentation débile et sentimentale... Qu'il existe quelque chose qui a cent fois plus d'importance que de savoir si nous nous trouvons bien ou mal ; c'est l'instinct fondamental de toutes les natures vigoureuses — *et par conséquent aussi de savoir* si d'autres se trouvent bien ou mal. Cet instinct leur dit que nous avons un but pour lequel on n'hésite pas à faire des sacrifices humains, à courir tous les dangers, à prendre sur soi ce qu'il y a de pire. C'est la grande passion. Car le *sujet* n'est qu'une fiction. L'*ego*, dont on parle quand on blâme l'égoïsme, n'existe pas du tout. »

A l'inverse donc de la morale, la doctrine de la vie déploie les passions pour faire vivre l'homme d'une vie ardente et supérieure. Supérieure à quoi? toujours à quelque chose, toujours à elle-même, et de plus en plus à elle-même, l'homme étant un être qui a pour nature, pour loi et pour but de se surmonter. La volonté de puissance, en sa fin, et peut-être bien en son fond même, c'est précisément la volonté de vie dangereuse ; et la vie dangereuse, première vie de l'homme, à remonter le cours des temps, est la seule *vita vitalis*, la seule qui vaille la peine de vivre et qui soit digne d'être vécue ; et la décadence consiste précisément dans ce que tant d'hommes appellent le progrès, dans le passage de la vie dangereuse à la plate et ignoble vie de sécurité.

On se moquera du philosophe qui, tranquille dans son cabinet ou sur le bord de la Méditerranée, enfin pacifiée, s'enivre ainsi de la beauté de la vie périlleuse et tumultueuse. Il confesse que son existence, à lui, est très indigne et assez méprisable, comparée à celle du conquérant et de l'explorateur ; mais, chacun faisant ce qu'il peut, et aussi faisant ce qu'il doit quand il se livre allègrement à sa passion vraie, le philosophe lui-même, oui, le philosophe a sa vie passionnée et dangereuse. Il a sa vie passionnée, sa passion étant la recherche obstinée et douloureuse de la vérité et lui-même étant de ceux « qui cherchent en gémissant » ; il a sa vie dangereuse, bravant, pour conquérir la vérité, les préjugés, les mépris des hommes, et, ce qui est plus douloureux, les résistances, les révoltes et les cris de souffrance du vieil homme qu'il faut toujours déchirer par lambeaux pour le dépouiller et pour libérer et instaurer l'homme nouveau. Voilà le petit champ de bataille et de douleurs du philosophe, qui ne laisse pas, lui-même, d'avoir sa grandeur ; et, comme dit Nietzsche, dans la page la plus belle qu'il ait écrite et dans une des pages les plus belles qui aient été écrites : « *In media vita.* — Non ! la vie ne m'a pas déçu. Je la trouve, au contraire, d'année en année, plus riche, plus désirable et plus mystérieuse, depuis le jour où m'est venue la grande libératrice, à savoir cette pensée que la vie pouvait être une expérience de celui qui cherche la connaissance, et non un devoir, non une fatalité, non une duperie. Et la connaissance elle-même, que pour d'autres elle soit autre chose, par exemple un lit de repos, ou bien encore le chemin qui mène au lit de repos, ou bien encore un divertissement ou une flânerie. Pour moi, elle est un monde de dangers et de victoires où les sentiments héroïques se déploient et ont aussi leur place de danse et de jeux. *La vie est un moyen de connaissance* (1). Avec ce principe au cœur on peut, non seulement vivre avec bravoure, mais encore *vivre avec joie, rire de joie !* (2) Et comment s'entendrait-on à bien rire et à bien vivre, si l'on ne s'entendait pas d'abord à la guerre et à la victoire ? »

(1) Souligné par Nietzsche.
(2) Idem.

IX

DÉVELOPPEMENT DE LA THÉORIE

Arrivé à ce point de l'évolution de sa pensée, Nietzsche a été (je crois) arrêté par une objection qui s'est présentée évidemment plus d'une fois au lecteur de ce volume. Cette règle de vie, cet idéal de vie, ce *standard of life*, il ne convient qu'à un petit nombre d'hommes. Ce n'est pas une morale, bien entendu, puisque aussi bien Nietzsche ne veut pas entendre parler de morale ; ce n'est pas une morale, puisque, sans doute, une morale doit être universelle ; mais ce n'est même pas une doctrine générale, une doctrine ayant un certain degré de généralité ; ce n'est pas une chose qu'il soit bon de dire à beaucoup d'hommes, ni même qu'on puisse dire à beaucoup d'hommes. C'est quelque chose comme le mot d'ordre d'une élite ; c'est quelque chose comme un code de discipline à l'usage de l'état-major de l'humanité.

Pouvez-vous bien dire à la foule, à la masse

grossière : soyez égoïstes et livrez-vous à vos passions ; soyez égoïstes, non seulement sans le moindre scrupule, mais avec entrain, avec allégresse et avec enthousiasme ; et livrez-vous à vos passions de tout votre courage ? Elle n'a — vous n'en doutez pas — qu'un égoïsme obtus et que des passions basses, dont le déploiement — vous le savez bien — non seulement n'aura rien de fort, ni de beau, ni d'apollinien ni de dionysiaque ; mais encore lui sera abominablement funeste et certainement la mènerait tout simplement à la mort en peu de temps. — Que faites-vous donc de votre règle de vie ? Comment vous tirez-vous de cette difficulté ? *Quo vadis ?* ou, simplement, *quid ?*

Nietzsche a très bien senti cette objection si naturelle et si inévitable ; il l'a sentie non seulement à un moment précis de l'évolution de sa pensée, comme je le supposais tout à l'heure pour la commodité et la clarté de l'exposition ; mais il l'a sentie pendant toute sa vie intellectuelle, ou à peu près, comme cela se voit à la lecture de presque tous ses ouvrages ; il y a été comme poussé par son propre mouvement même et acculé. Mais il n'en a pas été ému ; il ne l'a pas évitée ou tournée. Il a foncé droit sur elle et il l'a détruite, en l'acceptant tout entière.

Il a répondu : Eh bien ! Oui ! ma règle de vie

n'est point faite pour la masse. Elle est faite pour une élite qui seule représente l'humanité, qui seule est véritablement l'humanité, et qui doit gouverner l'humanité et mépriser profondément la masse, son tempérament, sa complexion, ses mœurs et ses préjugés. Ma théorie est essentiellement et radicalement aristocratique.

Et c'était — comme il arrive presque toujours — la cause et l'effet à la fois. La théorie de Nietzsche le conduisait à l'aristocratisme en l'y acculant ; et Nietzsche, aristocrate de nature et de tempérament, avait pris sa théorie dans ses tendances aristocratiques ; et Nietzsche était aristocrate parce qu'il était immoraliste, et il était immoraliste parce qu'il était aristocrate. Son idée centrale, à la fois philosophique et historique, son idée maîtresse, c'est que c'est le peuple qui a inventé la morale, pour brider, museler, entraver et paralyser les forts et les beaux, ceux qui veulent vivre en force et en beauté ; et que le peuple, patient et rusé, y a parfaitement réussi. Le peuple, aux instincts bas, ne peut vivre ni en beauté ni en force ; il veut vivre platement, pacifiquement, sûrement, doucement, et ne jamais faire de grandes choses. Il n'aime pas du tout la vie dangereuse. Il veut manger du pain, regarder les jeux du cirque, se reproduire, s'enivrer un peu, chanter quelques chansons sottes, travailler le moins possible, point du tout s'il se peut ; et mourir très tard. Il a son art à lui, en tout temps le même, qui est très caractéristique de ses mœurs. C'est un art sans imagination et sans lyrisme, sans sublimité, même apparente, ou même intentionnelle ; c'est un art fait de sensiblerie timide, plaintive et fade, un art de romances ou de peinture de genre attendrissante ; c'est un art tout élégiaque, ou si vous voulez tout *gemütlich*. Et, d'autre part, c'est un art grossement comique, fait de lourdes plaisanteries et de railleries contondantes. Rien, dans cet art populaire de tous les temps, qui pousse à l'action, à l'entreprise, à la vie énergique, laborieuse, rude, forte et belle. Le peuple de tous les temps est un « troupeau » d'êtres timides et nonchalants.

Or, le peuple, sentant au-dessus de lui, soit une race conquérante qui n'était pas la sienne et qui avait des instincts énergiques et une aspiration vers le grand et le beau ; soit une race sortie de lui, mais qui avait, par auto-sélection, puis hérédité, ces mêmes instincts, a pris, très tardivement, mais a fini par prendre, des mesures pour museler et énerver cette race supérieure.

Mesures de divers ordres. Dans certains pays la race supérieure, très sagement, s'était interdit de s'unir par mariage avec les plébéiens ; la plèbe n'a pas eu de cesse qu'elle ne fît disparaître cette injustice et cette « immoralité » et qu'elle n'adoucît, intimidât, dévirilisât la race supérieure par le mélange des sangs.

Dans d'autres pays, où les mêmes, se sentant le nombre et sachant que, s'il y a union, le nombre est une force, la plèbe a pesé sur l'élite par son poids même et organisant la grève agricole, la grève industrielle, ou la grève militaire, profitant des insuccès de la race supérieure, etc., elle est entrée dans la cité et le gouvernement de la cité et a comme noyé en elle la race supérieure ; et c'en a été fait de la cité conquérante, civilisante, artistique, *ascendante*, de la cité honorant l'humanité et la conduisant vers des destinées brillantes.

Enfin, et un peu partout, le peuple a inventé la morale, c'est-à-dire qu'il a soumis la race supérieure à ses idées à lui, en trouvant le moyen de les donner, de les imposer, de les faire paraître comme bonnes, comme saines, comme justes, comme obligatoires, comme divines, et comme telles que l'on est méprisable si on ne les a pas. Cela, ç'a été un tour de force et un tour d'adresse incroyables, miraculeux, véritablement dignes d'admiration en même temps que de stupeur. Il ne faut pas s'étonner qu'il ait mis un très long temps à réussir, tant il est comme fabuleux ; mais enfin il a réussi. La plèbe, un peu par tout pays, a réussi à introduire le *scrupule* dans l'âme de l'élite, à faire dire à l'élite : « Il est possible que ce que je fais ne soit pas *bien* ; il est possible qu'il ne soit pas juste que je fasse du grand, du fort, du beau, par moi-même et aussi en y employant des gens qui n'y tiennent pas du tout. »

Le scrupule est une maladie, comme le repentir. Aussitôt que cette maladie s'est introduite, en quelque pays que ce fût, dans l'âme de l'élite, elle en a été stupéfiée, comme on est paralysé par un de ces poisons qui agissent sur les centres nerveux ; et peu à peu, à mesure des progrès de l'intoxication, elle a abdiqué, et l'instinct de médiocrité a remplacé peu à peu l'instinct de grandeur, et ç'a été comme une manière d'enlizement social.

Cette morale populaire, en voulez-vous comme un tableau en raccourci ? « La morale, où croyez-vous qu'elle puisse bien avoir ses avocats les plus dangereux et les plus rancuniers ? Voilà un homme manqué, qui ne possède pas assez d'esprit pour pouvoir s'en réjouir et qui a juste assez de culture pour le savoir. Ennuyé, dégoûté, il n'a que du mépris pour lui-même ; possédant un petit héritage, il est malheureusement privé de la dernière consolation, de la bénédiction du travail, de l'oubli de soi dans la tâche journalière. Un tel homme qui, au fond, a honte de son existence — peut-être héberge-t-il, de plus, quelques petits vices — et qui, d'autre part, ne peut pas s'empêcher de se corrompre toujours davantage, de devenir toujours plus vaniteux et plus irritable, irrité par des livres auxquels il n'a pas droit ou une société plus intellectuelle qu'il ne peut la diriger : un tel homme, empoisonné de part en part ; car, chez un pareil raté, l'esprit devient poison, la culture devient poison, la propriété devient poison, la solitude devient poison ; finit par tomber dans un état habituel d'esprit de vengeance, de volonté de vengeance. De quoi pensez-vous qu'il puisse avoir besoin, absolument besoin, pour se donner à part soi l'apparence de la supériorité sur les hommes plus intellectuels, pour se créer la joie de la vengeance accomplie, au moins pour son imagination ? Toujours de la moralité, on peut en mettre la main au feu, toujours des grands mots de morale, toujours de la grosse caisse de la justice, de la sagesse, de la raison, de la sainteté, de la vertu ; toujours du stoïcisme de l'attitude (comme le stoïcisme cache bien ce que quelqu'un n'a pas !) toujours du manteau du silence avisé, de l'affabilité, de la douceur, et, quels que soient les noms que l'on donne au manteau de l'idéal sous lequel se cachent les incurables contempteurs de soi qui sont en même temps les incurables vaniteux. Il ne faudrait pas qu'on me comprît mal : il arrive quelquefois que de ces ennemis nés de l'esprit, se développent ces rares exemplaires de l'humanité que le peuple vénère sous le nom de saints et de sages ; c'est de tels hommes que sortent ces monstres de morale qui font du bruit, qui font de l'histoire — saint Augustin est du nombre. — La crainte de l'esprit, la vengeance sur l'esprit, hélas ! combien souvent ces vices, qui ont une véritable puissance dynamique, n'ont-ils pas donné naissance à la vertu ! Oui, à la vertu ! — Et, entre nous, la prétention des philosophes à la sagesse, cette prétention, la plus folle et la plus immodeste, qui a été soulevée çà et là sur la terre, ne fut-elle pas toujours jusqu'à présent, aux Indes, comme en Grèce, avant tout une cachette ? Parfois, peut-être, s'est-on placé au point de vue de l'éducation, ce point de vue qui sanctifie tant de mensonges, et a-t-on voulu avoir de tendres égards avec des êtres qui se développent et qui croissent, avec des disciples, qu'il faut souvent par la foi en la personne qui enseigne, par une erreur, défendre contre eux-mêmes. Mais, le plus souvent, la sagesse est une cachette de philosophe, derrière laquelle il se réfugie à cause de son âge, de sa fatigue, de son attiédissement, de son endurcissement, parce qu'il a le sentiment de sa fin prochaine, la sagacité de cet instinct que les animaux ont avant la mort — ils se mettent à l'écart, deviennent silencieux, choisissent la solitude, se réfugient dans des cavernes, deviennent sages. — Comment donc? La sagesse serait une cachette du philosophe devant l'esprit?»

C'est de gens de cette espèce, dont les pires sont des impuissants venimeux et empoisonnés de leur venin ; dont les meilleurs sont des timides, des affaiblis et des malades ; et qui tous sont envieux ; que s'est faite, de tout temps, la grande armée de la morale. La morale, c'est le plébéianisme contre l'élite; c'est la conspiration et la conjuration de tous les instincts lâches contre tous les instincts élevés et énergiques ; c'est un complot contre l'idéal, se donnant comme un idéal et réussissant, par je ne sais quels artifices d'esclave rusé, à se faire prendre au sérieux, à se faire vénérer par ceux contre qui il a été ourdi.

Les ruses d'esclaves dont nous parlons sont diverses. L'espèce inférieure exploite, par exemple, la pitié, qui est le sentiment le plus débilitant et le plus antisocial qui existe. Quand la pitié entre dans le cœur de l'espèce supérieure, celle-ci est perdue, et avec elle la nation, et avec elle une civilisation, et tout est à recommencer.

L'espèce inférieure, encore, « désapprenant la modestie, enfle ses besoins », ses idées générales qui ne sont que des formes de ses besoins, « jusqu'à en faire des valeurs cosmiques et métaphysiques »; les philosophes, si elle en produit, ce qui arrive, sont admirables à opérer cette transformation; ils donnent pour principes généraux à guider l'humanité ce qui n'est que besoins de la plèbe, désirs de la plèbe, jalousies de la plèbe, aspirations confuses de la plèbe vers le bonheur particulier qui lui convient.

L'espèce inférieure, encore, invente de véritables sophismes, comme celui de l'égalité des hommes, sans qu'on ait jamais pu savoir sur quoi, sur quelles données scientifiques, historiques, ethnographiques, éthiques, et supposez tout ce que vous voudrez, une pareille absurdité ait jamais pu s'appuyer. Cette idée d'égalité, l'espèce inférieure, soit la tire de la religion, soit invente une religion pour la confirmer. S'il existe une religion qui affirme que tous les hommes sont égaux devant les dieux, elle en conclut peu à peu que par conséquent — quelle conséquence! — tous les hommes doivent être égaux socialement. Ou, si elle a affirmé un jour que tous les hommes, parce qu'ils sont hommes — quelle raison! — sont égaux, elle imagine une religion qui donne à cette puérilité l'autorité d'un précepte divin et la majesté d'un dogme céleste. Ou encore ces deux idées, ces deux sentiments confus, le social et le religieux, se développent ensemble, sans qu'on puisse bien distinguer lequel est générateur de l'autre, et se prêtent un concours réciproque et un mutuel appui, et rivalisent à supprimer l'espèce supérieure et à la noyer et dissoudre dans la plèbe.

L'espèce inférieure, encore, invente l'idée de la pluralité, l'idée du droit de la pluralité : ce qu'il faut faire, c'est ce qui convient au plus grand nombre ; il n'y a qu'à se compter. Ceci c'est la confusion, ridicule si elle est involontaire, odieuse si elle est voulue, du qualificatif et du quantitatif. S'agit-il de se compter ou de se peser ? Le général est un et l'armée cent mille. Est-ce celui qui est un qui doit obéir à ceux qui sont cent mille ? A préférer la quantité à la qualité, il est incontestable que c'est le général qui doit obéir, ou plutôt qui ne doit pas exister.

Telles sont les principales ruses, inconscientes ou conscientes, de l'espèce inférieure contre l'espèce supérieure.

Notons qu'il arrive aussi, et ce n'est pas le moindre facteur de cette évolution, que « l'espèce supérieure » s'abandonne et finit par « faire défaut ». — « L'espèce supérieure fait défaut, c'est à savoir celle dont la fécondité et la puissance inépuisables maintiennent la croyance à l'homme. Que l'on songe à ce que l'on doit à Napoléon : presque tous les espoirs supérieurs de ce siècle. » L'espèce supérieure disparaît par épuisement consécutif d'un long effort, par négligence de se renouveler au moyen de l'admission en son sein des meilleurs éléments de l'espèce inférieure, par oubli de ses principes et de ses règles d'action, par insouciance, par dégoût, par affinement, par délicatesse artistique, un de ses instincts propres et un des meilleurs, mais qui ne doit avoir que sa part, le goût, finissant par empiéter sur les autres et par rompre l'équilibre. Si avec tout cela elle se laisse gagner et séduire aux sophismes grossiers de la plèbe, elle est perdue et avec elle la civilisation qu'elle avait créée et dont elle porte encore, en vain, le drapeau.

Car « par là l'existence tout entière de la nation est vulgarisée ; car, en tant que la masse gouverne, elle tyrannise les hommes d'exception, ce qui fait perdre à ceux-ci la foi en eux-mêmes et les pousse au nihilisme ».

Faisons un tour à travers l'histoire et voyons, à travers des accidents de route et des stations et des régressions que nous négligerons, le progrès, à la fois de ce plébéianisme et de cette morale qui sont deux formes diverses, et à peine diverses et à peine distinctes, d'une seule et même chose. Les Grecs, les Romains, ces créateurs de deux civilisations et, à eux deux, de toute civilisation connue, les Grecs, les Romains sont à la fois absolument aristocrates et absolument immoralistes. Vous ne nous parlerez pas de la démocratie athénienne, démocratie de quelques milliers de citoyens assise sur trois cent mille métèques et esclaves. Les Grecs et les Romains sont absolument aristocrates. Ils sont, aussi, absolument immoralistes. Ils ne connaissent qu'un devoir, le devoir envers l'Etat, et vous entendez bien que cela veut dire qu'il y a là une espèce supérieure qui ne connaît ni devoirs envers l'esclave ni envers l'étranger, ni envers le plébéien, ni envers la femme, et qui ne connaît pour devoir que celui de se maintenir, elle, elle qui est l'Etat, en santé, en force, en grandeur, en beauté et en capacité d'agrandissement et de développement infini.

Voilà toute la morale des Grecs et des Romains, et c'est-à-dire que les Grecs et les Romains n'ont point de morale. Il suffit de lire le *De officiis* de Cicéron, livre admirable du reste, encore que déjà il soit du commencement de la décadence, pour bien comprendre qu'un Romain ne connaît de devoirs qu'envers la patrie. A la vérité, ceux-là, il les connaît bien.

Les Grecs et les Romains sont donc de purs aristocrates et de purs immoralistes. Une espèce supérieure s'est formée, on ne sait pas très bien comment, sur un promontoire rocheux, sur sept collines dominant de vastes plaines ; elle a été le noyau d'une grande cité ; elle a attiré à elle de nombreux individus de l'espèce inférieure ; elle les a disciplinés, elle les a gouvernés et elle n'a jamais songé qu'à une chose : être forte, être grande et être belle, ce pour quoi elle s'est imposé et a imposé à ses serviteurs des sacrifices énormes et incessants. Voilà tout. Il n'y a pas une ombre de moralité là-dedans.

— Ils avaient une religion.

— Précisément. C'est très curieux. Ils avaient une religion ; mais c'était une religion toute de cité, toute consacrée à la cité, toute civique. Les dieux n'étaient qu'une espèce de Sénat céleste au-dessus du Sénat d'ici-bas et de Sénat immortel au-dessus du Sénat des humains. Les dieux étaient de la ville, citoyens supérieurs de la ville et protecteurs éclairés, sévères et un peu jaloux de la ville. C'étaient des *aristoï* olympiens. — Et cette religion était patriotique et elle était même comme le sanctuaire du patriotisme : mais, si elle contenait quelque morale, ce qu'il faut reconnaître, car il y a toujours des infiltrations, elle en contenait si peu qu'il a fallu qu'à côté d'elle, en dehors d'elle et un peu contre elle, ce que, parfois, elle leur a bien montré, des philosophes inventassent et créassent une morale comme de toutes pièces. Rien ne montre mieux que la morale était primitivement très étrangère à ces peuples, patriotes, religieux par patriotisme, ou plutôt ayant la religion de la patrie, mais aristocrates et, *par conséquent*, immoralistes, qui sont ce que l'antiquité et même toute l'histoire a produit de plus grand et qui ont jeté tant d'éclat sur la planète que nous habitons.

Mais voici, là-bas, plus loin, entre le monde de la Méditerranée et le monde oriental, un petit peuple, d'autre race, qui, sans doute, lui aussi, est patriote ; qui, lui aussi, a un dieu national, un dieu local, un dieu en quelque sorte provincial ; mais qui n'est pas aristocrate, qui est plébéien tout entier et qui a une morale toute particulière qui étonnerait bien un Romain ou un Grec. Ce petit peuple a inventé le *péché*. Entendez que le péché, ce n'est pas un acte nuisible à un concitoyen et par suite un acte contre la cité. Le péché c'est un acte contre Dieu, c'est une chose qui déplaît à Dieu et qui ne peut être effacée que par le repentir, la demande de pardon, la demande de grâce et la contrition et l'humiliation devant la majesté divine offensée. — Ceci est une conception toute particulière : égalitaire, car devant la grandeur divine toutes les grandeurs humaines sont égales, n'étant rien, et le péché du fort et du riche est aussi grave, comme offense à Dieu, que tout autre ; ecclésiastique, car, s'il y a des confidents et des interprètes de la pensée divine, ils seront juges des péchés et en demanderont compte au riche comme au pauvre, au fort comme au faible ; morale, enfin ; car ici il ne s'agit pas de patrie à défendre, de cité à servir, de volonté de puissance à aider et à soutenir, etc.; il s'agit d'un code dressé par un dieu, imposé aux hommes dans l'intérêt de ce dieu, pour la gloire de ce dieu et qui commande impérativement, sans donner ses raisons, et à qui il faut obéir parce qu'il commande et pour cela seul. L'impératif catégorique est né.

Voilà la morale, ici toute religieuse ; ailleurs elle aura une autre forme et prendra d'autres chemins pour arriver ; mais voilà la morale, telle que nous, modernes, nous la connaissons, la voilà en ses principaux traits : « *Origine du péché*. — Le péché, tel qu'on le considère aujourd'hui, partout où le Christianisme règne ou a jamais régné, le péché est un sentiment juif et une invention juive, et, par rapport à cet arrière-plan de toute moralité chrétienne, le Christianisme a en effet cherché à judaïser le monde entier. On sent, de la façon la plus fine, jusqu'à quel point cela lui a réussi en Europe, au degré d'étrangeté que l'antiquité grecque — un monde dépourvu du sentiment du péché — garde toujours pour notre sensibilité, malgré toute la bonne volonté de rapprochement et d'assimilation dont des générations entières et beaucoup d'individus n'ont pas manqué. « Ce n'est que si tu te repens que Dieu sera miséricordieux pour toi. » De telles paroles provoqueraient chez un Grec de l'hilarité et de la colère. Il s'écrierait : « Voilà des sentiments d'esclaves ! » Ici, (chez l'hébreu), on admet un Dieu puissant, d'une puissance suprême, et *pourtant* un Dieu vengeur, vindicatif. Sa puissance est si grande qu'on ne peut en général lui causer aucun dommage, *sauf pour ce qui est de l'honneur*. Tout péché est un manque de respect envers lui, un *crimen læsæ majestatis divinæ*, et il *n'est rien de plus*. Contrition, déshonneur, humiliation, voilà les premières et les dernières conditions à quoi est attachée sa grâce. Donc, ce qu'il demande, c'est le rétablissement de son honneur divin ; c'est réparation à son honneur divin. Que si, d'autre part, le péché cause un dommage, s'il entraîne après lui un désastre profond et grandissant qui saisit et étouffe un homme après l'autre, cela préoccupe peu cet oriental avide d'honneurs qui trône là-haut, dans le ciel. Le péché est un manquement envers lui et non envers l'humanité ! A celui à qui il a accordé sa grâce, il accorde aussi cette insouciance des suites naturelles du péché. Dieu et l'humanité [ou la cité] *sont imaginés ici tellement séparés, tellement en opposition* l'un avec l'autre, qu'au fond il est tout à fait impossible de pécher contre cette dernière. Toute action ne doit être considérée qu'au point de vue de ses conséquences surnaturelles, sans qu'il faille se soucier des conséquences naturelles : ainsi le veut le sentiment juif, pour lequel tout ce qui est naturel est indigne en soi. Les Grecs, tout au contraire, admettaient volontiers l'idée que le sacrilège lui aussi pouvait avoir de la dignité, même le vol, comme chez Prométhée... C'est dans leur besoin d'imaginer de la dignité pour le sacrifice et de l'y incorporer qu'ils ont inventé la tragédie, — un art et une joie, qui, malgré les dons poétiques et le goût du sublime qu'avait le juif, sont demeurés profondément étrangers à ce peuple. »

Cette morale, par d'autres chemins, comme nous l'avons annoncé, et sous des formes un peu différentes, nous la voyons naître chez les Grecs, aux temps socratiques, pendant que chez le juif elle reste à l'état stationnaire pour se déployer et se répandre torrentiellement plus tard. Chez les

Grecs, au temps de Socrate, cette idée naît : la morale, c'est-à-dire devenir personnellement meilleur, c'est-à-dire être aimé de ses voisins et proches, c'est-à-dire être inoffensif, la morale est quelque chose qui est supérieur à tout et qui doit régler tout, et par rapport à quoi tout doit se régler et à quoi tout se doit subordonner.

Vous parlez de science ? Cela ne signifie pas grand'chose, et le plus savant est encore celui qui sait qu'il ne sait rien ; mais si quelque chose existe qui s'appelle savoir, il n'a de *valeur* qu'en tant : 1° qu'il n'est pas contraire à la morale ; 2° qu'il y tende, qu'il y achemine, qu'il lui serve et qu'il l'appuie.

Vous parlez de politique et de sociologie ? La politique n'a de *valeur* que si elle a pour but de rendre les hommes heureux en les rendant meilleurs et si elle y réussit et par conséquent si elle est, uniquement et strictement, un soldat de la morale, un ouvrier de la morale et une servante de la morale.

Vous parlez d'arts ? Ce sont choses méprisables comme la cuisine ou la cosmétique, sauf pourtant, ce dont il est douteux qu'ils soient capables, s'ils servent à enseigner la morale ou à l'inspirer.

Ramener toutes les occupations humaines, tous les travaux humains, tous les efforts humains et toutes les récréations humaines à la morale comme à leur dernière fin et les admettre, justifiés par cette fin et sanctifiés par cette fin, si en effet ils y tendent, et les proscrire et flétrir s'il est prouvé ou évident, ou probable, qu'ils n'y tendent point ou qu'ils ne peuvent y aboutir ; voilà bien tout le socratisme : « Le trait commun dans l'histoire de la morale depuis Socrate, c'est la tentative faite pour amener les *valeurs morales* à la domination sur toutes les autres valeurs ; de façon qu'elles soient non seulement les juges et les guides de la vie, mais encore les guides et les juges : 1º de la connaissance ; 2º des arts ; 3º des aspirations politiques et sociales. Devenir meilleur est considéré comme seule tâche ; tout le reste n'est que *moyen* vers ce but — ou perturbation, entrave, danger ; et doit par conséquent être combattu jusqu'à la destruction. (Il y a un mouvement semblable en Chine ; il y en a un aussi aux Indes.) »

Quelles sont les raisons de ce mouvement d'esprit : 1º l'instinct du troupeau dirigé contre les forts et les indépendants ; 2º l'instinct du déshérité et du souffrant dirigé contre les heureux ; 3º l'instinct du médiocre dirigé contre les exceptions.— Dès que l'un seulement de ces instincts prend une certaine force dans une race d'hommes, il renverse l'ordre des valeurs. Ce n'est plus la force de corps et de cœur qui est estimée, c'est la timidité et la régularité des mœurs ; ce n'est plus l'éclat, le luxe beau, la splendeur artistique et patricienne qui est regardée avec admiration, c'est la propriété décente et la vie étroite et économique du petit bourgeois, quelquefois l'abstinence et l'ascétisme inutile du stoïcien, du cynique ou du cénobite ; ce n'est plus le génie qui est admiré et, au contraire, il est considéré comme dangereux et comme insolent ; c'est la médiocrité d'esprit, d'âme, de caractères et de mœurs qui est tenue pour la règle à suivre, pour l'idéal à réaliser et pour un niveau social que personne ne doit dépasser sous peine d'ostracisme ou de mort. C'est quand le monde gréco-romain était déjà sur cette pente que le Christianisme a paru.

Il faut mettre à part Jésus, dont on ne sait que peu de choses et qui semble, à essayer de le voir à travers les contradictions de doctrines et de tendances des Evangiles, avoir été beaucoup plus un aristocrate mystique qu'un plébéien ; car l'idée de justice lui est insupportable, et l'idée de justice est la pierre de touche en ces matières. Il est parfaitement possible que, comme Aristophane a pris Socrate pour un sophiste, les pharisiens aient pris Jésus pour un plébéien, pour le dernier des prophètes, pour un démagogue, alors qu'il était peut-être tout le contraire ; mais on ne sait pas. Il faut mettre à part Jésus dont, tout compte fait, on ne sait rien.

Mais le Christianisme, tel qu'il a été fait par saint Paul et ses disciples, a été le plus grand mouvement moral et plébéien de toute l'histoire connue ; ç'a été, en vérité, l'avènement même du plébéianisme comme nous avons déjà eu l'occasion de le dire. « Au fond il s'agissait de *faire arriver* (1) une certaine catégorie d'âmes. C'était une insurrection populaire au milieu », d'abord « d'un peuple sacerdotal », ensuite de peuples restés aristocratiques quoique ayant déjà des tendances plébéiennes et par cela même tout prêts à recevoir la *nouvelle*. C'était un mouvement piétiste venant des gens d'en bas, pêcheurs, péagers, femmes, malades, puis tourbe plébéienne d'Antioche, de Corinthe, de Rome, des villes africaines, de toutes les capitales, de toutes les grandes villes.

Longue abstention des paysans. Remarquez cela. Les paysans sont les derniers païens (*pagani*), non pas seulement parce que les *nouvelles* leur arrivent moins vite et qu'ils sont les *arriérés* de tous les temps ; mais parce que l'esprit de soumission à l'exception est primitif, et l'esprit d'égalité, c'est-à-

---

(1) Soulignée par Nietzsche.

dire de domination de la médiocrité sur l'exception, est moderne, dans chaque civilisation, c'est à savoir symptôme de décomposition de cette civilisation.

Prompte adhésion, et ardente, des femmes. Sentimentalité peut-être, émotion au récit du martyre, hystérie de la croix, qui est une maladie très bien étudiée depuis et très connue; surtout ceci, plus simple et si naturel, que la femme antique est une esclave et que l'idée d'égalité la traverse immédiatement comme une flèche ; ceci encore que la femme est médiocre, essentiellement, dans le sens précis du mot, plus intelligente que l'homme dans les basses classes, moins intelligente que l'homme dans les classes élevées, allant souvent jusqu'à un développement intellectuel très remarquable, n'allant *jamais* jusqu'au génie, médiocre donc, moyenne et par conséquent très favorable, dès qu'elle peut le comprendre, dès qu'elle l'entrevoit, au règne des classes moyennes, au règne des médiocrités et à la domination des médiocrités sur les exceptions et à la proscription des exceptions. La féminité est un plébéianisme tout fait, un plébéianisme naturel. Les démocraties tendront naturellement à l'instauration du suffrage politique des femmes; elles s'accommoderaient même très bien du suffrage politique des femmes seules, d'être gouvernées par les femmes, et ce genre de gouvernement leur serait vraiment très bon, leur assurerait très bien le genre de bonheur et de bien-être social qui a leurs préférences. — Ceci encore que les femmes, plus même que les hommes, ont besoin de moralité, ont besoin que le faible soit tenu pour sacré et le fort tenu pour suspect, et que le fort soit suspect à lui-même, bridé de scrupules, entravé et étouffé de conscience, hésitant sur son droit et rougissant de sa force même.

Ainsi armé, le Christianisme a vaincu le vieux monde et persuadé à l'humanité qu'elle devait être médiocre, basse, assez laide, non dirigée par les forts, les courageux et les intelligents, non illustrée et noblement enivrée par les artistes ; mais dirigée par ceux qui jeûnent et qui prient, et pleine de mépris pour les hommes qui ont le sens du beau.

Les forts, les courageux, les intelligents et les artistes n'abdiquent jamais, ou, tout au moins, ne donnent jamais leur démission et ils ont plus tard repris en partie leurs positions dans le Christianisme même, prêtres, évêques, papes, prédicateurs, fondateurs d'ordre, peintres, sculpteurs, architectes ; mais l'esprit du Christianisme est resté longtemps ce que nous venons de dire et il ne s'est jamais entièrement aboli ni même considérablement modifié et cela a eu de grandes conséquences, comme nous verrons.

L'empire romain, énervé et désorganisé dans le sens précis du mot, miné dans son organisme par un certain nombre de causes diverses, mais surtout par cet esprit du Christianisme, sur quoi il ne se trompa point du tout, comme le prouvent les persécutions par où il essaya de se défendre, devint la proie assez facile des Barbares. Les Barbares n'étaient ni intelligents ni artistes; mais ils étaient courageux et forts, et organisés selon la force, et sans aucun esprit de faiblesse dans leur institution ni dans leurs mœurs. Ils furent vainqueurs.

Ils furent vainqueurs; mais le Christianisme les séduisit et les captiva, les domestiqua. Comment put-il bien faire? Nietzsche signale le fait, s'en étonne et ne l'explique pas : « Une religion nihiliste, sortie d'un peuple fatigué et suranné, ayant survécu à tous les instincts violents conformes à ce peuple — transportée peu à peu dans un autre milieu, pénétrant enfin parmi les peuples jeunes *qui n'ont pas encore vécu du tout* (1), comme cela est singulier! Un bonheur du déclin et du soir, un bonheur de bergers, prêché à des Barbares, à des Germains! Combien il fallut d'abord germaniser et barbariser tout cela! A ceux qui avaient rêvé d'un

---

(1) Souligné par Nietzsche, peut-être comme explication (?).

Walhall ! A ceux qui trouvaient tout le bonheur dans la guerre ! — Une religion surnationale, prêchée au milieu d'un chaos où n'existait pas même encore de nations ! »

L'explication est en effet difficile. Peut-être ces guerriers barbares furent-ils séduits par la légende du Dieu fait homme, du Dieu se faisant homme pour apporter une bonne parole à l'humanité et souffrant la mort dans cette entreprise, idée sentimentale qui doit avoir sur tous les hommes, et surtout sur les hommes simples et rudes, une très grande prise. — « Ah ! si j'avais été là, avec mes barons ! »

Peut-être les Barbares, à mesure qu'ils devenaient vainqueurs, en des terroirs fertiles et sous des climats doux, perdaient-ils de leur barbarie et cessaient-ils de trouver tout le bonheur dans la guerre et s'accommodaient-ils assez facilement, s'installant et devenant fondateurs, d'une religion de repos, de tranquillité et de douceur.

Peut-être ont-ils senti que ces prêtres étaient au fond leurs auxiliaires comme ennemis du vieux Romain, du Romain traditioniste, attaché à ses dieux ou au souvenir de ses dieux, attaché au paganisme comme à ce qui avait la force de son ancienne institution et de son ancienne civilisation, ou comme à ce qui les avait brillamment représentées. Barbares et prêtres chrétiens étaient également ennemis de l'*ancienne Rome*. Il suffit pour s'entendre ou c'est le chemin de s'accorder. — Et puis, comme dit Nietzsche avec sa finesse habituelle, « on a dû d'abord beaucoup germaniser et barbariser tout cela ».

Tant y a que les Barbares devinrent chrétiens, ce qui peut-être fut un mal ; et le monde fut livré au Christianisme.

Le Christianisme, à la vérité, évolua. Il cessa d'être démagogique. Accepté ou subi par les puissances de ce monde, il devint aristocratique, aspirant, en la personne de ses chefs, soit à partager la puissance gouvernante, soit à l'accaparer tout entière en gouvernant la puissance gouvernante elle-même. Il cessa d'être antiartistique, antiapollinien ou antidionysiaque, devenant très raffiné dans la personne de ses chefs et appelant à lui les artistes comme les autres joies de la vie. L'esprit ancien prenait sa revanche. La Renaissance, chérie des papes, n'est qu'une résurrection de l'hellénisme et de l'esprit hellénique.

Mais remarquez deux choses : d'abord l'esprit chrétien, le véritable esprit chrétien, reste toujours dans le clergé populaire, dans le clergé-peuple, dans ce clergé qui autrefois nommait les évêques, dans ce clergé qui autrefois avait le droit de se marier, dans ce petit — grand par le nombre — dans ce petit clergé dépossédé qui est la démocratie de l'Église et qui n'aimera jamais beaucoup Rome, et qui n'aimera jamais beaucoup les puissants, soit au temporel, soit au spirituel, et qui n'aimera jamais les artistes, et qui parlera, contre les puissants de ce monde, le langage démagogique et socialiste aux temps de troubles et de licence, c'est-à-dire au temps où il pourra parler, et que l'on trouvera, à la veille de la Révolution française prêt à la faire, et, en effet, contribuant très puissamment à ses premières approches et à ses premières victoires.

Il y a toujours eu deux Christianismes superposés, l'un qui était un Christianisme perverti, un Christianisme hellénisé et romanisé dont on pouvait dire : « *Græcia capta ferum victorem cepit* » ; l'autre qui était le véritable Christianisme d'origine juive, d'origine « prophète hébreu », le Christianisme démocratique, plébéien et plébéianiste, qui gardait vivant et faisait persévérer dans l'être l'esprit de saint Paul.

Et remarquez, seconde chose, non plus importante, mais plus frappante, au fond la même, du reste, que, toutes les fois que le chrétien a voulu revenir à la primitive Église, à l'esprit, au caractère, à l'état moral, à l'état d'âme de la primitive

Église, ç'a été une révolution plébéienne qui a été faite ou qui a été tentée. Ç'a été le mouvement luthérien, antiromain, antiaristocratique, antiartistique, égalitaire très vite, devenant républicain et se mêlant d'idées, de sentiments ou de tendances socialistes.

Ç'a été le mouvement janséniste, antiromain, antiaristocratique, antilittéraire, antiartistique, profondément « moral », plus même que le protestantisme luthérien, autant que le calvinisme, lequel, du reste, est français d'origine, — enfin inconsciemment républicain, sur quoi Louis XIV ne s'est pas du tout trompé.

Il y a quelque chose à dire au bénéfice des imbéciles qui attaquent la religion, ou, si l'on veut, des hommes qui attaquent la religion d'une façon imbécile : « La lutte contre l'Église est certainement, aussi, entre autres choses, la lutte des natures plus vulgaires, plus gaies, plus familières, plus superficielles contre la domination des hommes plus lourds, plus profonds, plus contemplatifs, c'est-à-dire plus méchants et plus ombrageux, qui ruminent longtemps les soupçons qui leur viennent sur la valeur de l'existence et aussi sur leur propre valeur. L'intérêt vulgaire du peuple, sa joie des sens, son « bon cœur » se révoltaient contre ces hommes. Toute l'Église romaine repose sur une défiance méridionale de la nature humaine, une défiance toujours mal comprise dans le Nord. Cette défiance, le Midi européen l'a héritée de l'Orient profond, de l'antique Asie mystérieuse et de son esprit contemplatif. Déjà le protestantisme est une révolte populaire en faveur des gens intègres, candides et superficiels — le Nord fut toujours plus lourd et plus plat que le Midi » (?)

Il se trouvait donc qu'il y avait entre le haut clergé catholique et le bas clergé catholique, et d'une façon plus générale entre les catholiques d'en haut et les catholiques d'en bas et d'une façon plus générale encore entre les chrétiens d'en haut et les chrétiens d'en bas, la même différence, la même antinomie et la même lutte sourde qu'à toute époque possible entre l'espèce supérieure et l'espèce inférieure ; mais il restait toujours dans le Christianisme, en faveur de l'espèce inférieure, l'esprit primitif, profondément plébéien, profondément égalitaire et profondément démocratique, l'esprit primitif qui avait affranchi la femme et l'esclave, l'esprit primitif qui avait appelé le pauvre au royaume de Dieu et qui avait présenté l'accès du riche au royaume de Dieu comme impossible, l'esprit primitif qui, tout compte fait, était bien une protestation et une insurrection contre toute l'antiquité, contre tous les principes et toutes les idées, aristocratisme, esclavage, virilisme, goût du fort et du beau, sur lesquels reposait l'antiquité et qui avaient fait toute sa vertu et toute sa force.

Et enfin la Révolution française, qui n'est qu'un incident, mais un incident considérable de l'histoire du plébéianisme, fut une explosion de cet esprit plébéien, égalitaire, optimiste et moral. La Révolution française tient tout entière, comme on sait, dans ces deux mots : égalité, souveraineté nationale. Le reste était si peu dans son esprit vrai qu'il a été caduc dès le premier jour, vite abandonné et n'a jamais été repris sérieusement que par les ennemis de la Révolution française et ceux qu'elle lésait. L'égalité et la souveraineté nationale ne sont pas autre chose que le plébéianisme tout pur, sans mélange, sans alliage et sans conciliation possible avec ce qui n'est pas lui. Car remarquez bien que si l'égalité est destructrice de la liberté, ce qu'on a cent fois prouvé et ce que les faits ont prouvé, prouvent et prouveront mieux que tous les raisonnements, la souveraineté nationale détruit elle-même l'égalité, détruit l'égalité elle-même. Assurément ; car si la loi est ce que pense la majorité, si c'est la pluralité qui gouverne, sans aucun correctif, que se passe-t-il? Ceci : l'espèce supérieure, l'élite, les êtres d'exception sont purement et simplement *supprimés*. Leur pensée, leur sentiment, leur jugement, leur goût ne comptent pas. Ils sont sacrifiés. De sorte qu'il n'y a pas *égalité* entre tous les citoyens, il y a *oppression* des supérieurs par les inférieurs, des hommes d'élite par les « bêtes de troupeau » ou, si vous voulez, des exceptions par la moyenne. La démocratie supprime les exceptions. Elle organise l'oppression du plus petit nombre par le plus grand. Elle fait de « l'espèce supérieure » une caste de parias. Ce n'est pas du tout de l'égalité.

Mais précisément c'est bien ce que la Révolution voulait. Elle ne voulait au fond ni liberté, ni fraternité, *ni même* égalité. Elle voulait la souveraineté du plus grand nombre, c'est-à-dire l'oppression et par suite la suppression à bref délai de la haute classe, c'est-à-dire le plébéianisme pur et simple. La Révolution est le plébéianisme lui-même, à l'état le plus pur, le plus décisif et le plus conscient. « Ce fut la Révolution française qui plaça définitivement et solennellement le sceptre dans la main de l'homme bon, de la brebis, de l'âne, de l'oie et de tout ce qui est incurablement plat et braillard, mûr pour la maison de fous des idées modernes. »

Cela, bien entendu, au nom de la morale, de

cette morale plébéienne que nous avons suivie jusqu'ici, attentivement, dans son évolution. Ici, et cela est intéressant à considérer, Rousseau, Kant et Robespierre se donnent la main, Rousseau le type même du moraliste plébéien, avec ses effusions sentimentales, son pathos moralisant de pasteur calviniste, son goût de la vie médiocre, pacifique et idyllique, son *gemüth*, sa haine contre les arts et les lettres; Kant avec sa belle intelligence philosophique; mais qui fut toujours comme hypnotisée par la vision du bel édifice moral à construire sur des bases inébranlables; Robespierre avec son âme de prêtre plébéien, étroit, autoritaire et fanatique : « Tous les philosophes ont construit leurs monuments sous la séduction de la morale, Kant comme les autres [plus que les autres] ; leur intention ne se portait qu'en apparence sur la certitude, sur la vérité, sur la connaissance, mais elle se portait en réalité sur le majestueux édifice de la morale, pour nous servir encore une fois de l'innocent langage de Kant, qui considérait comme sa tâche et son travail, comme une tâche « moins brillante, mais qui n'est pas sans mérite », « d'aplanir et de rendre solide le terrain où s'édifierait ce majestueux édifice moral. » — Hélas ! il n'y a pas réussi, tout au contraire, il faut le dire aujourd'hui. Avec des intentions de ce genre, Kant était le véritable fils de son siècle... Lui aussi avait été mordu par cette tarentule morale qu'était Rousseau, lui aussi sentait peser sur son âme ce fanatisme moral dont un autre disciple de Rousseau se croyait et se proclamait l'exécuteur, je veux dire Robespierre qui voulait (discours du 7 juin 1794) fonder sur la terre l'empire de la sagesse, de la justice et de la vertu. »

Cette lignée est continuée de nos jours par les véritables héritiers de la Révolution française, et les seuls logiques, les socialistes de toutes nuances, « la race la plus honnête et la plus stupide qui soit au monde », qui veulent simplement, et avec combien de raison si l'on accepte le principe révolutionnaire, que l'égalité soit réelle, qu'il n'y ait d'aucune façon, ni par richesse, ni par titres, ni par honneurs, ni par instruction plus complète, ni par culture plus forte, d'espèce supérieure ; qui veulent supprimer toute exception ; qui veulent que le règne de l'égalité, de la justice et de la concorde soit fondé sur la terre, « règne qui serait, en tous les cas imaginables, celui de la médiocrité et quelque chose comme l'empire de la Chine ». En admirant comme ils l'ont tant fait les Chinois, les philosophes du xviiie siècle semblent avoir compris ce qu'ils disaient et avoir vu distinctement où conduisaient les théories qui leur étaient chères.

— Mais cette pensée de détruire l'élite, de supprimer l'exception est un rêve, c'est une idée très chimérique. L'exception, qui est naturelle, se produira toujours ; l'être d'élite, qui est un produit de la nature, naîtra toujours.

— Sans aucun doute ; mais d'abord ce n'est pas tout à fait vrai ; car le plébéianisme, empêchant l'espèce supérieure de s'affiner et de se fortifier par l'hérédité, la diminue en nombre ; d'autre part, empêchant l'espèce supérieure de se développer par une instruction et une culture particulières, et la réduisant soigneusement à l'instruction rudimentaire que l'on peut donner à tout le monde, la diminue encore en nombre ; le plébéianisme réduit l'espèce supérieure à son *minimum ;* il la ramène à n'être composée que des individus qui naissent très distingués et tout à fait exceptionnels, et dont rien ne peut arrêter la force d'ascension.

De plus, le plébéianisme diminue encore l'espèce supérieure en la décourageant. Quel avantage, le plébéianisme régnant, a un homme né supérieur à cultiver, à développer ou seulement à laisser voir sa supériorité ? Il n'a intérêt qu'à la cacher. A la montrer il se rendrait suspect. A la montrer il se dénoncerait. A la montrer il se proclamerait candidat paria et ne tarderait pas à être classé paria en effet. A quoi bon avoir du mérite, en régime

plébeien ? C'est le contraire qui est avantageux.
« Soyons médiocres et ne nous donnons pas la
peine de devenir opprimés ». Ainsi raisonneront
beaucoup d'hommes de mérite, et voilà l'espèce
supérieure encore diminuée. Minimum de minimum.

Enfin restent, cependant, ceux-là, très peu nombreux, qui sont très supérieurs, qui ne peuvent se
résoudre à cacher ou à étouffer leur supériorité,
ou qui ne peuvent réellement ni la réprimer tant
elle est forte, ni la cacher tant elle éclate. Mais
ceux-ci, le plébéianisme n'est pas fâché qu'ils
existent, parce qu'ils ne lui sont pas dangereux, vu
leur petit nombre, et parce qu'ils sont pour lui
matière de triomphe. Il faut qu'il existe des parias
pour qu'on se sente classe dominante, et il faut
qu'il y ait des opprimés pour qu'on ait le plaisir
de se sentir oppresseurs. Croyez-vous que le plébéianisme français, très bienveillant, mais jaloux
cependant de ses légitimes prérogatives, n'ait pas
eu grand plaisir à voir Renan, Taine et Pasteur
n'avoir aucune espèce d'influence dans l'État et
n'être rien dans la Cité ? C'est la victoire même de
la démocratie que le génie ait moins de droits
chez elle que la médiocrité ou la sottise et par conséquent il faut qu'il y ait des hommes de génie
pour qu'elle puisse goûter son triomphe à les

écarter ; pour qu'elle puisse, même, remarquez-le, avoir conscience d'elle-même à les repousser et à leur dire : « Je ne vous connais pas. » Si l'espèce supérieure était complètement disparue, le plébéianisme éprouverait l'ennui des victoires trop complètes et ne sentirait plus le plaisir d'être ; il perdrait la passion de soi-même, qui est le sel et qui est l'aiguillon de la vie.

Donc diminuer, par tous les moyens que nous avons vus, l'espèce supérieure et en conserver quelques spécimens, ou plutôt se féliciter de ce qu'il y en aura toujours quelques exemplaires, c'est le mouvement naturel du plébéianisme en marche.

Cette décadence d'une société ou d'une civilisation à mesure que l'aristocratisme baisse est bien sensible aux yeux mêmes, pour ainsi dire, si l'on considère les trois siècles que nous venons de parcourir. Les différentes « sensibilités » des trois derniers siècles s'expriment le mieux de la manière suivante : « *Aristocratisme* : Descartes, règne de la *raison*, témoignage de la souveraineté dans la volonté. — *Féminisme* : Rousseau, règne du *sentiment*, témoignage de la souveraineté dans les sens, mensonges. — *Animalisme* : Schopenhauer, règne des appétits, témoignage de la souveraineté des instincts animaux, plus véridique, mais plus sombre.

— Le XVIIe siècle est aristocratique ; il coordonne, il est hautain à l'égard de tout ce qui est animal, sévère à l'égard du cœur, dépourvu de sentimentalité, non allemand, *ungemüthlich* ; adversaire de ce qui est burlesque et naturel ; il a l'esprit généralisateur et souverain à l'égard du passé ; car il croit en lui-même. Il tient au fond beaucoup plus de la bête féroce, et il pratique la discipline ascétique pour rester maître. Le siècle de la force de volonté est aussi celui des passions violentes. — Le XVIIIe siècle est dominé par la femme ; il est enthousiaste, spirituel et plat, mais avec de l'esprit au service de ses aspirations et du cœur ; il est libertin dans la jouissance de ce qu'il y a de plus intellectuel, minant toutes les autorités ; plein d'ivresse, lucide, humain et sociable ; il est faux devant lui-même, très canaille au fond. — Le XIXe siècle est plus animal, plus terre à terre, plus laid, plus réaliste, plus populacier, et à cause de cela, « meilleur », plus « honnête »... mais plus faible de volonté, triste et obscurément exigeant, mais fataliste. Ni crainte ni vénération devant la raison, pas plus que devant le cœur ; intimement persuadé de la domination des appétits... La morale elle-même est réduite à un instinct (compassion). »

Le plébéianisme avec les instincts que nous lui connaissons s'empare-t-il de l'État ? Il est intéressant de savoir ce qu'il en fait et, disons-le tout de suite pour plus de clarté, comment il le dénature absolument. Qu'est-ce que l'Etat en son principe ? Il est une ligue de défense contre un ennemi jugé puissant, dangereux et imminent. « La communauté est au début l'organisation des faibles pour *faire équilibre* à des puissances menaçantes... ou pour être supérieure à ces puissances menaçantes. » Le plus souvent cette organisation consiste simplement à se mettre entre les mains d'un homme puissant lui-même qui, en vérité, ne diffère aucunement de l'ennemi puissant dont on veut se défendre. « Le brigand et l'homme fort qui promet à une communauté qu'il la protègera contre le brigand sont probablement tous deux des êtres semblables, avec cette seule différence que le second parvient à son avantage d'une autre façon que le premier, c'est-à-dire par des tributs réguliers que la communauté lui paye, et non plus par des contributions de guerre. — Le même rapport existe entre le marchand et le pirate qui peuvent longtemps être le même personnage : dès que l'une des deux fonctions ne leur paraît plus prudente, ils exercent l'autre. Au fond, maintenant encore, la morale du marchand n'est qu'une morale de pirate plus avisée : il s'agit d'acheter à un prix aussi bas que possible, de ne dépenser au besoin que les frais d'entreprise et de revendre aussi cher que possible. — Le point essentiel, c'est que cet homme puissant promet de faire équilibre au brigand : les faibles voient en cela la possibilité de vivre. Car il faut, ou bien qu'ils se groupent eux-mêmes en une puissance équivalente, ou bien qu'ils se soumettent à un homme qui soit à même de contre-balancer cette puissance. On donne généralement l'avantage à ce second procédé, parce qu'il fait en somme échec à *deux* êtres dangereux, au premier par le second et au second par l'avantage qu'on lui assure; car le protecteur gagne à bien traiter ceux qui lui sont assujettis pour qu'ils puissent et se bien nourrir et le nourrir bien. »

Voilà l'origine de l'État. Il n'y a rien là absolument de « moral »; c'est un marché. Des hommes achètent une bête de proie pour s'en faire un défenseur. Ainsi l'on achète un chien de garde. Et il n'y a rien de plus naturel ni de plus légitime; mais il n'y a absolument rien là de moral.

Mais encore allez un peu plus loin et remarquez que l'Etat est même une immoralité organisée. « Principe : les individus seuls se sentent responsables. *Les collectivités ont été inventées pour faire des choses que l'individu n'a pas le courage de faire* » et qu'il se fait scrupule, qu'il se fait conscience de commettre. « L'altruisme tout entier est un résultat de l'intelligence de l'homme privé ; les sociétés ne sont pas altruistes les unes à l'égard des autres. Le commandement de l'amour du prochain n'a été encore élargi par personne en commandement de l'amour du voisin. Il faut au contraire considérer comme vrai ce qui se trouve dans les lois de Manou. » — Entre parenthèses c'est pour cela que l'étude des sociétés, par la considération de ce qu'elles sont dans le temps présent ou par les recherches historiques, est si utile pour la connaissance de l'homme et le fait connaître au vrai ; en effet, « toutes les communautés, toutes les sociétés, parce qu'elles sont cent fois plus *sincères*, sont cent fois plus *instructives* au sujet de la nature de l'homme que l'individu, trop faible pour avoir le courage de ses désirs... L'étude de la société est si précieuse par ce que l'homme est beaucoup plus naïf en tant que société, que l'homme en tant qu'individu. La société n'a jamais considéré la vertu autrement que comme moyen pour arriver à la force, à la puissance, à l'ordre. »

Mais quel est le mécanisme de cette transformation singulière ? Comment l'homme, en tant que membre d'une communauté, est-il si différent de l'homme en tant qu'individu ? « Comment se fait-il qu'un grand nombre puisse faire des choses à quoi l'individu ne se déciderait jamais ? Par la division des responsabilités, du commandement, de l'exécution. » C'est cela qui introduit ou qui aide à s'introduire la « vertu, le devoir, l'amour de la patrie et du souverain », et c'est cela qui « maintient la fierté, la sévérité, la force, la haine, la vengeance, bref tous ces traits typiques qui répugnent à l'être de troupeau. »

Il faut donc le savoir et savoir le dire, « l'Etat c'est l'immoralité organisée : à l'intérieur sous forme de police [à vous, comme individu, l'inquisition et la délation sont, sans doute, odieuses], de droit pénal [vous ne vous reconnaissez pas individuellement le droit de punir], etc. ; — à l'extérieur comme volonté de puissance, de guerre, de conquête et de vengeance. »

Or, de cet état qui est l'immoralité ou, si vous voulez, l'immoralisme organisé, le plébéianisme, qu'est-ce qu'il en fait ? Précisément, *il transporte à l'État les vertus de l'homme privé*, il veut mettre dans l'État les vertus de l'homme privé et il est absolument convaincu que les « vertus » d'homme privé doivent être des vertus d'État. Autrement dit, il tue l'État. Il veut que l'État soit un brave homme pacifique, doux, timide, bienfaisant et faible. Il veut que l'État ne fasse pas la guerre ; il veut que l'État, non seulement n'attaque point, mais se défende le moins possible ; il veut que l'État tende l'autre joue et donne encore sa tunique lorsqu'on lui a pris son manteau ; il veut que l'État ne juge pas, ou juge avec une indulgence de père de famille faible et même affaibli. Il veut que l'État, chose curieuse, soit tout et ne fasse rien, en quoi, bien que ce soit un peu burlesque, il a raison ; car pour que l'espèce supérieure soit réprimée et diminuée, il faut que l'État, constitué par la pluralité plébéienne, soit tout ; et pour que l'État ait les vertus, les idées et les sentiments et les mœurs de la pluralité plébéienne, il faut qu'il ne fasse rien.

La plèbe organise ainsi, si cela peut s'appeler organiser, un État destructeur de l'espèce supérieure (ou d'une grande partie de l'espèce supérieure) et désarmé, d'une part contre l'étranger avide et d'autre part, à l'intérieur, contre les ennemis violents ou rongeurs, volontaires ou involontaires, de la société. Cet État plébéien est répresseur de la partie la plus élevée de l'espèce supérieure, comme nous l'avons vu, et aussi il est destructeur de la partie un peu moins élevée de l'espèce supérieure, en ce que, celle-là, il l'appelle, il l'attire, il l'entraîne à la politique et l'y épuise. « Toutes les conditions politiques et sociales ne valent pas que des esprits bien doués soient forcés de s'en occuper. Un tel gaspillage des esprits est en somme plus grave qu'un état de misère. La politique est un champ de travail pour des cerveaux plus médiocres, et ce champ de travail ne devrait pas être ouvert aux autres... Telles que les choses se présentent aujourd'hui, où, non seulement tous croient devoir être informés quotidiennement des choses politiques, mais où chacun veut encore y être actif à chaque instant et abandonne pour cela son propre travail, elles sont une grande et ridicule folie. On paye la sécurité publique beaucoup trop cher à ce prix ; et ce qu'il y a de plus fou, on aboutit de la sorte au contraire de la sécurité publique, ainsi que notre excellent siècle est en train de le démontrer, comme si cela n'avait jamais été fait. Donner à la société la sécurité contre les voleurs et contre le feu, la rendre infiniment commode pour toute espèce de commerce et de relations et transformer l'État en providence, au bon et au mauvais sens, ce sont là des buts inférieurs, médiocres et nullement indispensables, auxquels on ne devrait pas employer des instruments délicats. Notre époque, bien qu'elle parle beaucoup d'économie, est bien gaspilleuse ; elle gâche ce qu'il y a de plus précieux, l'esprit. »

Mais surtout l'État plébéien est un désarmement de l'État et une *dénaturation* de l'État, une transformation de l'État en sens contraire, une transformation de l'État en dissociation, une transformation de l'État en chose qui n'a que des vertus privées et qui n'a aucune vertu d'État, une transformation de la force générale en faiblesse générale.

La plèbe, en son ascension vers ce but, procède de la façon suivante : « Les opprimés, les inférieurs, toute la grande masse des esclaves et des demi-esclaves veulent arriver à la puissance. Premier degré : ils se libèrent, ils se dégagent, en imagination d'abord, ils se reconnaissent les uns les autres, ils s'imposent. Deuxième degré : ils entrent en lutte, ils veulent être reconnus : droits égaux, « justice ». Troisième degré : ils exigent des privilèges ; ils entraînent les représentants de la puissance de leur côté. Quatrième degré : ils veulent le pouvoir pour eux seuls et ils l'ont. » — Et ils arrivent ainsi à faire un État qui est celui dont nous donnions tout à l'heure le tableau.

Cet État, qu'il faut qu'on adore, cet État qui est « la nouvelle idole », est factice, mensonger et mortel. « Il y a quelque part encore des peuples ; mais ce n'est pas chez nous, mes frères. Chez nous il y a des États. État ? Qu'est-ce que c'est que cela ? Allons ? Ouvrez les oreilles. *Je vais vous parler de la mort des peuples.* L'État c'est le plus froid de tous les monstres froids : il ment froidement, et voici le mensonge qui sort en rampant de sa bouche : « moi, l'État, je suis le peuple ». C'est un mensonge ! Ils étaient des créateurs, ceux qui créèrent les peuples et qui suspendirent au-dessus d'eux une foi et un amour. *Ainsi, ils servaient la vie.* Mais ce sont des destructeurs, ceux qui tendent des pièges au grand nombre et qui appellent cela un État : ils suspendent au-dessus d'eux un glaive et cent appétits. Partout où il y a encore un peuple, il ne comprend pas l'État, et il le déteste comme le mauvais œil et comme une dérogation aux coutumes et aux lois [de l'humanité]. L'État ment par toutes ses langues du bien et du mal, et, dans tout ce qu'il dit, il ment, et tout ce qu'il a, il l'a volé. Tout en lui est faux; il mord avec des dents volées, le hargneux ; feintes sont même ses entrailles... Oui, c'est l'invention d'une mort pour le grand nombre, une mort qui se vante d'être la vie, une servitude selon le cœur de tous les prédicateurs de la mort. L'État est partout où tous absorbent les poisons, l'État, où tous se perdent, les bons et les mauvais, l'État où le lent suicide de tous s'appelle la vie... Leur idole sent mauvais et ils sentent tous mauvais, ces idolâtres. Mes frères, voulez-vous donc étouffer dans l'exhalaison de leurs gueules et de leurs appétits ? Cassez plutôt les vitres et sautez dehors... Maintenant encore les grandes âmes peuvent trouver devant elles l'existence libre. Il reste bien des endroits pour ceux qui sont solitaires ou à deux, des endroits où souffle l'odeur des mers silencieuses. Une vie libre reste ouverte aux grandes âmes... Là où finit l'État, là seulement commence l'homme, l'homme qui n'est pas superflu ; là commence le chant de la nécessité, la mélodie unique, à nulle autre pareille. Là où finit l'État, regardez donc, mes frères, ne voyez-vous pas l'arc-en-ciel et le pont du Surhumain ? — Ainsi parlait Zarathoustra. »

En résumé, quand le plébéianisme l'a emporté, il a détruit l'État sans le remplacer et dans l'incapacité absolue de le remplacer. Il a conquis le pouvoir sans pouvoir l'exercer. Il s'est assuré la domination pour un pur rien. Au nom de la morale il a conquis l'empire pour le néant. L'ascension du plébéianisme est la marée montante de la nullité, et la morale, qui fut sa force ascensionnelle, est une vertu négative et nihilisante. — La morale est la volonté de puissance des impuissants.

X

PERSPECTIVES LOINTAINES DE LA DOCTRINE

S'il en est ainsi, il faut, par tous les moyens possibles, détruire, abolir, anéantir la morale et livrer l'homme à toutes ses passions et le pousser à s'abandonner à elles... Et voilà la conclusion et la solution. — Mais non, répond Nietzsche après avoir réfléchi, non pas! Ce qui résulte de tout ce que nous venons de dire, ce n'est pas que la morale soit mortelle aux hommes, c'est qu'elle est mortelle au plus petit nombre des hommes et mortelle à la société, qui doit être gouvernée par ces hommes-là pour subsister, et mortelle à l'humanité qui doit être dirigée par ces hommes-là pour n'être pas une poussière et une fange. Mais elle n'est nullement mortelle pour le grand nombre, pour l'espèce inférieure, pour la masse. Elle est sa vie même. Elle est la conception de vie, la règle de vie et l'idéal de vie à quoi cette masse peut s'élever et qui lui est nécessaire, lui étant naturelle : « Ce qui n'est permis qu'aux natures les plus *fortes* et les plus *fécondes* (1) pour rendre leur existence, à elles, possible, les loisirs, les aventures, l'incrédulité, les débauches même, si cela était permis aux natures moyennes, *les ferait périr nécessairement.* »

Et il en est ainsi en effet. « L'activité, la règle, la modération, les « convictions » sont de mise, en un mot comme vertus de troupeau : avec elles cette espèce d'hommes, l'espèce des hommes moyens, atteint le genre de perfection qui lui est propre. »

Ce qu'il faudrait donc, c'est maintenir la morale pour ceux à qui elle est nécessaire, ne pas y assujettir ceux à qui et elle n'est pas nécessaire et elle est funeste et elle est mortelle, comme on maintient l'eau pour les poissons sans y assujettir les oiseaux. « Une doctrine et une religion de « l'amour », entrave de l'affirmation de soi ; une religion de la patience, de la résignation, de l'aide mutuelle en action et en paroles, peuvent être *d'une valeur supérieure* dans de pareilles couches, *même aux yeux des dominants ;* car elles répriment les sentiments de la rivalité, du ressentiment, de l'envie qui sont propres aux êtres mal doués ; elles divinisent pour eux, sous le nom d'idéal, d'humilité et d'obéissance, l'état d'esclavage, d'infériorité,

---

(1) Souligné par Nietzsche.

d'oppression. Cela explique pourquoi les classes (ou les races) dominantes, ainsi que les individus, ont maintenu sans cesse le culte de l'altruisme, l'évangile des humbles, le Dieu sur la croix. »

Que les hommes d'espèce inférieure gardent la morale. Aussi bien c'est eux qui l'ont inventée, et ils l'ont inventée selon leur nature et selon leurs besoins, et il n'y a rien à dire à cela. Leur seul tort est de vouloir y soumettre ceux pour qui elle n'est pas faite et qu'elle annihile, au grand dam de la société et du genre humain. Le tort des poissons n'est pas de vouloir vivre dans l'eau ; il serait de vouloir contraindre à y vivre les aigles, ces conquérants, et les rossignols, ces artistes. C'est le mot de Napoléon, parfaitement juste : « Que vous écoutiez la voix du sentiment et de la pitié, c'est affaire à vous et c'est très bien de votre part ; mais à moi, Monsieur de Metternich, qu'importe que cent mille hommes vivent ou périssent ? »

Il est prouvé que l'humanité, la masse de l'humanité, ne peut vivre sans morale, peut-être même sans une religion, développement, dérivation et soutien aussi de cette morale. Il est prouvé aussi que l'élite de l'humanité ne peut vivre et aussi ne peut mener l'humanité dans les chemins de la grandeur et de la beauté qu'affranchie de cette morale. Concluons qu'il faut une morale pour l'humanité et qu'il n'en faut pas pour l'élite. Le mot, tant raillé : « Il faut une religion pour le peuple », n'est pas grotesque le moins du monde ; il est la constatation d'un fait. C'est le mot du garçon coiffeur à Diderot : « Quoique je ne sois qu'un carabin, il ne faut pas croire que j'aie de la religion », qui est ridicule.

— Mais nous aboutissons aux « deux morales », ou, si vous voulez, à deux règles de vie, ce qui est bien la même chose, à une morale pour les petits et à une morale pour les grands ; car l'absence de morale pour les grands devra bien n'être pas simplement une négation, elle devra bien se préciser, se discipliner et s'organiser, et devenir elle-même une morale d'un certain genre, une morale différente de la morale vulgaire, une morale contraire même à la morale vulgaire, une morale immoraliste, mais enfin une règle de vie, c'est-à-dire une morale, et nous voilà bien aux deux morales.

— Eh ! Précisément, répond Nietzsche, l'erreur c'est de vouloir que la morale soit « la morale universelle », comme disent les vieux cahiers de philosophie. La morale ne peut pas être universelle. Elle ne pourrait l'être que si tous les hommes étaient de même nature, ce que vous savez bien qui n'est pas vrai. C'est l'idée, sourde encore, d'égalité qui a inspiré aux anciens philosophes cette idée de la morale universelle et uniforme. Ayant vaguement ce préjugé que les hommes étaient égaux et de même nature, ils ont eu cette idée que la même règle de vie leur devait être appliquée et était comme inscrite dans leurs cœurs à tous. Mais c'est une erreur sur une erreur. Les hommes ne sont pas égaux, ils ne sont pas uniformes, ils ne sont ni coulés dans le même moule ni animés du même esprit, et il y en a de grands et il y en a de petits, et il y en a qui sont capables d'une règle de vie et il y en a d'autres qui sont capables d'une autre règle de vie à laquelle les premiers ne sont pas propres, et l'insupportable impertinence de ceux qui sont coulés dans les petits moules est d'y vouloir faire entrer ceux qui sont trop grands pour y loger, et il en est en morale exactement comme en politique, et la sottise de l'égalité et la sottise de la morale universelle sont la même sottise.

En d'autres termes, si vous préférez, j'admets la morale, je la respecte même, mais je lui fais sa part ; je veux qu'elle règne et agisse là où elle est très bien à sa place et sur ceux qui sont faits pour elle, puisqu'ils l'ont faite ; je l'arrête là où son domaine cesse et à la limite au delà de laquelle elle devient inutile et bientôt nuisible. Je veux que, comme toute autre chose, elle ait son département, et non point, pour sa part, tout, ce qui est sa prétention.

Prétention bizarre. Voit-on l'art prétendre que tout est fait pour lui, que toutes les choses humaines doivent être subordonnées à l'art, que toutes les connaissances humaines doivent être forcées de tendre à l'art comme à leur dernière fin et que tous les hommes doivent être artistes ?

Voit-on la science — et si on le voit parfois, c'est une indiscrétion ridicule — prétendre que tout est fait pour elle, que tout doit être régenté par elle, que tout doit être dirigé vers elle comme vers le but unique, et qu'elle est *obligatoire* et que tous les hommes doivent être des hommes de science?

La morale est une des connaissances humaines, bonne dans sa sphère, comme les autres, mauvaise en dehors de son emploi. C'est la connaissance que les hommes médiocres ont de leurs besoins et de leurs désirs. Qu'elle serve aux hommes médiocres et qu'elle laisse les autres tranquilles. Elle seule a la prétention d'être universelle, d'être obligatoire pour tous les hommes et de courber tous les hommes sous sa loi. C'est cette seule prétention que je condamne et que je repousse. La morale chez elle !

On me dit : « Mais ceux que vous affranchissez de la morale se feront nécessairement une morale à eux, une règle de vie à eux, ne fût-ce que pour s'entendre entre eux, s'organiser, se discipliner,

savoir ce qu'ils veulent et où ils tendent, et se reconnaître et communiquer entre eux sur les moyens d'arriver à leur but, puisque vous leur en donnez un, c'est à savoir la force, la grandeur et la beauté du genre humain. Et vous voilà bien aux deux morales, celle des petits, celle des grands. »
— J'accepte très bien cette conclusion ou plutôt simplement cette façon de poser les choses. Oui, dans mon idée, il y a une morale pour les petits et quelque chose pour les grands, qui est très immoral, mais qu'on peut appeler une morale, si l'on y tient. Aux médiocres la morale traditionnelle, que je n'ai plus besoin de définir ni de décrire, puisque c'est ce que j'ai fait jusqu'ici, en l'attaquant. Aux hommes de l'espèce supérieure une morale particulière que je ne fais aucune difficulté de décrire en ses grandes lignes. Voici la morale des supérieurs et la morale des médiocres opposées l'une à l'autre : *la morale des maîtres* et *la morale des esclaves*.

« Au cours d'une excursion entreprise à travers les morales délicates ou grossières qui ont régné dans le monde ou qui y règnent encore, j'ai trouvé certains traits se représentant régulièrement en même temps et liés les uns aux autres ; tant qu'à la fin j'ai deviné deux types fondamentaux et une distinction fondamentale. *Il y a une morale de maîtres et une morale d'esclaves* ; j'ajoute tout de suite que, dans toute culture plus élevée et plus mêlée, apparaissent aussi des tentatives d'accommodement des deux morales, plus souvent encore la confusion des deux et un malentendu réciproque, parfois même leur étroite juxtaposition, et jusque dans le même homme et à l'intérieur d'une seule âme. Les différenciations de valeurs morales sont nées, ou bien sous l'empire d'une espèce dominante qui, avec un sentiment de bien-être, a eu pleine conscience de ce qui la place au-dessus de la race dominée, ou bien parmi les dominés, les esclaves et les dépendants de toutes sortes. Dans le premier cas, quand ce sont les dominants qui déterminent le concept « bon », ce sont les états d'âme sublimes et fiers que l'on regarde comme ce qui distingue et détermine les rangs. L'homme noble met à l'écart et repousse loin de lui les êtres en qui s'exprime le contraire de ces états sublimes et fiers : il les méprise. Qu'on remarque tout de suite que dans cette première espèce de morale l'antithèse « bon » et « mauvais » revient à celle de « noble » et « méprisable »... On méprise le lâche, le craintif, le mesquin, celui qui ne pense qu'à l'étroite utilité ; de même le méfiant, avec son regard inquiet, celui qui s'abaisse, l'homme-chien qui se laisse maltraiter, le flatteur mendiant, surtout le menteur (c'est une croyance essentielle chez tous les aristocrates que le commun peuple est menteur : « Nous autres véridiques » était le nom que se donnaient les nobles dans la Grèce antique). Il est évident que les estimations de valeur morale ont eu primitivement pour objets les hommes et n'ont été que par la suite rapportées à des actions. Aussi les historiens de la morale commettent-ils une lourde bévue lorsqu'ils prennent comme point de départ des problèmes tels que ceux-ci : « Pourquoi des actions inspirées par la pitié ont-elles été jugées louables ? » Les hommes de l'espèce noble sentent que ce sont eux qui définissent les valeurs des choses : ils n'ont pas besoin de se faire approuver; ils jugent : « Ce qui m'est nuisible est nuisible en soi. » Ils savent en un mot qu'il n'y a d'honneur que ce qu'ils en confèrent. Ils sont *créateurs de valeurs*. Tout ce qu'ils reconnaissent appartenir à leur nature, ils l'honorent. Une telle morale est glorification de soi-même. A son premier plan se trouve le sentiment de la plénitude de la puissance, qui veut déborder, le bonheur de la grande tension, la conscience d'une richesse qui voudrait donner et répandre. L'homme noble, lui aussi, vient en aide aux malheureux, non pas ou presque point par compassion, mais plutôt par une impulsion que crée la surabondance de la puissance. Il honore le puissant et, non le moins, celui qui a du pouvoir sur soi-même, qui s'y connaît à parler et à se taire, qui a plaisir à exercer contre soi sa sévérité et sa dureté, qui a le respect de tout ce qui est sévère et rigoureux. « Witan me plaça dans la poitrine un cœur dur », est-il dit dans une vieille *Saga* scandinave (1)... Cette sorte d'hommes s'enorgueillit justement de n'être pas faite pour la pitié ; c'est pourquoi l'auteur de la *Saga* ajoute : « Celui qui n'a pas dès sa jeunesse un cœur dur ne l'aura jamais. » Des nobles et des braves qui pensent de la sorte sont aussi éloignés que possible de cette morale qui fait justement consister dans la pitié ou dans le fait d'agir pour autrui ou dans le *désintéressement (en français dans le texte)* le signe décisif de la moralité... Les puissants savent honorer ; c'est l'art où se déploie leur richesse d'invention. Respect pour la vieillesse et respect pour la tradition, double fondement pour eux de tout le droit. Une foi, une disposition d'esprit qui porte toujours favorablement les aïeux et défavorablement les nouvelles générations, voilà un vrai typique de la morale des puissants. Réciproquement, quand on voit les hommes des « idées

---

(1) Cf. Morale des esclaves : « Quand Dieu forma le cœur et les entrailles de l'homme, il y mit premièrement la bonté. » (Boss.)

modernes » croire presque par instinct au
« progrès » et à « l'avenir » et manquer de plus en
plus de respect pour l'âge, on a là un signe bien
suffisant de l'origine basse de telles idées... Être
capable de longue reconnaissance et de longue
vengeance — à l'égard seulement de ses pairs —
et en sentir le devoir ; savoir manier le talion,
avoir des idées raffinées en amitié ; éprouver une
certaine nécessité d'avoir des ennemis (peut-être
comme exutoire aux humeurs d'envie, de dispute,
de témérité, et au fond pour pouvoir bien être ami),
autant de caractères significatifs de la morale
noble, laquelle, on l'a dit, n'est pas la morale des
« idées modernes », raison pour laquelle il est bien
difficile de la bien sentir, difficile aussi de la
déterrer... — Il en est tout différemment de l'autre
morale, la morale des esclaves. En supposant que
les asservis, les opprimés, les souffrants, ceux qui
ne sont pas libres, ceux qui sont incertains d'eux-
mêmes et fatigués, se mettent à moraliser, que
trouveront-ils de commun dans leurs appréciations
morales ? Vraisemblablement s'exprimera une
défiance pessimiste de l'homme, peut-être une
condamnation de l'homme avec toute sa situation.
Le regard de l'esclave est défavorable aux vertus
des puissants ; il est sceptique et méfiant ; il a la
subtilité de la méfiance contre toutes les bonnes

choses que les autres vénèrent ; il voudrait bien se persuader que le bonheur, même là, n'est pas véritable. Par contre, il met en avant en pleine lumière les qualités qui servent à adoucir l'existence de ceux qui souffrent. Ici nous voyons honorer la compassion, la main complaisante et secourable, le cœur tendre, la patience, l'application, l'humilité, l'amabilité ; car ce sont les qualités les plus utiles, et presque les seuls moyens pour alléger le poids de l'existence. La morale des esclaves est essentiellement une morale utilitaire. C'est ici le foyer général de la fameuse antithèse « bon » et « mal ». C'est dans le concept *mal* que l'on fait entrer la puissance et ce qui est dangereux (1), quelque chose de formidable, de subtil et de fort qui ne laisse pas approcher le mépris. D'après la morale des esclaves, c'est le méchant qui inspire la crainte ; d'après la morale des maîtres, c'est justement le « bon » qui l'inspire et qui la veut inspirer, tandis que le « mauvais » est l'objet du mépris. L'opposition des deux principes se rendra tout à fait sensible, si l'on remarque la nuance de dédain (même léger et bienveillant) qui s'attache au « bon » selon l'acception de la morale des esclaves, parce que le « bon » de cette morale c'est l'homme inoffensif, de bonne composition,

---

(1) *Dominium, dangier, danger.*

facile à duper, peut-être un peu bête, un *bonhomme*. Partout où la morale d'esclaves a pris le dessus, on observe dans la langue une tendance à rapprocher les mots « bon » et « bête »... — Dernière différence fondamentale : l'aspiration vers la liberté, l'instinct pour le bonheur et les délicatesses du sentiment de liberté appartiennent aussi nécessairement à la morale et à la moralité des esclaves que l'art et l'enthousiasme dans la vénération et dans le dévouement sont le symptôme régulier d'une manière de penser et d'apprécier aristocratique. »

Voilà, selon Nietzsche les deux morales en présence, voilà les deux races en présence l'une de l'autre, chacune avec sa règle de vie. Elles ne se comprendront jamais l'une l'autre et se regarderont l'une l'autre avec un étonnement profond, parce que, non seulement les actes sont différents, mais les mobiles lointains des actes sont de sphères différentes, ou ne sont pas sur le même plan géométrique. Il y a là deux mondes : « Aux natures vulgaires tous les sentiments nobles et généreux paraissent impropres et pour cela, le plus souvent, *invraisemblables;* ils clignent de l'œil quand ils en entendent parler et paraissent dire en eux-mêmes : « Il doit y avoir là un bon petit avantage ; on ne peut pas regarder à travers tous les murs », et ils se montrent envieux à l'égard de l'homme noble, comme s'il cherchait son avantage par des chemins détournés.

Mais il y a des cas cependant où il est difficile de trouver et même presque impossible de chercher un motif intéressé à un acte noble. Alors l'homme d'en bas trouve l'homme d'en haut aliéné. Il le regarde avec effarement, crainte ou pitié, selon le caractère personnel ; mais il est persuadé que voilà un homme qui a perdu la tête et qui n'est pas dans son bon sens ; et en effet ce n'est pas de bon sens, seule chose que puisse comprendre l'homme d'en bas, qu'il s'agit : « S'ils sont convaincus avec trop de précision de l'absence d'intentions égoïstes et de goûts personnels, l'homme noble devient pour eux une espèce de fou ; ils le méprisent dans sa joie et se rient de ses yeux brillants : « Comment peut-on se réjouir du préjudice qui vous est causé, comment peut-on accepter un désavantage avec les yeux ouverts ? La noblesse de sentiments doit se compliquer d'une maladie de la raison. » Ainsi pensent-ils et ils jettent un regard de mépris, le même qu'ils ont en voyant le plaisir que l'aliéné prend à son idée fixe... »

Remarquez *qu'ils ont raison* et qu'il y a une certaine folie dans la grandeur d'âme. La grandeur d'âme est une volonté de puissance, une volonté de noblesse, une volonté d'élévation qui est la forme la plus énergique de l'égoïsme, la forme la plus énergique de l'exaltation du *moi*, mais qui détruit l'égoïsme dans le sens vulgaire du mot, qui détruit l'égoïsme de conservation, le seul que l'homme d'en bas comprenne et puisse comprendre. Par conséquent, « comparée à la nature vulgaire, la nature supérieure est la plus déraisonnable ; car l'homme noble, généreux, celui qui se sacrifie, succombe en effet à ses instincts et dans ses meilleurs moments sa raison fait une pause. Un animal qui protège ses petits au danger de sa vie, ou qui, lorsqu'il est en chaleur, suit la femelle jusqu'à la mort, ne songe pas au danger de la mort ; sa raison, elle aussi, fait une pause, puisque le plaisir que lui procure sa couvée ou sa femelle et la crainte d'en être privé le dominent entièrement. » Il devient plus bête qu'il ne l'est généralement. De même l'homme noble et généreux. Celui-ci éprouve quelques sensations de plaisir ou de déplaisir avec tant d'intensité que l'intellect devra se taire ou se mettre au service de ces sensations ; alors son cœur lui monte au cerveau et l'on parlera dorénavant de sa « passion »…. ; c'est la déraison de la passion que le vulgaire méprise chez l'homme noble ».

Il y a bien des passions que l'homme d'en bas comprend et excuse ; mais ce sont celles qui ressortissent à l'égoïsme vulgaire, à l'égoïsme conservateur, et qui n'en sont que des exagérations, des modifications, des perversions. Ainsi l'homme d'en bas « s'irrite, sans doute, contre les passions du ventre ; mais encore il comprend l'attrait qui exerce cette tyrannie » et il l'excuse ou en sourit. Mais comment comprendrait-il que l'on puisse « par exemple, pour la passion de la connaissance, mettre en jeu sa santé et son honneur ? » Là, pour lui, commence la folie. Les hommes supérieurs sont pour les hommes d'en bas des maniaques.

Il faut bien comprendre cela pour être juste. Il n'y a pas seulement dans la haine des hommes vulgaires pour les hommes supérieurs de la jalousie, de l'envie, du dépit haineux, de l'amour-propre humilié, de la vanité qui s'irrite ; il y a de tout cela certainement, à haute dose ; mais il y a aussi quelque chose, sinon de respectable, du moins qui mérite considération, il y a la stupeur de l'être normal (1) devant l'être monstrueux. Et réciproquement, l'homme supérieur est profondément injuste pour l'homme d'en bas. L'homme supérieur a un goût naturel pour des choses qui généralement laissent froids les hommes, pour l'art, pour la science, pour la beauté, pour la haute curiosité, pour la haute vertu. Comparés à la masse, les hommes supérieurs sont des chercheurs

(1) « Homme médiocre, homme normal » (Lombroso).

d'exceptions, des chercheurs de rareté : « Le goût des natures supérieures se fixe sur les exceptions, sur des choses qui ne semblent pas avoir de saveur. » En un mot « la nature supérieure a une façon d'apprécier qui lui est particulière. »

Or, tout comme la masse pour sa morale, les hommes supérieurs veulent faire de la règle particulière de leur sort et leur nature une règle universelle, et c'est là leur injustice : « Dans son idiosyncrasie du goût, la race supérieure s'imagine, généralement, *ne pas avoir une façon d'apprécier à elle particulière,* et elle fixe, au contraire, ses valeurs et ses non-valeurs très particulières, bien à elle propres, comme des valeurs universelles, et elle tombe ainsi dans l'incompréhensible et l'irréalisable. Il est très rare qu'une nature supérieure conserve assez de raison [de souplesse de bon sens et d'intelligence compréhensive] pour comprendre et pour traiter les hommes ordinaires en tant qu'hommes ordinaires. Généralement, elle a foi en sa passion, comme si, chez tous, cette passion était la passion restée cachée, et justement dans cette idée, elle est pleine d'ardeur et d'éloquence. Lorsque de tels hommes d'exception ne se considèrent pas eux-mêmes comme des êtres d'exception, comment pourraient-ils être jamais capables de comprendre les natures vulgaires et d'évaluer la règle d'une façon équitable? Et ainsi ils parlent, *eux aussi*, de la folie, de l'impropriété, de l'esprit fantasque de l'humanité, pleins d'étonnement sur la frénésie d'un monde qui ne veut pas reconnaître ce qui serait pour lui « la seule chose nécessaire ». — C'est là l'éternelle folie des hommes nobles. »

Et par conséquent, il faut laisser à chacun sa façon de *sentir*, son appréciation des valeurs, sa règle de vie, sa « morale ». Il ne faut pas que personne empiète, ou veuille empiéter, ce qui serait une pensée vaine et un dessein irréalisable et un effort inutile. Il ne faut pas que l'une des deux parties de l'humanité veuille essayer de *convertir* l'autre, ni celle d'en bas celle d'en haut, ni celle d'en haut celle d'en bas. Laissons sa morale au peuple et ayons la nôtre. Quelle? Celle que j'ai cent fois dite ; mais précisons encore.

La race supérieure devra pratiquer cet égoïsme supérieur que nous avons indiqué comme étant sa nature, le fond de sa complexion, et son but et sa mission même. Elle devra être dure pour elle-même, comme pour les autres, mais particulièrement pour elle-même, sans pitié pour elle-même, comme pour les autres, mais beaucoup plus pour elle-même que pour les autres, (« Soyez durs », dit sans cesse Zarathoustra à ses disciples) *solidariste* et pratiquant la plus ferme concorde et se considérant comme une famille, sans croire le moins du monde être apparentée au reste du genre humain ; honorant la tradition et le passé et par conséquent la vieillesse ; extrêmement sûre, cordiale, dévouée et passionnée en amitié; contemptrice de l'amour et de toutes les sensualités, sans du reste attacher à la chasteté la moindre valeur morale; contemptrice en général de tout ce qui est intérêt personnel, individuel, de tout ce qui est jouissance de *propriété* et n'est pas jouissance de *caste ;* contemptrice, par exemple, du confort domestique et royalement passionnée pour le luxe de palais héréditaires, de palais sénatoriaux, de temples, de musées ; cherchant toujours un but de grandeur, de force en expansion, de beauté en réalisation qui dépasse ses propres puissances et qui les épuise, l'homme n'ayant pas d'autre loi vraie que d'essayer de se surmonter; aspirant toujours à élever le type humain en sa propre personne collective; *olympianisant* l'homme en quelques exemplaires surhumains ; formant ainsi une élite formidable et redoutable qui conduira et mènera rudement l'humanité, s'étant imposée à elle à force de science, de volonté disciplinée et par l'étonnement même qu'elle lui inspirera ; et trouvant à toute cette œuvre, indéfiniment continuée, les plaisirs intenses de l'égoïsme vrai, substitué à l'égoïsme vulgaire et *apparent* ; les plaisirs aigus et profonds de l'affirmation, de l'expansion, de l'extension et de la tension violente du moi. « Vous ménagez trop, vous cédez trop. — C'est de cela qu'est fait le sol où vous croissez. Mais pour qu'un arbre devienne *grand*, il doit pousser de dures racines autour de durs rochers... Hélas ! que ne comprenez-vous ma parole ? Faites toujours ce que vous voudrez ; mais d'abord *sachez vouloir*, soyez de ceux qui peuvent vouloir. Aimez toujours votre prochain comme vous-même ; mais soyez d'abord de ceux qui s'aiment eux-mêmes, qui s'aiment avec le grand amour et avec le grand mépris. Ainsi parle Zarathoustra, l'impie. » — Et remarquez : c'est un peu étonnant au premier abord, mais c'est tout naturel quand on y réfléchit un instant, de ces hommes que nous réclamons, le Christianisme, cette morale des esclaves, a donné précisément les modèles et tracé la règle, pour cette raison bien simple que le Christianisme à son tour, à un moment donné, s'est trouvé être, en la personne collective de son Église, une aristocratie aussi, qui sentait le besoin de devenir et de rester une race supérieure. Aussi, comme les directeurs du Christianisme, l'espèce supérieure fera très bien de mettre en usage des pratiques d'un caractère ecclésiastique, comme, par exemple, l'ascétisme, le jeûne, le cloître, les fêtes. Tout cela a été corrompu, altéré, dévié, mal compris, souvent, par le Christianisme, mais tout cela en son fond est excellent : « *L'ascétisme* : on a à peine encore le courage de mettre en lumière son utilité naturelle, son caractère indispensable comme *éducation de la volonté*. Le monde absurde de nos éducateurs qui a présent à l'esprit « l'utile serviteur de l'Etat » comme schéma régulateur, croit s'en tirer avec l'instruction, le dressage du cerveau ; il ne possède même pas la notion qu'il y a quelque chose d'autre qui importe avant tout, l'éducation de la force de volonté. On institue des examens pour tout, sauf pour ce qui est essentiel : savoir si on peut vouloir, si on peut promettre. Le jeune homme termine son éducation sans avoir seulement un doute, une curiosité au sujet des problèmes supérieurs de sa nature ». — L'ascétisme sera une pratique de l'espèce supérieure, à la condition qu'il soit considéré, non comme une expiation et un châtiment exercé sur soi-même, mais comme une éducation, un dressage de la volonté de puissance.

« Le *jeûne* : recommandable à tous les points de vue, aussi [point de vue artistique et de dilettantisme] comme moyen pour maintenir la subtile faculté de jouir de toutes les bonnes choses. Par exemple s'abstenir de lectures, ne plus entendre de musique, ne plus être aimable. Il faut aussi avoir des jours de jeûne pour ses vertus. » — Le jeûne sera pratiqué, de cette façon étendue, élargie, et de cette façon spirituelle, par l'espèce supérieure, si elle veut être artiste, et elle doit vouloir l'être.

Le *cloître*, bien compris, temporaire, jamais éternel, auquel cas il n'est que le suicide et le suicide serait meilleur, chose excellente encore pour l'éducation et de la volonté et de l'activité intellectuelle : « l'isolement temporaire, en refusant sévèrement, par exemple, la correspondance. Une façon de profonde méditation et de retour à soi-même, qui veut, non pas éviter les tentations, mais les influences de l'extérieur. Une sortie volontaire du cercle, du milieu. Une mise à l'écart, loin de la tyrannie des excitations qui nous condamne à ne dépenser nos forces qu'en réactions et qui ne permet plus à celles-ci de s'accumuler jusqu'à une activité spontanée. Regardez donc de près nos savants : ils ne pensent plus que par réactifs ; c'est-à-dire *qu'il faut qu'ils lisent d'abord, avant de penser* ».

Par contre et en sens inverse, aussi utile, *les fêtes*. « Dans la fête il faut comprendre la fierté, l'impétuosité, l'exubérance ; le mépris de toute espèce de sérieux et d'esprit bourgeois; une divine affirmation de soi à cause de la plénitude et de la perfection animale… La fête c'est le paganisme par excellence. » Le Christianisme l'avait partie repoussée, partie acceptée, partie subie. L'espèce supérieure, par l'art fera de la vie une fête éternelle ; mais elle pratiquera aussi la fête accidentelle, où la volonté se détend et du reste ne fait qu'affirmer encore le désir d'expansion, d'entrain, de verve puissante dans l'élargissement et la joie.

Ainsi pourra se former une race d'hommes supérieurs dont on ne sait pas, l'hérédité aidant, ce qu'ils pourront devenir. Il faut remonter le courant du plébéianisme, refouler la pambéotie redoutable dont parlait Renan. Il faut revenir à l'antiquité gréco-romaine ; mais *par delà* cette antiquité même, par les moyens qu'elle a employés d'instinct, mais en les employant d'une façon méthodique et scientifique et avec toutes les ressources que nous offre la science moderne, on peut, et c'est notre devoir même, créer une race supérieure non seulement à l'humanité actuelle, mais à l'humanité connue, une race inattendue et imprévue, une race de surhommes, rêvée toujours plus ou moins nettement par le genre humain, réalisée quelquefois à moitié et que personne ne peut affirmer irréalisable. Créer le surhumain c'est le devoir présent, comme, du reste, éternel, de l'humanité.

Il ne faut pas trop dire que c'est à quoi précisément nous tournons le dos. Il est peu contestable qu'il y a apparence. Les matériaux semblent manquer. Quoi qu'en dise « l'espèce d'hommes la plus bruyante, peut-être la plus honnête, en tout cas la plus myope qu'il y ait aujourd'hui, c'est à savoir Messieurs les socialistes », l'homme n'ayant de valeur sociale « que s'il est solide » et « pierre pour un grand édifice », et l'homme inférieur actuel n'étant rien du tout et l'homme supérieur actuel n'étant le plus souvent qu'un « comédien », il semble bien que « ce qui dorénavant ne sera pas construit, c'est une société, au sens ancien » et au sens vrai « du mot ». Il semble bien que « *nous tous, nous ne sommes plus des matériaux pour une société.* »

Cependant, *de cela même* peut sortir quelque chose et précisément ce que nous rêvons, non pas comme de l'excès du mal sort le bien, pensée qui n'a aucun sens, mais comme de l'action sort la réaction, et surtout comme de la stagnation sort, dans tout le domaine de l'histoire naturelle, un sourd et profond désir de relèvement et d'ascension.

D'abord disons-nous bien que la décadence, sans doute, peut être plus ou moins forte, et que c'est, certainement, quand elle est forte qu'on l'appelle décadence ; mais que, en soi, elle est éternelle et nécessaire, et qu'il y a toujours décadence, à travers le progrès même, et que la décadence est, comme le progrès, une forme et une condition de la vie. « La défection, la décomposition, le déchet n'ont rien qui soit condamnable en soi-même ; ils ne sont que la conséquence nécessaire de la vie, de l'augmentation vitale. Le phénomène de décadence est aussi nécessaire que l'épanouissement et le progrès de la vie : nous ne possédons pas le moyen de supprimer ce phénomène » et, le posséderions-nous, « la raison exigerait que nous lui conservassions ses droits. Il est honteux que tous les théoriciens du socialisme admettent qu'il puisse y avoir des circonstances, des combinaisons sociales où le vice, la maladie, le crime, la prostitution, la misère ne se développent plus. C'est là condamner la vie. Une société n'est pas libre de rester jeune. Et, même au moment de son plus beau développement, elle laisse des déchets et des détritus. Plus elle progresse avec audace et énergie, plus elle devient riche en mécomptes, en difformités... On ne supprime pas la caducité par les institutions, ni le vice non plus. »

Il faut remarquer ceci encore, c'est qu'on commet toujours une erreur sur la dégénérescence, une double erreur. Ce que l'on tient généralement pour les causes de la dégénérescence en est les conséquences, et ce que l'on considère comme les remèdes de la dégénérescence n'y est que palliatifs et palliatifs impuissants. La décadence c'est la prédominance de l'espèce basse sur l'espèce noble et de la morale de l'espèce basse sur les instincts de l'espèce noble, et les conséquences de cela c'est « vice, caractère vicieux, maladie, état maladif, crime, criminalité, célibat, stérilité, hystérisme, faiblesse de volonté, alcoolisme, pessimisme, anarchisme ». — Et la médication ce n'est pas remèdes contre vice, maladie, crime, etc.; c'est préservation de ce qui reste valide et pur dans l'humanité. « Toute la lutte morale contre le vice, le luxe, le crime et même contre la maladie apparaît comme une naïveté et comme quelque chose de superflu. Il n'y a pas là matière à amendement. La décadence elle-même », à la prendre en bloc, « n'est point quelque chose qu'il faille combattre ; elle est absolument nécessaire et propre à chaque époque, à chaque siècle. Ce qu'il faut combattre de toutes ses forces, c'est l'importation de la contagion dans les parties saines de l'organisme. »

Donc ne nous désespérons point en présence de la décadence dont nous sommes les témoins, d'abord parce que cette décadence est un phénomène normal, ensuite parce que, si on ne l'enraye pas.

c'est qu'on se trompe sur les remèdes à y apporter; erreur dans laquelle il se peut qu'on ne persiste point.

De plus, au milieu de cette décadence, au milieu de ces déchets et détritus, il y a des symptômes de retour possible à la vie normale de l'humanité, à la vie rude, à la vie de force, à la vie guidée et menée par la volonté de puissance. Les philosophes humanitaires gémissent de ce que le xix° siècle, le siècle des lumières, est, après tout, celui où plus qu'en aucun autre, assurément autant qu'en aucun autre, s'est affirmé et déchaîné le droit de la force. Cela peut être mauvais sans doute ; car, sans l'instinct de grandeur et de beauté, l'instinct de force lui-même est mauvais en ce qu'il est incomplet, en ce qu'il ne produit pas à lui seul une grande civilisation ; mais ce n'est pas là, pour autant, un mauvais symptôme. On y peut raisonnablement puiser, c'est peut-être un devoir d'y puiser un motif de « foi en la civilisation de l'Europe ». Considérez ceci : « c'est à Napoléon et nullement à la Révolution française, qui cherchait la fraternité entre les peuples et les universelles effusions fleuries, que nous devons de pouvoir pressentir maintenant une suite de quelques siècles guerriers, qui n'aura pas son égale dans l'histoire, en un mot d'être entrés [rentrés] dans l'âge classique de la guerre, de la guerre scientifique et en même temps de la guerre populaire, de la guerre faite en grand, de par les moyens, les talents et la discipline qui y seront employés. Tous les siècles à venir jetteront sur cet âge de perfection un regard plein d'envie et de respect ; car le mouvement de nations dont sortira cette gloire guerrière n'est que le contre-coup de l'effort de Napoléon et n'existerait pas sans Napoléon. C'est donc à lui que reviendra un jour l'honneur d'avoir refait un monde dans lequel l'*homme*, le guerrier, en Europe, l'emportera une fois de plus sur le commerçant et le philistin, peut-être même sur la femme, cajolée par le Christianisme et l'esprit enthousiaste du xviiie siècle, plus encore par les « idées modernes ». Napoléon qui voyait dans les idées modernes et en général dans la civilisation quelque chose comme un ennemi personnel, a prouvé par cette hostilité qu'il était un des principaux continuateurs de la Renaissance. Il a remis en lumière toute une face du monde antique, peut-être la plus définitive, la face de granit. Et qui sait si, grâce à elle, l'héroïsme antique ne finira pas quelque jour par triompher du mouvement national, s'il ne se fera pas nécessairement l'héritier et le continuateur de Napoléon — de Napoléon qui voulait, comme on sait, l'Europe Unie, pour qu'elle fût la maîtresse du monde ? »

Et enfin prenez garde qu'il est possible que l'abaissement démocratique lui-même soit et une *condition* et une *cause* de la formation d'une race noble destinée à régner dans l'avenir. « Il faut, pour qu'une race forte et noble s'établisse, qu'il y ait un niveau général de la foule, de la masse, de la tourbe humaine, et que ce niveau soit très bas (esclaves à sentiments d'esclaves dans les nations antiques). Or c'est ce nivellement qui s'opère dans l'Europe actuelle par une sorte de chute des classes moyennes dans la plèbe proprement dite et par une démoralisation de cette plèbe même (alcoolisme, libertinage, anarchisme, etc.). La masse européenne se fait esclave elle-même et l'existence d'une grande race esclave, esclave essentiellement et de complexion propre, est la condition même de la naissance d'une race noble, et l'amoindrissement progressif de l'homme est précisément la force active [mot impropre ; mettez le mouvement, l'évolution] qui permet de croire à la culture d'une race plus forte, d'une race qui aurait précisément son excédent dans ce en quoi l'espèce amoindrie deviendrait plus faible : volonté, responsabilité, faculté de se fixer un but. »

Je dis plus ; je dis que ce nivellement peut être la cause même de la création, assez rapide peut-être, d'une race supérieure. Les éléments de la race supérieure existent toujours ; voilà ce que je crois. Pour qu'ils se dégagent, se démêlent et émergent, il faut que le nivellement plébeien se soit produit, et c'est alors et c'est à cause de ce nivellement et du dégoût qu'il inspire aux éléments nobles et c'est à cause de la nécessité qui s'impose à ces éléments « de creuser les distances, d'ouvrir un gouffre, de rétablir une hiérarchie », c'est à cause de tout cela que les éléments de la race noble se dégagent, se démêlent et émergent. Ce qui se fait donc, au moment où nous sommes, par ce nivellement dans la bassesse que d'autres peuvent appeler le triomphe du plébéianisme, c'est une « *substruction* » qui pourra parfaitement servir à l'édification d'une race plus forte. Loin donc qu'il faille déplorer le plébéianisme actuel et son aplatissement progressif, il est assez raisonnable de s'en féliciter et peut-être faudrait-il l'accélérer. « Le nivellement de l'homme européen est le grand *processus* que l'on ne saurait entraver : on devrait le hâter encore... Le seul but, même, que l'on doive considérer d'ici longtemps, c'est l'amoindrissement de l'homme ; car il faut d'abord créer un large fondement sur lequel pourra s'édifier l'espèce des hommes forts. »

Cette espèce, à un moment donné, se constituera d'elle-même. Elle s'isolera par dégoût, elle se contractera par affinité naturelle entre ses éléments ; elle s'organisera par simple besoin d'ordre et de discipline pour une action commune, et elle dominera et asservira l'autre espèce par le seul phénomène bien connu de la prédominance de la qualité sur le nombre, et par ce seul fait que l'autre espèce n'aura pas besoin d'être asservie, s'étant asservie elle-même, s'étant donné le tempérament esclave. Il n'y a d'esclave, du reste, que celui qui, non pas est asservi, mais s'est asservi, que celui qui, non pas subit l'esclavage, mais le pratique.

Ainsi naîtra la race des maîtres, d'où pourra sortir la race des surhommes. « Ce ne sera pas seulement une race de maîtres, dont la tâche consisterait simplement à régner ; mais une race ayant sa propre sphère vitale, avec un excédent de force pour la beauté, la bravoure, la culture, les manières, et cela jusque dans le domaine le plus intellectuel ; une race affirmative qui peut s'accorder toute espèce de grand luxe; assez forte pour n'avoir pas besoin d'un impératif de vertu ; assez riche pour pouvoir se passer d'économie et de pédanterie, se trouvant par delà le bien et le mal ; une serre pour les plantes singulières et choisies… » Cette race, spartiate par la volonté et l'endurance, athénienne par le sens du beau, romaine par la persévérance et l'illimitée volonté de puissance, elle existera : les éléments en existent; dans le monde de la science, dans celui des inventions, dans celui des explorateurs, dans celui des artistes, on en voit à chaque instant des exemplaires ; le mouvement démocratique, comme nous venons de le voir, en retarde et prochainement en hâtera l'éclosion, et il trouvera dans cette naissance sa « justification » et la preuve qu'il peut servir à quelque chose ; elle existera s'il est vrai, ce que l'histoire semble prouver, que l'humanité ne se désorganise jamais que pour se réorganiser à nouveau et s'il est vrai que le plébéianisme, forme précise de la désorganisation sociale, ne peut que présager, conditionner et même produire une réorganisation nouvelle.

Arrivé à cette *affirmation*, Nietzsche s'est aperçu qu'à partir du moment où il a affirmé quelque chose, il n'a plus été, peut-être, l'immoraliste qu'il a cru être, l'anarchiste qu'il a cru être, ni même l'antireligieux qu'il a cru être. Il s'est aperçu que peut-être il n'a, comme quelques autres, que rêvé une morale, une sociologie et même une théodicée, seulement une morale particulière, une sociologie qui lui était propre et une théodicée originale. Un peu trop orgueilleux pour en convenir, il s'est ingénié à poser la question un peu autrement, à donner à la chose un autre nom, et à avouer qu'il était moraliste, sociologue et théologue, sans le reconnaître. Il n'a pas voulu dire : « Oui, j'en conviens, j'ai une morale, une sociologie et une théodicée, à ma manière » ; et il a dit : « J'ai une morale *par delà* la morale, une sociologie *par delà* la sociologie, une théodicée *par delà* la théodicée ». Au fond c'était à peu près la même chose ; mais l'amour-propre était sauf.

Il est certain que Nietzsche a été séduit par son invention des *par delà* (*Jenseits*) et qu'il a voulu en faire toute une théorie couronnant son œuvre et l'embrassant et l'harmonisant et en conciliant peut-être les contradictions, et en faisant un système lié. Seulement le temps ne lui a pas permis de mettre au point cette théorie qui eût été une sorte de méthode de conciliation par surélévation, une sorte de méthode de conciliation par le sublime et qui aurait consisté à dire : Vus de très haut, les contraires, non pas se concilient, mais disparaissent, ou, si l'on veut, se concilient dans l'anéantissement. Au delà et au-dessus de l'optimisme et du pessimisme il n'y a plus ni optimisme, ni pessimisme, il y a... Au delà et au-dessus de la morale et de l'immoralisme, il n'y a plus ni moralité ni immoralité, et ces noms disparaissent, il y a... » et ainsi de suite.

Ceci est la dernière pensée de Nietzsche, son

rêve suprême, non pas qu'il l'ait fait chronologiquement en dernier lieu, et il semble en avoir été préoccupé de très bonne heure, et cela semble même comme un des plis de son esprit ; mais je veux dire que c'était ce qu'il se réservait toujours d'établir et d'exposer systématiquement pour terminer et clore son œuvre.

Cela est resté confus, esquissé seulement ici et là, et je ne puis qu'en donner les lignes indécises telles qu'on les trouve éparses dans les ouvrages divers de notre auteur.

Examinant deux catégories de « négateurs de la morale », Nietzsche, par exemple, dira ceci : « Il y a deux espèces de négateurs de la moralité. Nier la moralité, cela peut vouloir dire : 1° nier que les motifs éthiques que prétextent les hommes les aient vraiment poussés à leurs actes. Cela équivaut donc à dire que la moralité est affaire de mots et qu'elle fait partie de ces duperies grossières ou subtiles (le plus souvent duperie de soi-même) qui sont le propre de l'homme, surtout peut-être des hommes célèbres par leurs vertus. 2° Et ensuite nier que des jugements moraux reposent sur des vérités. Dans ce cas l'on accorde que ces jugements sont vraiment les motifs des actions ; mais que ce sont des erreurs, fondements de tous les jugements moraux, qui poussent les hommes à des actions morales. Ce dernier point de vue est le mien. Pourtant je ne nie pas que dans beaucoup de cas une subtile méfiance à la façon du premier, c'est-à-dire dans l'esprit de La Rochefoucauld, ne soit à sa place et d'une haute utilité générale. Mais, moi, je nie la moralité comme je nie l'alchimie ; et si je nie les hypothèses, je ne nie pas qu'il y ait eu des alchimistes qui ont cru en ces hypothèses et se sont basés sur elles. Je nie de même l'immoralité ; non que je nie qu'il y ait une infinité d'hommes qui se sentent immoraux, mais qu'il y ait en vérité une raison pour qu'ils se sentent ainsi. Je ne nie pas, ainsi qu'il va de soi en admettant que je ne sois pas un fou, qu'il faut éviter et combattre beaucoup d'actions que l'on dit immorales, de même qu'il faut exécuter et encourager beaucoup de celles que l'on dit morales ; *mais je crois qu'il faut faire l'une et l'autre chose pour d'autres raisons qu'on l'a fait jusqu'à présent. Il faut que nous changions notre façon de voir, pour arriver enfin, peut-être très tard, à changer notre façon de sentir.* » — Changer notre façon de voir et enfin notre façon de sentir. Par exemple il y a trois degrés dans l'acte dit héroïque ou simplement généreux : 1° Impulsion : se jeter à l'eau, sans la moindre réflexion, pour sauver quelqu'un. 2° Décision accompagnée d'un extrême plaisir : faire la même chose très délibérément, après délibération et considération du sujet ; mais la faire par volonté, avec une joie héroïque provenant de la conscience que l'on a de cette volonté souveraine. 3º Décision non accompagnée de plaisir : faire la même chose après délibération et considération du danger, et la faire par volonté, mais sans éprouver un plaisir qui est à la fois impulsion, lui aussi, et récompense. Ce troisième degré est le plus haut. C'est à celui-ci qu'il faut parvenir et c'est ce qu'on appelle changer la façon de voir et même la façon de sentir.

« On cède à un sentiment généreux, mettant sa vie en péril sous une impulsion momentanée. Ceci est de peu de valeur et ne représente pas même un acte caractéristique. Dans leur *capacité* d'agir ainsi, tous les hommes sont égaux, et quant à la *décision* qui y est nécessaire, le criminel, le bandit, le Corse surpassent certainement un honnête homme. Le degré supérieur serait atteint si l'on surmontait en soi-même cette poussée, pour ne point exécuter l'acte héroïque à la suite d'impulsions, mais froidement, d'une façon *raisonnable*, sans qu'il y ait un débordement tempêtueux de sentiments de plaisir. Il en est de même de la compassion : il faudrait habituellement la passer tout d'abord au *crible* de la *raison*. Autrement elle serait aussi dangereuse que tout autre sentiment.

L'obéissance aveugle à une passion, qu'elle soit généreuse ou pitoyable ou hostile, cela importe peu ; c'est toujours la cause des plus grandes calamités. La grandeur du caractère ne consiste pas à ne point avoir ces passions ; il faut au contraire les posséder au plus haut degré ; mais les tenir en laisse — et cela encore sans que cette contrainte même occasionne une joie particulière, mais simplement... Il faut dominer les passions et non point les affaiblir ou les extirper. — Et plus est grande la maîtrise de la volonté, plus on peut accorder de liberté aux passions. »

Autrement dit, Nietzsche tend simplement à une morale et à une morale, ce semble, parfaitement « universelle », seulement à une morale nouvelle, à une nouvelle évaluation des « *valeurs* » tant morales qu'autres, ce qui devait être, même chronologiquement, sa préoccupation dernière.

De même, il fut très visiblement préoccupé, sinon de reconstituer une religion, du moins de rétablir Dieu. Il me semble que dans ces derniers ouvrages il s'aperçoit qu'il n'a voulu détruire Dieu qu'à cause de la morale et qu'il n'a détruit que le Dieu moral et que par conséquent le Dieu non moral peut encore rester et que rien ne s'oppose à ce qu'il existe. Il dit encore : « Le monde n'est nullement un organisme ; c'est le chaos... »; mais il dit aussi : « Supprimons-nous l'idée de but dans le *processus* et affirmons-nous le *processus* malgré cela ? » Peut-être. « Ce serait le cas si, dans le cercle de ce *processus*, à chaque moment de celui-ci, quelque chose était atteint — et que ce fût toujours la même chose. Spinoza a conquis une position affirmative de ce genre, en ce sens que pour lui chaque moment a une nécessité *logique*, et il triomphe d'une telle conformation du monde au moyen de son instinct logique fondamental. » — Nietzsche dit encore et avec profondeur : « Parce qu'on a considéré la conscience comme mesure, comme valeur supérieure de la vie, au lieu d'y voir un instrument et un cas particulier dans la vie générale, parce qu'on a fait le faux raisonnement de *a parte ad totum*, tous les philosophes cherchent, instinctivement à imaginer une participation consciente à tout ce qui arrive, un esprit, un Dieu. Mais il faut leur faire comprendre que c'est précisément par là que l'existence devient une monstruosité ; qu'un Dieu et une sensibilité universelle seraient quelque chose qui ferait condamner absolument l'existence. Nous avons éliminé la conscience universelle... c'est cela même qui nous a procuré un grand soulagement. De la sorte, *nous ne sommes plus forcés d'être pessimistes. Le plus grand reproche que nous adressions à la vie, c'était l'existence de Dieu.* » — Et ceci est nettement athéistique ; mais il dit aussi avec loyauté et avec finesse : Oui, mais « en somme *c'est seulement le Dieu moral qui a été surmonté. Cela a-t-il un sens [ou: n'aurait-il pas un sens] d'imaginer un Dieu par delà le bien et le mal* ? Un panthéisme dirigé dans ce sens serait-il [ou : ne serait-il pas] imaginable? » — Et ailleurs il répond : oui ; oui, ce serait imaginable et aurait un sens : « Ecartons la plus grande beauté de l'idée de Dieu. Elle est indigne de Dieu. Ecartons de même la plus haute sagesse. Elle est la vanité des philosophes qui ont sur la conscience la folie de ce monstre de sagesse qui serait Dieu : ils prétendent que Dieu leur ressemble autant que possible. Non ! DIEU, LA PLUS HAUTE PUISSANCE, cela suffit. De là résulte tout ce qui résulte : le Monde. » — Et il n'y a pas de parole plus théistique, ni même plus religieuse que cette affirmation énergique du *Tout-Puissant*, jeté en quelque sorte au delà du bien et du mal, au delà de la bonté et de la sagesse, au delà de toutes les contingences, au delà de toutes les choses humaines que la piété à la fois et la vanité et la courte vue de l'humanité ont, peut-être imprudemment, mêlées à l'essence divine.

Il est donc certain que Nietzsche, persuadé que l'homme est un être qui doit se surmonter, a souvent, peut-être toujours, songé à se dépasser lui-même et, au delà de son immoralisme et de son athéisme, à retrouver une morale supérieure et un théisme supérieur, peut-être une religion supérieure.

Mais cet arrière-plan de ses conceptions et cette pensée de derrière la tête, sont, je le répète, restés confus ; les passages de ses œuvres où ils apparaissent et en quelque sorte se glissent, sont assez rares ; l'expression qu'il leur donne, quelquefois lumineuse à souhait, comme on vient de voir, est plus souvent hésitante et obscure. Il y a là un Nietzsche qui aurait été, si « la plus haute puissance » lui avait donné une plus longue vie. Il n'a pas été, il n'a pu que s'annoncer, que se faire prévoir et se prévoir lui-même. Un jugement général sur Nietzsche doit porter sur tout ce que nous avons vu de lui, sans tenir compte, autrement que par ce que nous venons d'en dire, de cette dernière phase, ou, pour mieux dire, de ce dernier degré.

XI

DIGRESSION

Idées littéraires de Nietzsche.

Quoique les idées littéraires et artistiques de Nietzsche n'aient pas toujours un rapport étroit avec sa philosophie, et quoique celles de ces idées artistiques qui ont un lien avec sa philosophie et qui même en sont le fondement, nous les ayons naturellement rapportées au lieu où elles étaient à leur place, il convient de ne pas quitter le philosophe sans jeter un coup d'œil sur les plus curieuses de ses innombrables considérations esthétiques, *libres*, indépendantes, venues au hasard du jour et de l'heure. C'étaient ses digressions. Ceci aussi sera une digression, après quoi nous reviendrons au philosophe pour l'envelopper dans un jugement d'ensemble.

Rappelons que Nietzsche est avant tout un classique, un apollinien et un dionysiaque, un néo-grec, un helléniste qui voudrait être un hellène. L'influence de Gœthe a dû être assez forte ici, comme aussi, un peu, celle de Renan (et je crois bien qu'avec Gœthe et Renan, sans même tenir grand compte de Schopenhauer, on reconstituerait tout le fond de Nietzsche), mais encore on peut dire que Nietzsche est néo-grec, presque de naissance. Il l'a été à vingt ans autant que jamais, plus que jamais et avec plus de fougue indiscrète qu'à aucun moment de sa vie. C'est son fond même. De là sa passion pour le drame de Wagner dans lequel il a cru — avec raison selon moi — retrouver la tragédie grecque. Et de là aussi (sans tenir compte des raisons d'ordre intime, que je conviens qu'il faudrait compter), sa colère, plus tard, contre ce même drame de Wagner, quand il eut cru reconnaître qu'il était la fleur d'automne, maladive et malsaine, du romantisme.

De là sa passion pour toute la littérature française du xviie et du xviiie siècle (ajoutez Montaigne), dans laquelle il croit voir, ce qui peut se soutenir, une héritière des Grecs encore plus que des Romains. De là tout son goût, qui est pour la force très simple, très nette et très claire, pour l'union constante de la simplicité et de la force. L'artiste à la vérité, est pour Nietzsche un « malade », car Nietzsche aime toujours donner d'abord à sa pensée une forme exagérée et paradoxale pour attirer l'attention, quitte ensuite à la ramener au point ; mais un malade plein de force active et de surabondance, et qui, sans critique, crée et donne la beauté dans une forme précise, juste et saine. L'artiste est exceptionnel et dans un état particulier qu'on peut appeler maladie de surexcitation : « Ce sont des conditions exceptionnelles qui créent l'artiste, à savoir tous les états intimement liés aux phénomènes maladifs, de sorte qu'il ne semble pas possible d'être artiste sans être malade. Ces états physiologiques chez l'artiste deviennent presque une seconde personne. Ce sont 1° l'*ivresse* ; l'augmentation du sentiment de puissance et la nécessité intérieure de faire des choses un reflet de sa plénitude et de sa propre perfection ; — 2° l'*extrême acuité* de certains sens... un besoin de se débarrasser en quelque sorte de soi-même par des signes et des attitudes, un état explosif. Il faut imaginer d'abord cet état comme un désir excessif qui nous pousse à nous débarrasser par un travail musculaire et une mobilité de toutes sortes de cette exubérance de tension extérieure ; puis comme une coordination involontaire de ce mouvement avec les phénomènes intérieurs (les images, les pensées, les désirs) ; — 3° l'*imitation forcée* : une extrême instabilité qui pousse d'une façon contagieuse à communiquer une image donnée..., une image qui naît intérieurement, agit en mettant les membres en mouvement ; une certaine suspension de la volonté ; une sorte d'aveuglement et de surdité à l'égard de tout ce qui se passe au dehors ». — Cet état particulier, de puissance surexcitée et en acte, fièvre d'un genre particulier, « est ce qui distingue l'artiste du profane, du *réceptif*. Celui-ci atteint les points culminants de son irritabilité en *recevant*, l'artiste en *donnant*, en sorte qu'un antagonisme entre ces deux prédispositions est non seulement naturel, mais encore désirable. Chacun de ces états possède une optique contraire à l'autre. Exiger d'un artiste qu'il s'exerce à l'optique du spectateur, du critique, c'est exiger qu'il appauvrisse sa puissance créatrice. Il en est ici comme de la différence des sexes ; il ne faut pas demander à l'artiste qui *donne* de devenir femme, de recevoir. Notre esthétique fut jusqu'à présent une esthétique de femmes, en ce sens que ce sont seulement les hommes réceptifs relativement à l'art qui ont formulé leurs expériences au sujet de ce qui est beau... Cela indique, comme l'indique ce qui précède, une erreur nécessaire ; car l'artiste qui commencerait à comprendre, se méprendrait. Il n'a pas à regarder en arrière, il n'a pas à regarder du tout. Il doit donner. Ceci est à l'honneur de l'artiste qu'il est incapable de critique. S'il en était capable, il ne serait ni chair ni poisson ; il serait... moderne. »

L'artiste, par conséquent, est aussi impersonnel que possible. Il est aussi, *par conséquent*, aussi personnel que possible. *Au delà* de l'art personnel et de l'art impersonnel, il y a l'art vrai. L'artiste est impersonnel en ce sens que sa personnalité volontaire n'entre pas et ne doit pas entrer dans son œuvre et parce que, comme le dit Nietzsche admirablement, « l'auteur doit se taire lorsque son œuvre se met à parler ». Il est personnel précisément parce que, de ce que, si sa personnalité volontaire n'intervient pas, sa personnalité sensible, sa personnalité de tempérament, remplit son œuvre.

L'artiste ainsi doué sera tout naturellement un et simple, très un et très simple. Savez-vous ce que signifient, ce que révèlent les arts mêlés, les arts *artificiellement complexes* ? L'impuissance de l'artiste et son impuissance consciente, ou, au moins, à demi consciente : « Les genres mêlés dans les arts témoignent de la méfiance que leurs auteurs ont eue à l'égard de leurs propres forces. Ils ont cherché des puissances alliées, des intercesseurs, des couvertures — tel le poète qui appelle à son aide la philosophie, le musicien qui a recours au drame [voilà pour Wagner] et le penseur qui s'allie à la rhétorique [voilà, consciemment ou inconsciemment, qui est bien pour Nietzsche]. — De même le style surchargé, en art, est signe de faiblesse ou d'affaiblissement, soit dans un auteur, soit dans une école, soit dans une époque, soit dans une civilisation. L'art simple est toujours l'art à son apogée ; l'art classique est toujours simple : « Le style surchargé dans l'art est la conséquence d'un appauvrissement de la puissance organisatrice, accompagné d'une extrême prodigalité dans les intentions et dans les moyens. Dans les commencements d'un art, on trouve quelquefois précisément l'opposé extrême de ce fait. »

L'art classique, l'art de belle et simple ordonnance ne peut pas naître, en effet, du premier coup. L'art n'est d'abord, ce semble, qu'un exercice de l'intelligence, et ce n'est que peu à peu qu'il en devient un de la sensibilité, puis, peut-être, de la sensibilité unie à l'intelligence, et enfin de l'être tout entier.

On peut émettre sur le processus du sens esthétique les hypothèses suivantes : « Si l'on songe aux germes primitifs du sens artistique et si l'on se demande quelles sont les différentes espèces de plaisir engendrées par les premières manifestations de l'art, par exemple chez les peuplades sauvages, on trouve d'abord le plaisir de *comprendre ce que veut dire un autre ;* l'art est ici une espèce de devinette qui procure à celui qui en trouve la solution le plaisir de constater la rapidité et la finesse de son propre esprit. — Ensuite on se souvient, à l'aspect de l'œuvre d'art la plus grossière, de ce que l'on sait par expérience avoir été une chose agréable, et l'on se réjouit, par exemple, quand l'artiste a indiqué des souvenirs de chasses, de victoires et de fêtes nuptiales [intervention de la sensibilité]. — On peut encore se sentir ému, touché, enflammé, en voyant, d'autre part, des glorifications de la vengeance et du danger. Ici l'on trouve la jouissance dans l'agitation par elle-même, dans la victoire sur l'ennui. — Le souvenir d'une chose désagréable, si elle est surmontée, ou bien si elle nous fait paraître nous-même, devant l'auditeur, intéressant au même degré qu'une production d'art (quand, par exemple, le ménestrel décrit les péripéties d'un marin intrépide), ce souvenir peut provoquer un grand plaisir que l'on attribue alors à l'art. »

« D'espèce plus subtile [intervention de l'intelligence s'unissant à la sensibilité] est la joie qui naît à l'aspect de tout ce qui est régulier, *symétrique*, dans les lignes, les points et les rythmes ; car, par une certaine similitude, on éveille le sentiment de tout ce qui est ordonné et régulier dans la vie, à quoi seul l'on doit toute espèce de bien-être. Dans le culte de la symétrie on vénère donc, inconsciemment, la règle et la belle proportion, comme source de tout le bonheur qui nous est venu ; cette joie est une espèce d'action de grâce. »

« Ce n'est qu'après avoir éprouvé une certaine satisfaction de cette dernière joie que naît un sentiment plus subtil encore, celui d'une jouissance obtenue en brisant ce qui est symétrique et réglé : si ce sentiment incite, par exemple, à chercher la raison dans une déraison apparente. Par quoi il apparaît alors comme une espèce d'énigme esthétique, catégorie supérieure de la joie artistique mentionnée en premier lieu [ce qui veut dire sans doute qu'ici nous avons un retour de l'intelligence, non plus s'unissant à la sensibilité, mais la contrariant agréablement, la *taquinant*, jeu piquant dans une certaine mesure, mais, à s'exagérer, pervertissant le goût et le ruinant, comme la taquinerie devenant méchanceté n'est plus un agrément social, mais détruit la sociabilité]. Celui qui poursuivra encore cette considération saura à quelle espèce d'hypothèses, pour l'explication du phénomène esthétique, on renonce ici par principe. »

Cette dernière ligne contient une espèce de « devinette » aussi, que je renonce à comprendre, ou plutôt dont je renonce à donner l'explication que j'en imagine, n'en étant pas du tout sûr. J'ouvre un *referendum* sur cette énigme ; je recevrai avec gratitude les solutions que l'on voudra bien me communiquer.

Pour être toujours simple et un dans ses manifestations, il ne faudrait pas croire, bien entendu, que l'art classique soit toujours le même, qu'il n'y ait qu'un art classique. Il y en a au moins deux genres très différents, opposés, nullement contraires, mais opposés. Il y a deux grandes espèces d'art classique, « celle de la grande tranquillité et celle du grand mouvement » [sans doute Virgile et Homère; Gœthe et Shakspeare] et ces deux espèces sont légitimes et admirables ; et puis il y a des « espèces bâtardes de l'art ». A côté et au delà de l'art de grande tranquillité, il y a « l'art blasé et avide de repos ». A côté et au delà de l'art de grand mouvement il y a « l'art agité », et ces deux espèces « souhaitent que l'on prenne leur faiblesse pour de la force et qu'on les confonde avec les espèces véritables ».

C'est à l'art blasé et avide de repos qu'il faut rattacher le romantisme allemand ; c'est à l'art agité plutôt qu'il faut rattacher le romantisme français. Le romantisme français (sauf certaines parties d'art élégiaque, dues peut-être à l'influence allemande et à l'influence des romans anglais et provenant surtout du désir de plaire au peuple qui ne comprend dans l'art que la sensiblerie), le romantisme français a été une affectation de force, d'audace, de mouvement, d'agitation et de fracas. Ce fut l'art agité — très faible au fond — par excellence. Il était une sorte de singerie du premier Empire, ou plutôt il était un prolongement, dans la littérature, de l'activité impériale. L'Empire laissait dans la littérature française, non sa force, mais la trépidation qui suit un arrêt brusque.

Le romantisme allemand, qui a beaucoup moins de rapport que l'on n'a cru avec le romantisme français, c'est proprement l'art blasé et avide de repos et de douceur fade : « Lorsque les Allemands commencèrent à devenir intéressants pour les autres peuples de l'Europe — il n'y a pas si longtemps de cela — ce fut grâce à une culture qu'ils ne possèdent plus aujourd'hui, qu'ils ont secouée avec une ardeur aveugle, comme si ç'avait été une maladie, et pourtant ils ne surent rien mettre de mieux, en place de cela, que la folie politique et nationale. Il est vrai qu'ils ont abouti par là à devenir encore plus intéressants pour les autres peuples qu'ils ne l'étaient autrefois par leur culture. Qu'on leur laisse donc cette satisfaction ! Il est cependant indéniable que cette culture allemande a dupé les Européens et qu'elle n'était digne ni d'être imitée, ni de l'intérêt qu'on lui a porté et moins encore des emprunts qu'on rivalisait à lui faire. Que l'on se renseigne donc aujourd'hui sur Schiller, Guillaume de Humboldt, Schleiermacher, Hegel, Schelling, etc.; qu'on lise leur correspondance et qu'on se fasse introduire dans le grand cercle de leurs adhérents: qu'est-ce qui leur est commun, qu'est-ce qui, chez eux, nous impressionne, tels que nous sommes maintenant, tantôt d'une façon si insupportable, tantôt d'une façon si touchante et si pitoyable ? D'une part, la rage de paraître, à tout prix, moralement ému ; d'autre part, le désir d'une universalité brillante et sans consistance, ainsi que l'intention arrêtée de voir tout en beau (les caractères, les passions, les époques, les mœurs). Malheureusement ce beau répondait à un mauvais goût vague qui néanmoins se vantait d'être de provenance grecque. C'est un idéalisme doux, bonasse, avec des reflets argentés, qui veut avant tout avoir des attitudes et des accents noblement travestis, quelque chose de prétentieux autant qu'inoffensif, animé d'une cordiale aversion contre la réalité « froide » ou « sèche »... mais surtout contre la connaissance de la nature, pour peu qu'elle ne puisse pas servir à un symbolisme religieux. Gœthe assistait à sa façon à ces agitations de la culture allemande, se plaçant en dehors, résistant doucement, silencieux, s'affermissant toujours davantage sur son propre chemin... meilleur. Un peu plus tard, Schopenhauer, lui aussi, y assistait... Et qu'est-ce qui séduisit, au fond, les étrangers, qu'est-ce qui fit qu'ils ne se comportèrent point comme Gœthe et Schopenhauer, ou simplement qu'ils ne regardèrent point ailleurs ? C'était cet éclat mat, cette énigmatique lumière de voie lactée qui brillait autour de cette culture. Cela faisait dire aux étrangers : « Voilà quelque chose qui est très, très lointain pour nous ; nous y perdons la vue, l'ouïe, l'entendement, le sens de la jouissance et de l'évaluation ; mais, malgré tout, cela pourrait bien être des astres. Les Allemands auraient-ils trouvé en toute douceur un coin du ciel et s'y seraient-ils installés ? Il faut essayer de s'approcher des Allemands. Et on s'approcha d'eux ; tandis que peu de temps après ces mêmes Allemands commencèrent à se donner de la peine pour se débarrasser de cet éclat de voie lactée ; ils savaient bien qu'ils n'avaient pas été au ciel, mais dans un nuage. »

Et quoi qu'il en soit, romantisme d'agitation ou romantisme de douceur laiteuse, on appelle, comme l'a dit très bien Gœthe, romantisme l'art qui n'est pas très sain, et le romantisme procède toujours d'une faiblesse, qu'elle soit nervosité ou qu'elle soit neurasthénie. On peut dire que l'art classique et l'art romantique sont tous deux des rêves, puisqu'ils sont des arts, mais que l'un est rêve d'homme fort et l'autre rêve d'homme faible : « Les esprits au sens classique, tout aussi bien que les esprits au sens romantique — les deux espèces existeront toujours — portent en eux une vision de l'avenir ; mais la première catégorie fait jaillir cette vision de la *force* de son temps et la seconde de sa faiblesse. »

Cet *art fort* est avant tout réaliste, évidemment. Il s'attache à la réalité autant que l'art proprement et uniquement rêveur s'en éloigne comme avec répulsion ; mais il ne doit pas oublier que tout art est choix et il devra bien se garder d'aimer tout le réel et de vouloir saisir et imiter et reproduire tout le réel. Le style ici, qui est un art lui-même, nous indique la mesure dans laquelle l'art doit être réaliste et *s'approprier* le réel : « *De même que* le bon écrivain en prose ne se sert que des mots qui appartiennent à la conversation, mais se garde bien d'utiliser tous les mots de cette langue, et c'est ainsi que se forme précisément le style choisi, — de même le bon poète de l'avenir ne représentera que les choses réelles, négligeant complètement tous les objets vagues et démonétisés, faits de superstitions et de demi-sincérités, en quoi les poètes anciens montraient leur virtuosité. Rien que la réalité ; mais nullement toute la réalité ! Et, bien plutôt, une réalité choisie. »

Cet art vrai, fort et sincère, n'exclut nullement la souplesse et, pour mieux dire, il doit être la souplesse même, autant que l'autre, sentant sa faiblesse, de quelque nature qu'elle soit, se guindera toujours et toujours aura quelque chose de raide et de raidi et peu s'en faut, même dans la douceur, de grimaçant. Voulez-vous savoir ce que c'est que la souplesse ? C'est la liberté. L'écrivain le plus souple, c'est le plus libre. Par exemple Sterne : « Comment, dans un livre pour les esprits libres, ne nommerais-je pas Sterne, lui que Gœthe a vénéré comme l'esprit le plus libre de son siècle ? Qu'il s'arrange ici de l'honneur d'être appelé l'écrivain le plus libre de tous les temps. Comparés à lui, tous les autres apparaissent guindés, sans finesse, intolérants, et d'allure vraiment paysanne... Sterne est le grand maître de l'équivoque, le mot pris, bien entendu, dans un sens beaucoup plus large que l'on a coutume de faire lorsque l'on songe à des rapports sexuels. Le lecteur est perdu, lorsqu'il veut connaître exactement l'opinion de Sterne sur un sujet et savoir si l'auteur prend un air souriant ou attristé. Car il s'entend à donner les deux expressions à un même pli de son visage. Il s'entend de même, et c'est là son but, à avoir à la fois tort et raison, à entremêler la profondeur et la bouffonnerie. Ses digressions sont à la fois des continuations du récit et des développements du sujet ; ses sentences contiennent en même temps une ironie de tout ce qui est sentencieux ; son aversion pour ce qui est sérieux est liée au désir de pouvoir tout considérer platement et de l'extérieur. C'est ainsi qu'il produit chez le lecteur véritable une sensation d'incertitude ; on ne sait plus si l'on marche, si l'on est debout ou couché ; cela se traduit par l'impression vague de planer [applicable à Renan et aussi à Nietzsche]. Lui, l'auteur le plus souple, transmet aussi au lecteur quelque chose de cette souplesse. Sterne va même jusqu'à changer les rôles, sans y prendre garde ; il est parfois lecteur tout aussi bien qu'auteur ; son livre ressemble à un spectacle dans le spectacle, à un public de théâtre devant un autre public de théâtre... Est-il besoin d'ajouter que, de tous les grands écrivains, Sterne est le plus mauvais modèle, l'auteur qui doit le moins servir de modèle et que Diderot lui-même a dû pâtir de sa servilité ?... Malheureusement, l'homme Sterne semble avoir été trop parent de l'écrivain Sterne : son âme d'écureuil bondissait de branche en branche avec une vivacité effrénée ; il n'ignorait rien de ce qui existait entre le sublime et la canaille ; il s'était perché partout, faisant toujours des yeux effrontés et voilés de larmes et prenant toujours son air sensible. Si la langue ne s'effrayait d'une pareille association de mots, on pourrait affirmer qu'il possédait un bon cœur dur et, dans sa façon de jouir, une imagination baroque et corrompue qui était presque la grâce de l'innocence. Un tel sens de l'équivoque, entré dans l'âme et dans le sang, une telle liberté d'esprit remplissant toutes les fibres et tous les muscles du corps, personne peut-être ne possédait ces qualités comme lui. »

Cette souplesse de « l'art fort » a pour marque assez fréquente ce qu'on a appelé fort bien les grâces de la négligence. Cette négligence ne doit pas être affectée, elle doit être dans le mouvement naturel d'un être qui ne donne pas à l'acte qu'il fait toute la force dont il dispose : « *Une œuvre qui doit produire une impression de santé doit être exécutée tout au plus avec les trois quarts de la force de son auteur*. Si l'auteur a donné sa mesure extrême, l'œuvre agite le spectateur et l'effraye par sa tension. Toutes les bonnes choses laissent voir un certain laisser-aller et elles s'étalent à nos yeux comme les vaches au pâturage. »

— Il faut dans l'œuvre d'art quelque chose comme du pain : « Le pain neutralise le goût des autres aliments ; il l'efface ; c'est pourquoi il fait partie de tous les repas. Dans toutes les œuvres d'art il faut qu'il y ait quelque chose comme du pain, pour que celles-ci puissent réunir des effets différents, des effets qui, s'ils se succédaient immédiatement, sans un de ces repos et arrêts spontanés, épuiseraient rapidement et provoqueraient de la répugnance — ce qui rendrait un long repas d'art impossible ».

C'est une question même, mais celle-ci plus personnelle, particulière aux philosophes et plus particulière encore à Nietzsche lui-même, que de savoir jusqu'à quel point il faut être clair, ou plutôt de quelle manière il faut l'être, et en quelles matières plus ou moins. Nietzsche n'est pas suspect en ceci. Il a adoré la clarté grecque et la clarté française. Il a considéré la clarté comme la loyauté du philosophe. Il a été lui-même, le plus souvent, souverainement clair, parce qu'il avait une haute probité intellectuelle. Il s'est écrié avec ravissement en songeant à Schopenhauer et surtout à lui-même : « Et enfin nous devenons clairs ! » Mais encore il connaît les nuances, les mesures et les espèces, et il sait qu'il y a une clarté décevante et un clair-obscur suggestif et qu'il y a des cas où sied un peu de pénombre et d'autres où convient un coup de clarté vif, mais rapide. La page où il dit tout cela, à la fois d'un philosophe, d'un artiste et d'un humoriste, et que Renan aurait pu signer et Sterne aussi, est une des plus justes et aussi une des plus jolies qu'il ait écrites, avec un grain seulement de paradoxe, et ceci encore dans la mesure juste : « On veut, non seulement être compris lorsqu'on écrit, mais encore n'être pas compris. Ce n'est point une objection contre un livre quand il y a quelqu'un qui le trouve incompréhensible : peut-être cela faisait-il partie des intentions de l'auteur de ne pas être compris de n'importe qui. Tout esprit distingué, qui a un goût distingué, choisit ainsi ses auditeurs lorsqu'il veut se communiquer. En les choisissant, il se gare contre les autres. Toutes les règles subtiles d'un style ont là leur origine : elles éloignent en même temps, elles créent la distance, elles défendent l'entrée, tandis qu'elles ouvrent les oreilles de ceux qui nous sont parents par l'oreille. Et, pour le dire entre nous et dans mon cas particulier, je ne veux me laisser empêcher ni par mon ignorance, ni par la vivacité de mon tempérament, d'être compréhensible pour vous, mes amis, bien que ma vivacité me force, pour pouvoir m'approcher d'une chose, de m'en approcher rapidement. Car j'agis avec les problèmes profonds comme avec un bain froid — y entrer vite, en sortir vite. Croire que de cette façon on n'entre pas dans les profondeurs, on ne va pas assez au fond, c'est la superstition de ceux qui craignent l'eau, des ennemis de l'eau froide. Ils parlent sans expérience. Le grand froid rend prompt. Et, soit dit en passant, une chose demeure-t-elle vraiment incompréhensible et inconnue par le fait qu'elle n'est touchée qu'au vol, saisie d'un regard, en un éclair ? Faut-il vraiment commencer par s'y asseoir solidement, l'avoir couvée comme un œuf ? Il y a du moins des vérités d'une pudeur et d'une susceptibilité particulière, dont on ne peut s'emparer que d'une façon imprévue, qu'il faut surprendre ou laisser... Enfin ma brièveté a une autre raison encore : parmi les questions qui me préoccupent, il y en a beaucoup qu'il faut que j'explique en peu de mots pour que l'on m'entende à mots couverts. Car il faut éviter, en tant qu'immoraliste, de pervertir l'innocence, je veux dire les ânes et les vieilles filles des deux sexes qui n'ont d'autre profit de la vie que leur innocence ; mieux encore mes œuvres doivent les enthousiasmer, les élever et les entraîner à la vertu. Je ne connais rien sur la terre qui soit plus joyeux que le spectale de vieux ânes et de vieilles filles qu'agite le doux sentiment de la vertu, et « j'ai vu cela », comme parlait Zarathoustra. Ceci pour ce qui est de la brièveté. — La chose est plus grave pour ce qui est de mon ignorance, que je ne me dissimule pas à moi-même. Il y a des heures où j'en ai honte ; il est vrai qu'il y a aussi des heures où j'ai honte de cette honte. Peut-être nous autres philosophes sommes-nous tous aujourd'hui en fâcheuse posture vis-à-vis du savoir humain : la science grandit et les plus savants d'entre nous sont prêts à s'apercevoir qu'ils connaissent peu de choses. Il est vrai que ce serait pis encore s'il en était autrement, s'ils savaient trop de choses. Notre devoir est avant tout de ne pas faire de confusion avec nous-mêmes. Nous sommes autre chose que des savants : bien qu'il soit inévitable que, entre autres choses, nous soyons aussi des savants. Nous avons d'autres besoins, une autre croissance, une autre digestion : il nous faut davantage, il nous faut aussi moins. Il n'existe pas de formule pour définir la quantité de nourriture qu'il faut à un esprit. Si pourtant son goût est prédisposé à l'indépendance, à une brusque venue, à un départ rapide, aux voyages, peut-être aux aventures qui seules conviennent aux plus rapides, il aimera mieux vivre libre avec une nourriture frugale que gavé et dans la contrainte. Ce n'est pas la graisse, mais une plus grande souplesse et une plus grande vigueur que le bon danseur demande à sa nourriture, et je ne sais pas ce que l'esprit d'un philosophe pourrait désirer de meilleur que d'être un bon danseur. Car la danse est son idéal, son art particulier et finalement aussi sa seule piété, son culte... »

Oui, Sterne aurait dit cela plus nonchalamment, Renan plus discrètement, Henri Heine à peu près de la même manière, encore qu'avec plus d'éclat, mais il y a bien là un parloir où causent en souriant Sterne, Renan, Henri Heine et Nietzsche.

Aussi bien Nietzsche est de cette race — internationale — fine, enjouée, ironique, humoristique et, malgré sa passion pour la force, ennemi juré de la brutalité, qui n'est pas du tout la même chose. Dans son rêve d'une élite surhumaine qui serait délibérément conquérante et oppressive, il fait toujours entrer les belles manières. La vulgarité et la violence d'une partie de l'art actuel lui fait horreur et aussi lui fait plaisir en ce qu'elle pourrait bien avoir son contre-coup sur le fond même, sur les mœurs elles-mêmes, et créer peu à peu un peuple de sauvages sur lequel régnerait facilement une élite forte et polie. Il compare à ce point de vue, comme il fait souvent à tant d'autres, les trois siècles, et il constate une décadence qui, pour les raisons que je viens de dire, à la fois lui répugne et le chatouille : « Si l'on s'interdit continuellement l'*expression* des passions, comme quelque chose qu'il faut laisser au vulgaire, aux natures plus grossières, bourgeoises et paysannes ; si l'on veut, donc, non refréner les passions elles-mêmes, mais leur langage et leurs gestes, on atteint néanmoins *en même temps* ce que l'on ne songe pas à atteindre, la répression des passions elles-mêmes, du moins leur affaiblissement et leur transformation, comme il est advenu, exemple instructif, de la cour de Louis XIV et de tout ce qui en dépendait. L'époque suivante, élevée à mettre un frein aux formes extérieures, avait perdu les passions elles-mêmes et pris, par contre, une allure élégante, superficielle, badine, époque tellement atteinte de l'incapacité d'être malhonnête que même une offense n'était reçue et rendue qu'avec des paroles courtoises. Peut-être notre époque offre-t-elle une singulière contre-partie de cela : je vois partout, dans la vie et au théâtre et non pour le moins dans tout ce qu'on écrit, le sentiment de bien-être que causent toutes les irruptions grossières, tous les gestes vulgaires de la passion. On exige maintenant une certaine convention du caractère passionné ; mais à aucun prix on ne voudrait la passion elle-même ! Malgré cela, on finira par l'atteindre et nos descendants posséderont une sauvagerie véritable et non pas seulement la sauvagerie et la grossièreté des manières. »

Ces questions de bonne tenue et d'*allure* préoccupent Nietzsche extrêmement. Il reconnaît, avec raison, l'artiste, l'écrivain de race, par exemple, à ce qu'il sait « trouver la fin », s'arrêter juste où il faut, avec précision, sûreté et grâce (ce que Nietzsche lui-même sait rarement faire) : « Les maîtres de première qualité se reconnaissent en cela, que, pour ce qui est grand, comme pour ce qui est petit, ils savent trouver la fin d'une façon parfaite, que ce soit la fin d'une mélodie ou d'une pensée, que ce soit le cinquième acte d'une tragédie ou d'un acte de gouvernement. Les premiers du second degré s'énervent toujours vers la fin et ne s'inclinent pas vers la mer avec un rythme simple et tranquille, comme par exemple la montagne près de Porto-Fino, là-bas où la baie de Gênes finit de chanter sa mélodie. »

L'allure est affaire de race et d'hérédité autant que de culture, et c'est-à-dire qu'elle est affaire de très longue culture. « Il y a des manières de l'esprit par quoi même de grands esprits laissent deviner qu'ils sortent de la populace ou de la demi-populace... Ils ne savent pas marcher... Napoléon ne savait pas marcher dans les cérémonies... On ne manquera pas de rire en regardant ces écrivains qui font bruire autour d'eux les amples vêtements de la période : ils veulent cacher leurs pieds. »

Autant Nietzsche s'est occupé du théâtre antique où il a vu, peut-être avec raison, tant de choses, autant il s'est peu inquiété du théâtre moderne. Il y a pourtant à relever chez lui une théorie sur le théâtre considéré comme commencement de décadence littéraire et comme symptôme de commencement de décadence sociale ; — une théorie de l'*amoralité* du théâtre ; — et enfin de profondes remarques sur le génie cornélien qu'il a merveilleusement pénétré et qu'il a analysé, ce qui se comprend assez, avec une sorte de passion amoureuse.

Nietzsche croit que « le théâtre a son temps » qui n'est déjà plus celui de la pleine vigueur imaginative d'un peuple. Le temps de la pleine vigueur imaginative d'une race c'est l'époque de l'épopée. Mais dès que le peuple a besoin qu'on *lui représente* matériellement ses héros et ses légendes, c'est qu'il imagine et pense et *se représente* les choses beaucoup moins énergiquement : « Lorsque l'imagination d'un peuple se relâche, un penchant naît en lui de se faire représenter ses légendes sur la scène ; il *supporte*, il peut supporter les grossiers remplaçants de l'imagination ; mais à l'époque à laquelle appartient le rhapsode épique, le théâtre et le comédien déguisé en héros seraient une entrave au lieu d'une aide de l'imagination ; ils sont trop près, trop définis, trop lourds, trop peu rêve et vol d'oiseau. » — Ceci est absolument juste à mon avis, et explique que les littératures, je ne dirai point finissent par le théâtre, mais ont comme leur point culminant dans le théâtre. D'abord il y a l'épopée, qui donne satisfaction à une imagination populaire, encore vive et forte, laquelle collabore avec le poète et a la vision nette et puissante de ce qu'il lui conte. — Ensuite vient le théâtre, où la foule, moins imaginative, est plus passive et n'a plus besoin de collaborer et n'est pas choquée de la grossière matérialisation de ses rêves. — Enfin le théâtre lui-même décline, devient plus matériel encore, exhibition, musée, exposition de magasin de meubles et tentures ; et la littérature se porte ailleurs, mais n'est plus elle-même que récréation d'élite et de dilettantes, et la littérature populaire tout simplement n'existe plus.

Pour ce qui est de la moralité ou de l'*amoralité* du théâtre, Nietzsche est persuadé que les grands dramatistes n'ont aucun souci de la moralité et ne songent qu'à peindre la vie, et que c'est nous, peuple ou public bourgeois, avec notre tendance incoercible à vouloir que la morale envahisse tout et que tout art se ramène à affirmer la morale et à y tendre comme à sa dernière fin, qui introduisons un caractère moral et une signification morale dans les chefs-d'œuvre de la scène, à grand renfort de contresens: « *De la moralité du tréteau*. Celui-là se trompe, qui s'imagine que l'effet produit par le théâtre de Shakspeare est moral et que la vue de Macbeth éloigne sans retour du mal de l'ambition. Et il se trompe une seconde fois lorsqu'il s'imagine que Shakspeare a eu le même sentiment que lui. Celui qui est véritablement possédé par une ambition furieuse contemple avec *joie* (1) cette image de lui-même, et lorsque le héros périt par sa passion, c'est précisément là l'épice la plus mordante dans la chaude boisson de cette joie. Le poète a-t-il donc eu un autre sentiment? Son ambitieux court à son but royalement et sans avoir rien du fripon, dès que le grand crime est accompli. Ce n'est qu'à partir de ce moment qu'il attire diaboliquement et qu'il pousse à l'imitation les natures semblables à la sienne. Diaboliquement cela veut dire : en révolte contre l'avantage et la vie, au profit d'une idée et d'un instinct. Croyez-vous donc que Tristan et Isolde témoignent contre l'adultère par le fait que l'adultère les fait périr tous les deux? Ce serait là placer les poètes sur la tête, les poètes qui, surtout comme Shakspeare, sont amoureux de la passion en soi, et non, aucunement, de la disposition à la mort

---

(1) Souligné par Nietzsche.

qu'elle engendre, cette disposition où le cœur ne tient pas plus à la vie qu'une goutte d'eau au verre. Ce n'est pas la faute et ses conséquences fâcheuses qui les intéressent, Shakspeare tout aussi peu que Sophocle (*Ajax, Philoctète, Œdipe*) ; bien qu'il eût été facile, dans les cas indiqués, de faire de la faute le levier du drame, on évite cela expressément. De même le poète tragique, par ses images de la vie, ne veut pas prévenir contre la vie. Il s'écrie au contraire : c'est le charme de tous les charmes, cette existence agitée, changeante, dangereuse, sombre et souvent ardemment ensoleillée. Vivre est une *aventure*; prenez dans la vie tel parti ou tel autre, toujours elle gardera ce caractère ! — C'est ainsi qu'il parle en une époque inquiète et vigoureuse, qui est presque ivre et stupéfiée par sa surabondance de sang et d'énergie, en une époque bien pire que la nôtre Et voilà pourquoi nous avons besoin de nous *accommoder commodément* le but d'un drame de Shakspeare, c'est-à-dire de ne le point comprendre. »

Le théâtre ne fait pas détester les fautes qu'il représente, il les fait aimer par ceux qui y sont portés, en les idéalisant même par le malheur, même par la mort. Il ne les fait détester que par ceux qui les détestent déjà, et qui ne peuvent puiser une leçon morale dans ce grand poème qu'à la condition de n'en être pas touchés. Le théâtre, donc, ne moralise que ceux qu'il ennuie.

Quant à Corneille, on devine assez que Nietzsche devait l'adorer. Il y trouvait son « surhumain » ou son « surhomme » à toutes les pages, et s'il eût été jaloux, il l'eût détesté en s'écriant : « Que d'idées cet homme m'a volées ! » Cent passages de Nietzsche sont des allusions au théâtre de Corneille ; et réciproquement, ce qui fait honneur à tous deux, on ferait un excellent commentaire perpétuel de Corneille avec des textes de Nietzsche. Je ne rapporterai ici que les deux passages essentiels de Nietzsche sur Corneille, l'un caractérisant le génie cornélien en général, l'autre inspiré évidemment par une lecture de *Cinna* et montrant quel profond psychologue des grandes âmes et quel historien de la « race supérieure » fut Corneille :

« On me dit que notre art s'adresse aux hommes d'à présent, avides, insatiables, dégoûtés, tourmentés, et qu'il leur montre une image de la béatitude, de l'élévation, de la sublimité, à côté de l'image de leur laideur, afin qu'il leur soit possible d'oublier une fois et de respirer librement, peut-être même de rapporter de cet oubli une incitation à la fuite et à la conversion. Pauvres artistes qui ont un pareil public ! Avec de telles arrière-pensées, qui tiennent du prêtre et du médecin aliéniste ! Combien plus heureux était Corneille, « *notre grand Corneille* », *comme s'exclamait M*^me *de Sévigné avec l'accent de la femme devant un homme complet*, combien supérieur le public de Corneille à qui il pouvait faire du bien avec les images de la vertu chevaleresque, du devoir sévère, du sacrifice généreux, de l'héroïque discipline de soi-même ! Combien différemment l'un et l'autre aimaient l'existence, non pas créée par une volonté aveugle et inculte que l'on maudit parce qu'on ne sait pas la détruire, mais aimant l'existence comme un lieu où la grandeur et l'humanité sont *possibles* en même temps, et où même la contrainte la plus sévère des formes, la soumission au bon plaisir princier ou ecclésiastique ne peuvent étouffer ni la fierté, ni le sentiment chevaleresque, ni la grâce, ni l'esprit de tous les individus ; mais plutôt sont considérés comme un charme de plus et un aiguillon à créer un *contraste* à la souveraineté et à la noblesse de naissance, à la puissance héréditaire du vouloir et de la passion ! »

Et voici un portrait d'Auguste d'après Corneille, une analyse singulièrement aiguë et subtile, dont on peut contester quelques points, extrêmement juste en son fond et en son ensemble, applicable, du reste, à toute une bonne moitié du théâtre cornélien, et qui est quelque chose comme Corneille commenté par La Rochefoucauld :

« *La générosité et ce qui lui ressemble* : Les phénomènes paradoxaux, tels que la froideur soudaine dans l'attitude d'un homme sentimental, tels que l'*humour* mélancolique, tels que, avant tout, la *générosité*, en tant que renoncement soudain à la vengeance ou à la satisfaction de l'envie, se présentent chez les hommes qui possèdent une grande force centrifuge, chez les hommes qui sont pris d'une soudaine satiété et d'un dégoût subit. Leurs satisfactions sont si rapides et si violentes qu'elles sont immédiatement suivies d'antipathie, de répugnance et de fuite dans le goût opposé. Dans ces contrastes se résolvent les crises de sentiment, chez l'un par une froideur subite, chez l'autre par un accès d'hilarité, chez un troisième par les larmes et le sacrifice de soi. *L'homme généreux* — du moins l'espèce d'hommes généreux qui a toujours fait le plus d'impression — *me paraît être l'homme d'une extrême soif de vengeance, qui voit, tout proche de lui, la possibilité d'un assouvissement* et qui, vidant la coupe jusqu'à la dernière goutte, se satisfait déjà *en imagination*, de sorte qu'un rapide et énorme dégoût suit cette débauche (1). Alors il s'élève au-dessus de lui-même, comme on

(1) *Cinna*, V, 1.

dit ; il pardonne à son ennemi. Il le bénit même et le vénère. Avec cette violation de son moi, avec cette raillerie de son instinct de vengeance, tout à l'heure encore si puissant, il ne fait que céder à un nouvel instinct qui vient de se manifester puissamment en lui (le dégoût), et cela avec la même débauche impatiente qu'il avait mise tout à l'heure à *boire à l'avance* en imagination, à épuiser en quelque sorte la joie de la vengeance (1). Il y a dans la générosité le même *degré* d'égoïsme que dans la vengeance, mais cet égoïsme est d'une autre *qualité* (2). »

Les idées littéraires et artistiques de Nietzsche ne sont pas liées. Il n'en a pas fait un système, ni une théorie générale ; mais elles sont très originales, comme il l'est souvent, très pénétrantes, comme le sont presque toutes ses idées, et elles se

(1) *Cinna*, V, 3.
(2) Ajoutez encore ceci (du reste on n'en finirait point) évidemment inspiré ou par le *Cid* ou par *Nicomède* ou par *Sertorius* : « Ce sont les femmes qui pâlissent à l'idée que leur amant pourrait ne pas être digne d'elles ; ce sont les hommes qui pâlissent à l'idée qu'ils pourraient ne pas être dignes de leur maîtresse. Il s'agit de femmes complètes et d'hommes complets. De tels hommes, qui possèdent en temps ordinaire la confiance en eux-mêmes et le sentiment de la puissance, éprouvent en état de passion de la timidité et une sorte de doute au sujet d'eux-mêmes. De telles femmes, d'autre part, se considèrent toujours comme des êtres faibles, prêts à l'abandon ; mais, dans l'exception sublime de la passion, elles ont leur fierté et leur sentiment de puissance, lesquels demandent : « Qui donc est digne de moi ? »

rattachent toutes, comme il est naturel chez ce grand aristocrate, à la conception ou au rêve d'un art sain, viril, fort et noble. Elles sont énergiquement contemptrices de la sensibilité de romance, de l'art élégiaque, maladif et poitrinaire ; de l'art, aussi, surchargé, compliqué, violent, torturé et véhément par sentiment de sa faiblesse intime ; de l'art aussi, bassement comique et trivial ; de toutes les formes enfin de l'art populaire et bourgeois. Elles élèvent l'esprit et l'âme vers la vision d'un art fait par une espèce supérieure et pour une espèce supérieure, et elles expriment à leur manière la grande idée maîtresse de l'auteur : « L'homme est un être qui est fait pour se surmonter ».

CONCLUSIONS

Nietzsche n'est certainement pas un philosophe très original. Avec La Rochefoucauld, Gœthe et Renan on le reconstituerait tout entier assez facilement. Son originalité est, d'un côté, très belle et à en être jaloux, dans son talent ; d'un autre côté, vulgaire et à donner envie de la mépriser, dans son outrance, son effronterie insolente, son cynisme. Sur ce point, il a si peu de discrétion et de goût qu'il en devient ridicule, comme dans son analyse du coït, qui est d'un rare burlesque inconscient, comme dans ses lourds paradoxes de la dernière manière : « Dans toute grande action il y a un crime. » — « Supériorité de Pétrone sur le Nouveau Testament. Spiritualité supérieure de Pétrone. Pas une bouffonnerie dans l'Evangile. Cela seul réfute un livre. » Renan devenu gâteux en serait peut-être arrivé là ; mais ce n'est pas une raison pour que ce soit supportable.

Pour en revenir à Nietzsche moins son talent et moins ses sottises, il n'est pas très original, mais il est intelligent, aigu, subtil, disloquant et dissolvant avec maîtrise, reconstructeur avec une certaine audace et une certaine ardeur de conviction violente et sombre qui fait penser et qui est efficace et féconde au moins en cela.

Il est plein de contradictions, que M. Fouillée a très finement relevées, mais qui, et M. Fouillée l'a reconnu lui-même, sont toutes solubles et étaient toutes, plus ou moins précisément, mais toutes, résolues dans l'esprit de Nietzsche.

Nietzsche a dit que tout se vaut et il a abouti à une autorité, à une hiérarchie des hommes. — D'abord, il a très rarement dit que tout se valût et son effort a été surtout à établir une nouvelle classification des valeurs ; ensuite, dans l'esprit de Nietzsche tout se vaut en soi et il n'y a ni bien ni mal ; mais tout est loin de se valoir relativement au but et comme moyens pour le but, qui est humanité plus grande, plus noble et plus belle, ou pour parler en langue de Renan, réalisation du divin.

Nietzsche a dit qu'il n'y a aucune fin et aucun sens aux choses ; et cependant il veut que le Surhomme soit ou se fasse le sens de la terre. — Les choses n'ont en effet aucun sens, mais l'homme qui se surmonte leur en donne un, et elles n'ont aucune fin (ce qui semble élémentairement évident), mais l'homme qui les dépasse et qui se dépasse, subitement leur en donne une.

Nietzsche a dit que rien n'est vrai et que cependant il faut trouver ou inventer des évaluations vraies. — C'est précisément parce que rien n'est vrai qu'il faut donner aux choses des évaluations, non pas vraies, mais belles, des évaluations par rapport à la beauté, et c'est précisément pour cela que personne ne peut imposer des évaluations de vérité à celui qui aura, non pas trouvé, mais *créé* des évaluations esthétiques, des évaluations par rapport au beau.

Nietzsche a dit que tout est nécessaire, que tout passe et aussi revient, et que, cependant, il faut créer quelque chose qui n'ait pas été. — Il ne me semble pas qu'il ait dit tout à fait cela. Il a dit que tout est déterminé, mais qu'il est dans la détermination éternelle que tout passe et que tout revienne et que certains hommes créent à nouveau des états de société, des états d'humanité, *qui ont été*, qui ne seront nouveaux que comme renouvelés, plus beaux peut-être, ce qui est possible et donc souhaitable.

Nietzsche a dit que l'Egoïsme est le fond de toute vie et que cependant il faut pratiquer le grand amour qui est celui de la vie totale. — C'est-à-dire qu'il a donné à l'égoïsme sa vraie définition :

mettre son amour de soi dans l'amour du tout, ce qui est le vrai moyen de satisfaire royalement, fastueusement, intégralement et jusqu'en son fond même l'amour de soi. Vérité de sens commun et presque de lieu commun.

Nietzsche a dit que la dureté est la loi et que cependant il faut avoir la grande pitié. — Il n'a guère dit cela, et la pitié n'est pas son défaut ; mais, s'il l'a dit quelque part, il a entendu certainement que la dureté qui sauve l'espèce est la véritable pitié, la pitié totale et non sottement individuelle. J'ignore du reste s'il l'a dit ; mais cela est dans son sens général.

Nietzsche a dit que la volupté est le mobile de l'instinct vital et que cependant il faut vouloir la douleur. — Il a entendu que l'homme ne peut vouloir que son bien et qu'il a raison de le vouloir, mais qu'il apprend, ou doit apprendre, que le bien, même matériel, ne s'acquiert et ne s'achète que par la douleur acceptée, cherchée même, et que, donc, il faut la vouloir.

Nietzsche a dit que toutes les passions sont bienfaisantes et que cependant il faut savoir les refréner, les soumettre à une discipline sévère. — Il a voulu dire que les passions, formes diverses de notre égoïsme, sont bonnes comme lui ; mais qu'elles sont bonnes : 1° si on les gouverne, si on les dirige, comme sont bonnes toutes les forces naturelles ou mécaniques; 2° qu'elles sont bonnes surtout par l'occasion qu'elles nous offrent de nous battre contre elles pour les discipliner, le plus beau de l'homme étant la volonté ; et c'est du Descartes.

Nietzsche a dit qu'il n'y a pas d'idéal et que cependant il faut lui sacrifier tout, se sacrifier soi-même à la vie plus haute, plus pleine, plus riche, plus... idéale, il faut bien prononcer le mot, qui résume. — Il a dit cela avec vérité ; car pour tout homme qui ne croit pas à une révélation il est d'évidence tautologique qu'il n'y a pas d'idéal ; mais il est presque d'évidence aussi que c'est parce qu'il n'y a pas d'idéal qu'il faut savoir en créer un pour avoir un but, ce qui est à peu près démontré comme nous étant nécessaire.

Et Nietzsche a dit que ce sacrifice lui-même est vain, car on ne peut rien changer aux choses. — S'il a dit cela il a dit une parole sublime ; car il a dit ainsi que l'homme, en se sacrifiant pour un idéal irréalisable, accomplit sa fonction qui est de mépriser les choses et de s'obstiner à les changer alors qu'elles sont immutables et qu'il les sait telles, recueillant pourtant à cela un grand profit, celui de *s'être changé lui-même* et d'avoir fait ainsi de lui-même un homme, au lieu de la chose qu'il était.

Ainsi l'on pourrait résoudre toutes les contradictions de Nietzsche, sans se donner beaucoup de mal, et s'il en restait, nous n'en sommes plus à reprocher des contradictions à un homme qui pense pendant vingt ans et dont l'office est de nous faire penser, en nous exposant ses idées successives, et qui probablement, s'il avait pensé toujours la même chose, ne serait qu'un sot; et qui, s'il s'était efforcé d'effacer un jour toutes ses contradictions, n'aurait travaillé qu'à paraître le sot qu'il n'était point.

Laissant donc cette dispute un peu vaine, prenons Nietzsche dans les deux ou trois idées générales auxquelles il tient et où il a laissé sa marque et examinons-les avec impartialité et sang-froid.

Il a, en somme, et quelques tergiversations de sa part étant négligées, institué deux morales, l'une vulgaire et inféconde, laissée à la foule, l'autre supérieure et productrice de grandes choses, en apparence immorale, à contre-fil de la première, et réservée à l'élite.

Cela contredit l'idée, chère à l'humanité depuis bien longtemps, de la « morale universelle ». Examinons d'abord ce point. La morale n'est-elle donc pas universelle, la même pour tous les hommes et pour tous les pays, etc., comme disait déjà Cicéron ? Je ne crois pas qu'elle le soit. On croit facile-

ment la morale universelle parce que l'on voit que tous les hommes en ont une, ce que je tiens pour exact. Mais la conséquence est fausse. Tous les hommes ont une morale en ce sens que tous se sentent obligés à quelque chose. Ils se sentent tous obligés à quelque chose parce qu'ils sont tous engrenés dans une société (association, agrégation, compagnie), et cet engrenage constitue par lui-même un ensemble de devoirs. Une association de brigands a une morale, et très stricte. Une association de pirates a une morale, et très sévère. Une association de souteneurs — on vient de découvrir cela à Paris — a une morale et même une législation et même un tribunal jugeant les conflits. Une association de conquérants, une féodalité, une aristocratie a une morale, et très dure. Ainsi de suite.
— Considérant qu'ainsi tous les hommes ont une morale et qu'il n'y a pas un homme qui n'en ait une, on en a conclu qu'*ils avaient la même*. C'est là qu'est l'erreur. Le fait que tous les hommes ont une morale ne constitue pas une morale universelle ; il établit seulement qu'il y a de la moralité partout, ce qui n'est pas du tout la même chose. L'universalité du fait moral n'est pas l'identité de la morale. C'est comme si l'on disait que, tous les hommes étant religieux, il n'y a qu'une religion dans le monde. De ce qu'il n'y a peut-être pas un

homme qui ne se croie obligé, ne concluez nullement qu'il n'y a qu'une obligation sous différentes formes. En m'accordant ces derniers mots « sous différentes formes », vous m'accorderiez déjà beaucoup, presque tout, à savoir qu'il n'y a pas identité des morales. Mais je dis même qu'il y a des sentiments d'obligation si différents, si contraires, qu'on ne peut pas, même en y mettant un très long temps, les ramener à un fonds commun. Il y a des morales qui commandent de tuer et d'autres qui le défendent. Il y a des morales qui commandent le respect des parents et d'autres qui commandent de les supprimer à un certain âge. Il y a des morales pour l'étranger et contre l'étranger. Il n'y a aucune identité des morales humaines.

Reste ce fait que, cependant, tous les hommes ont une morale. Que prouve-t-il ? Simplement que tous les hommes sont associés, ceux-ci à un groupement, ceux-ci à un autre. Que prouve-t-il ? Simplement que tous les hommes sont sociables.

— Mais un homme même isolé aurait une morale.

— Oui, ou du moins il aurait une discipline de lui-même ; mais il n'aurait aucun sentiment d'*obligation*. Il ne se sentirait nullement obligé à pratiquer la discipline qu'il se serait faite. (A moins qu'il n'eût appartenu auparavant à une association et qu'il ne s'en souvint, auquel cas nous revenons au commun cas, et l'homme en question ne se considère point comme isolé, mais comme séparé pour un temps de l'association qui l'oblige.)

Donc, de l'ubiquité de la morale il ne faut pas conclure à son universalité. Il y en a une partout, mais *elle* n'est pas partout ; elle n'est pas du tout la même pour tous les hommes. Tout homme se sent obligé, et il n'y a nullement une obligation morale qui soit la loi de l'humanité.

— Donc, en imaginant ses deux morales, Nietzsche est fondé ?

— Oui ; mais il ne laisse pas d'avoir tort. Il n'y a pas deux morales, il y en a un nombre indéterminé. Une morale pour l'élite, une autre pour la foule : c'est cela qui est tout à fait arbitraire, capricieux, téméraire et aussi peu scientifique que possible. Où s'arrête la foule, où commence l'élite ? C'est ce qu'il est impossible de déterminer. Quel est celui d'entre vous qui pourra dire : « La morale des nobles est faite pour moi et non pour l'autre » ? Je n'ai pas besoin de faire remarquer que la morale des grands comportant ou excusant certains vices ou certaines violences, ce seront toujours les plus abjects des « esclaves » qui se déclareront élus pour la morale des « maîtres », et le mot d'un humoriste de mes amis sera juste : « Nietzsche, c'est la morale de Tropmann ». Une morale de maîtres, une morale d'esclaves est une conception vraiment grossière, je veux dire sans nuances, primitive, sentant le régime des castes, ne tenant pas compte des multiples différences de degré entre les hommes.

La vérité, c'est qu'il y a des morales très nombreuses, multiples et multipliées et qui ne se ressemblent pas. A mesure qu'on monte du plus bas au plus haut de l'humanité, on exige tout naturellement des hommes des choses que l'on n'exigeait point tout à l'heure, et aussi, je le reconnais, on n'exige plus certaines choses que tout à l'heure on exigeait.

Qu'un homme, qui ne rend à ses semblables que le *minimum* de services, soit dur pour ceux à qui il peut faire sentir sa rudesse, soit dissolu dans ses mœurs, etc., on est sévère pour lui.

Qu'un homme soit intelligent, bien doué, actif, on exige de lui qu'il rende des services à la communauté, qu'il ne soit pas oisif, d'abord, qu'il ne se contente pas, non plus, de gagner sa vie et de faire fortune ; on veut qu'il fasse quelque chose pour le bien commun et l'on considère que c'est son devoir, et il en a conscience lui-même. En revanche, on sera indulgent à quelques faiblesses sensuelles de sa part ; on ne lui en voudra pas de s'offrir un bon dîner ou une jolie femme, avec mesure. Vous voyez bien que voilà un homme, de la moyenne cependant, qui n'a pas du tout la même morale et à qui on n'applique pas du tout la même morale qu'au *minus habens* et au *minus potens* de tout à l'heure. On est pour lui plus exigeant d'un côté et plus indulgent de l'autre.

Qu'un homme enfin rende des services éminents à son pays ou à l'humanité, le genre humain tout entier exige énormément de lui, n'admet pas qu'il abdique, ni qu'il se relâche, ni, presque, qu'il se repose; et, d'autre part, il lui pardonne aisément des vices; surtout il lui pardonne instinctivement d'être autoritaire, impérieux, dur, et de rude étreinte et de poids lourd.

Remarquez-vous qu'à mesure qu'on se trouve en présence, je ne dirai pas du plus méritant, mais du plus utile, de celui qui est jugé à tort ou à raison le plus utile et en un mot qu'il faut bien dire, du plus fort, on lui donne plus d'argent, et l'on croit unanimement, sauf les socialistes, qu'il faut en effet lui donner plus d'argent. Et pourquoi donc? A-t-il plus de besoins? Il faut bien reconnaître que c'est parce que l'on admet qu'il a droit à plus de satisfactions, soit sensuelles, soit de luxe ou de vanité.

— Mais, malheureux! vous favorisez ses vices!

— Non pas précisément ; mais il faut bien convenir que nous l'excusons plus qu'un autre d'en avoir, de point trop graves, en compensation ou en balance des immenses services que nous croyons qu'il nous rend.

Ainsi a raisonné plus ou moins consciemment l'humanité jusqu'à présent et peut-être ne raisonnera-t-elle pas toujours ainsi ; mais qu'elle ait été dans cet état d'esprit depuis un temps, on en conviendra, appréciable, c'est le signe que plus ou moins confusément et en vérité assez nettement, elle a admis plusieurs morales.

Mais voyez donc qu'elle admet des morales de profession ! Elle admet une morale du soldat, qui n'est point celle du juge, et une morale du prêtre qui n'est point celle de l'ouvrier, et une morale du savant qui n'est point celle de l'ignorant. Me permet-elle de couper un chien vivant par petits morceaux ? Elle le permet à mon collègue de la Faculté des sciences, et elle l'y encourage, et j'estime qu'elle a parfaitement raison.

Elle admet une morale des femmes, songez-y donc, essentiellement différente de celle des hommes. Elle demande aux femmes comme vertu essentielle, la chasteté, et elle n'a jamais songé à tenir la chasteté pour une vertu essentielle ni même importante de l'homme ; et les femmes elles-mêmes sont, pour la plupart, de ce même double avis et méprisent la femme libertine et n'ont aucune vénération, et c'est peut-être un peu le contraire, pour l'homme chaste. Pourquoi cela ? Parce qu'il est très certain que la société repose sur la chasteté des femmes et a beaucoup moins d'intérêt à la chasteté des hommes, ou, plutôt, a plus d'intérêt à l'énergie, au courage, à la loyauté, à la probité des hommes qu'à leur chasteté. Il est bien vrai que si la société tient à la chasteté des femmes, elle devrait, *par conséquent*, tenir aussi à la chasteté des hommes, étant incontestable que ces deux choses sont connexes. Evidemment; mais, aussi et de par cette même connexité, si la société était sûre de la chasteté des femmes, elle le serait de celle des hommes, et c'est précisément pour cela que, sachant l'homme naturellement polygame et ayant intérêt à ce qu'il ne le soit pas, et sachant la femme au moins beaucoup plus monogame que l'homme, c'est à la femme qu'elle se fie pour maintenir autant que possible la chasteté générale ; et parce que c'est sur la femme qu'elle compte le plus pour cela, avec quelque raison, elle attribue à la chasteté féminine une valeur extrême ; elle convie la femme à la chasteté avec ardeur et avec autorité, et elle fait à la femme, de la chasteté, une vertu supérieure et essentielle et un devoir de premier rang. Elle est assez raisonnable en cela ; mais, en attendant, elle institue pour les femmes une morale qui leur est particulière et qui est très différente de celle qu'elle exige de l'homme.

L'humanité admet donc des morales diverses, qui se compensent, dont les indulgences et les sévérités sont compensatoires les unes des autres.

Voilà ce qu'il y a de vrai au fond de Nietzsche, ou du moins voilà ce qu'il y a, dans son idée, de conforme au *consensus communis* de l'humanité telle qu'elle a été jusqu'à nos jours, soit à tort, soit à raison.

Mais rien n'est moins pareil à la conception des deux morales, et même rien ne lui est plus contraire. La conception des deux morales fait arbitrairement deux classes dans l'humanité, alors qu'il n'y a nullement deux espèces dans l'humanité, mais cent degrés. La conception des deux morales n'est pas exactement compensatrice. Elle exige plus des grands et leur permet plus ; elle exige moins des petits et leur permet moins ; c'est vrai ; mais, à créer un abîme brusquement ouvert entre les uns et les autres, elle paralyse les bonnes forces qui pourraient exister à un certain degré chez les petits et ne permet la force utile que chez des grands dont elle n'est pas sûre et à qui elle accorde trop de licences.

L'idée générale qu'a eue l'humanité jusqu'à présent, et que je me garde bien de dire qui soit la vérité, est au moins plus juste. Elle dit : « Il y a une morale générale et universelle (car elle le croit). Conformez-vous-y tous. *Cependant*, ceux qui feront beaucoup plus que leur devoir d'un côté, seront tacitement autorisés à faire un peu moins que leur devoir d'un autre côté. Ceux qui ne feront que très strictement leur devoir, ne devront pas s'attendre à ce que l'on ferme les yeux sur leurs faiblesses. Il y a des privilèges dans le domaine de la morale. Il y a des privilèges, mais distribués de telle sorte qu'ils se contrebalancent les uns et les autres et qu'en somme, remarquez-le bien, tout le monde en a. Il y a une foule d'applications différentes de la loi morale selon le degré de puissance pour le bien que chacun possède, avec des compensations pour que personne ne soit trop lésé ni trop dupe. »

Voilà, vraiment, la morale de l'humanité jusqu'à présent. C'est une morale souple. — Je crois bien, au fond, que c'est une erreur et que l'homme supérieur a tout simplement plus de devoirs que les autres, *sans compensation*, si ce n'est celle (qui est immense) de se dire avec une profonde satisfaction d'orgueil qu'il a plus de devoirs que tous les autres sans compensation. — Mais cependant telle est bien la morale de l'humanité. C'est une morale souple.

Celle de Nietzsche est rigide et arbitrairement rigide. Entre grands et petits, qu'elle serait bien embarrassée de classer et de définir, elle creuse un fossé profond, et pour ceux qui sont à droite elle établit une morale stricte et pour ceux qui sont à gauche elle établit une morale stricte aussi et rigoureuse avec des apparences d'immoralité. Elle repose presque sur une fantaisie d'imagination, n'a aucun fondement solide ni dans la psychologie des hommes ni dans la psychologie des peuples. Elle n'est guère qu'une rêverie brillante de poète.

J'aime beaucoup mieux ce que Nietzsche a dit des empiétements de la morale et des limites légitimes dans lesquelles il convient de la circonscrire comme toute autre chose. Ceci est vrai et ceci est juste dans ses conséquences. La morale a toujours eu, ou depuis très longtemps, depuis Socrate, si l'on veut, la prétention de ramener à elle comme à leur dernière fin ou bien plutôt comme à leur fin unique toutes les actions et même toutes les préoccupations humaines. Cette « Circé des philosophes » l'a été, et l'a voulu être, pour leur bien, de tous les hommes. Elle a implanté dans l'humanité cette idée qu'elle seule est respectable, qu'elle seule est une « valeur » et que toutes les autres valeurs ne le sont qu'en fonction d'elle, et qu'en tant qu'elles contribuent à l'établir et à confirmer son empire.

Cela est véritablement excessif et cela est véritablement une erreur. Asservir à soi le savant, l'artiste, le politique, c'est, de la part de la morale, un empiétement, mauvais en soi et qui, comme tous les empiétements, finit par tourner contre celui qui le fait. Dire au savant : « La science ne doit servir qu'à établir une morale rationnelle et à rendre les hommes plus moraux. » Dire à l'artiste : « L'art ne doit servir qu'à rendre les hommes plus vertueux. » Dire à l'homme d'État : « La politique c'est la morale et ce n'est que la morale »; c'est paralyser des forces humaines qui ont le droit d'être et qui ont leur utilité propre et indépendante ; c'est stériliser et glacer le savant, l'artiste et le politique.

Le savant se dira sans cesse : « Cette vérité est-elle vertueuse, cette vérité n'est-elle pas démoralisante ? » — Et il ne cherchera plus la vérité.

L'artiste se dira : « Tel art n'est-il pas immoral ? Et l'art même, comme le dit Tolstoï, n'est-il pas immoral en soi ? » — Et il croira devoir réduire l'art, comme le veut Tolstoï, à la *Case de l'Oncle Tom*.

Le politique se demandera sans cesse : « Suis-je

dans la stricte moralité ? Dois-je tuer, ai-je le droit de tuer, alors qu'il est dit : « Tu ne tueras point ! » Dois-je punir, alors qu'il est dit : « Tu ne jugeras point », et que même en simple morale de bon sens il est évident que s'attribuer le droit de juger quand on est faillible est une énormité ?

Ainsi de suite. L'asservissement de la recherche du vrai à la morale ; l'asservissement de la recherche du beau à la morale ; l'asservissement de la recherche du bien public à la morale, sont des suppressions de la recherche du beau, de la recherche du vrai et de la recherche du bien public ; l'asservissement absolu et superstitieux de l'humanité à la morale — car la morale a ses superstitions comme la religion, de qui elle diffère peu — tuerait net l'humanité.

Et cela revient à dire que là aussi il y a des morales particulières : il y a une morale particulière de l'art, il y a une morale particulière de la science, il y a une morale particulière de la politique. Ces efforts divers de l'humanité *ont des rapports* avec la morale, mais *ils n'en dépendent pas*. Ils se rattachent à la morale indirectement, non pas en tant que serviteurs et agents. Ils n'ont pas à être moraux ; ils ont à n'être pas immoraux. Le savant est coupable s'il s'avise de découvrir de prétendues vérités *pour* démoraliser ses semblables : l'artiste est coupable s'il fait servir l'art à la corruption des hommes ; le politique est coupable, si, sous prétexte de bien public, il se livre à des actes immoraux qui n'ont pas pour objet le bien public, mais le sien ou celui de son parti.

La morale du savant, de l'artiste et du politique, en tant que savant, artiste et politique, c'est de n'être pas immoral, ce n'est point du tout de se mettre au service de la moralité et de produire de la moralité dans le monde. S'ils y réussissent, ce qui du reste arrivera souvent, ce sera tant mieux ; mais ils n'ont pas à le chercher. Le mot de Gœthe est le vrai : « Je ne me suis jamais occupé des effets de mes œuvres d'art. Je crois bien qu'en définitive elles ont plutôt été utiles ; mais ce n'est pas à ce point de vue que j'avais à me placer. » L'artiste crée du beau, le savant découvre du vrai, la politique crée du bien public. Il est probable, quoique je n'en sache rien, mais je le crois, que tout cela, en dernier terme, profitera à la morale ; mais, en soi, ce n'est pas de la morale, et à vouloir que cela en fût, l'artiste, le savant et le politique se paralyseraient, se stériliseraient, se glaceraient et ne feraient rien qui valût ; comme du reste, s'ils avaient l'idée contraire et s'ils se laissaient pousser par une immoralité secrète et intime — et ici il y a identité des contradictoires — ils feraient œuvre, aussi, pitoyable et ignoble. L'artiste, le savant, l'homme d'État ne sont pas les serviteurs de la morale, ils sont les serviteurs du beau, du vrai, du bien public, et si cela va encore à la morale, c'est en dehors d'eux, en dehors de leur volonté et de leur dessein.

Mais la morale ne l'entend point ainsi. Elle veut dans tous les hommes des serviteurs *ad nutum* et prétend à tous les actes humains donner une valeur proportionnée à la place qu'elle y a ; en d'autres termes elle prétend être la seule valeur. C'est son erreur et c'est cette erreur que Nietzsche lui reproche avec fureur, mais avec raison.

Et, comme je l'ai dit, à empiéter ainsi, la morale finit par se faire du tort, parce qu'on finit par se retourner contre elle. C'est ce qui arrive à Nietzsche qui, impatienté, finit par dire : « Nous ne voulons plus de ce tyran »; et c'est la morale elle-même qu'il veut supprimer, et tout entière. Et si, comme talent, il n'existe qu'un Nietzsche, il y a beaucoup de sous-Nietzsche qui n'admettant pas un tel despotisme universel de la morale, la récusent elle-même et l'éliminent intégralement. Il y a toujours, à vouloir tout être, le danger qu'on vous conteste et qu'on vous refuse le droit d'être quelque chose.

C'est que la morale, et ce n'est pas cela que nous lui reprochons, devient chez les civilisés une passion et prend tout le caractère, et je dirai presque le tempérament tyrannique d'une passion. La morale n'a été sans doute, chez les peuples primitifs, que la nécessité profondément sentie de sacrifier l'intérêt personnel à l'intérêt commun. Cela a été idée juste, puis sentiment, puis passion. L'idée de *nécessité* est devenue idée d'*obligation*. L'homme s'est senti obligé. Tous les hommes se sentent obligés. De là union intime de la religion et de la morale, soit que la morale dérive de la religion, soit que la religion dérive de la morale. L'homme, peu à peu, en faisant son *devoir*, s'est senti obligé à quelque chose qui n'avait plus d'objet très précis, les nécessités de la défense quotidienne et du sacrifice quotidien étant moins présents et palpables, et il a adoré ce quelque chose qui commandait sans donner ses raisons et qui disait : « Il faut, tu dois »; il l'a adoré respectueusement et superstitieusement, soit comme commandement d'un mystérieux de là-haut, soit comme commandement d'un mystérieux d'au dedans de lui, et ç'a été le fondement mystique de la morale ; et dès que la morale a eu un fondement mystique, elle a été une passion d'une énergie extraordinaire, l'homme n'étant ému que par le mystérieux et n'étant dévoué avec ardeur et avec fanatisme qu'aux choses qu'il ne comprend pas.

De là ce caractère religieux de la morale, qui fait que la morale, si elle survit à la religion, devient une religion elle-même, inspire à ceux qui l'aiment de véritables passions religieuses.

Ajoutez à cela, pour *entretenir* indéfiniment — ce dont je suis loin de me plaindre — cette passion dans le cœur de l'homme, ce mobile qui est éternel. L'homme fut d'abord un animal pour qui la lutte contre les fauves et contre les hommes était une nécessité quotidienne. L'homme est donc né belliqueux, ou, si vous voulez, et je ne chicanerai point sur cela, il a été disposé et entraîné pour le combat par des milliers de siècles préhistoriques. Ce caractère, il l'a gardé. Il n'a plus, une fois les civilisations établies et assises, le besoin de combattre tous les jours contre les fauves ou contre les hommes ; mais il a gardé le goût du combat ; et à l'exercice de ce goût il a matière tous les jours. Il a ses passions, qui sont ses fauves intérieurs, et il sent et il sentira tous les jours le besoin de se battre contre ces fauves-là. Dès lors il se bat en effet tous les jours contre lui-même et il prend à se vaincre autant de plaisir que son arrière trisaïeul en prenait à assommer un ours ; et c'est le plaisir le plus vif, le plus profond, le plus intense qu'il ait encore inventé.

Par ce chemin encore la morale est devenue une

passion. C'est une passion contre les passions.
Qu'il s'agisse de les anéantir, comme étant des
maladies et n'étant bonnes à rien du tout, ce qui
est l'avis de certains, et le mien, ou qu'il s'agisse de
les régler, discipliner, diriger, endiguer, canaliser,
épurer, oh ! en tant que combats à livrer contre
elles, comme c'est la même chose ! En tant que bête
de combat, l'homme adore donc la passion contre les
passions, la passion contre lui-même, la passion
égophobe, qui lui procure des victoires si savou-
reuses et un butin si exquis, le butin de soi-même ;
et au fond des victoires de laquelle il est bien
entendu, au reste, qu'il retrouve une saveur mer-
veilleuse d'égoïsme, un triomphe transcendant du
moi, puisque c'est un triomphe, sur le moi, du moi
pur.

Par tous les chemins la morale devient donc une
passion. L'homme vénère en elle ce qui, en son
principe et au commencement des choses, a créé —
et c'est parfaitement vrai — la civilisation et l'humanité ; et il est parfaitement exact que si l'homme
avait été égoïste passionnel, tout simplement
l'humanité aurait disparu très peu de temps après
sa naissance. Il adore dans la morale quelque chose
de mystérieux — devenu mystérieux — qui commande sans donner ses raisons, comme un Dieu, et,
ou il la confond avec la religion et l'y absorbe, ou,

quand il l'en distingue, il la promeut elle-même à la dignité et à la majesté mystérieuse d'une religion. Il adore enfin en elle une forme de son instinct belliqueux dont il sent qu'il a et qu'il aura toujours besoin, et dont les victoires et triomphes sont ce qu'il goûte au monde de plus profondément voluptueux et exquis.

Quoi donc d'étonnant à ce que la morale ait à ses yeux une importance qui ne le cède à aucune autre ? Est-ce l'art, la science, la politique qui ont fait les civilisations, qui ont fait l'humanité ? Elles y ont contribué ; mais elles ne l'ont pas faite. Est-ce la science, l'art, la politique qui commandent avec une sorte d'autorité sacrée et qui *obligent?* Qui nous dit, du fond de notre être : « Tu dois savoir, tu dois faire des vers, tu dois être homme d'Etat ? » Rien, ou si quelque chose nous le dit, c'est précisément la morale ou je ne sais quoi, qui emprunte sa voix : Tu dois savoir pour éclairer les hommes sur les vérités et les rendre plus heureux ; tu dois être artiste pour les rassembler dans des jouissances désintéressées et les rendre, par cette concorde, plus heureux ; tu dois te dévouer à l'Etat pour assurer le bonheur de tes concitoyens. Mais ni la science, ni l'art, ni la politique n'ont par eux-mêmes cette voix de commandement et cet accent impératif. Et que la morale n'ait ce caractère de haute autorité que parce qu'elle l'a pris par empiétement et usurpé, toujours est-il qu'elle l'a depuis bien longtemps et avec une sorte d'infaillibilité qui a comme passé dans notre nature même. Il n'y a que le mot : « Tu dois être honnête homme » auquel nous ne trouvons pas de réplique ; tandis que « tu dois être un grand homme » nous fait rire sans que nous éprouvions le moindre remords à nous égayer de cela.

Est-ce la science, enfin, l'art ou la politique qui, quelques plaisirs qu'ils nous donnent, et singuliers, nous procurent une jouissance comparable à la volupté sans mélange, absolue, nous faisant sortir de nous-mêmes et nous mettant au-dessus de nous-mêmes, que nous savourons à nous vaincre ? Non sans doute.

L'homme en a donc conclu que la morale était sa souveraine et il en a fait son idole. Il n'a pas eu tort, au fond ; mais, comme toute passion, la passion même de la morale a ses dangers, et à la morale elle-même il faut encore faire sa part, en lui laissant la plus grande et la plus belle ; et c'est ce que Nietzsche a dit, et il ne faudrait que l'approuver très sérieusement s'il n'avait dit que cela.

Ses idées politiques, qui se rattachent très étroitement à ses idées sur la morale, sont très dignes de discussion, mais très discutables aussi. Son aristocratisme effréné, non plus que celui de Renan, ne me désoblige pas autrement. Comme lui, comme Renan, comme Platon et comme tant d'autres, je crois parfaitement que tout ce qui a été fait de grand et même de bon dans l'humanité l'a été par l'aristocratie. Seulement je crois que la question a été bien mal posée par Nietzsche et aussi par quelques autres ; mais bornons-nous à lui.

Nietzsche entend l'aristocratie ainsi : il y a une caste, cultivée, héréditairement énergique et, du reste, qui a cultivé et qui cultive encore en elle l'énergie. Elle conçoit et elle exécute par elle-même de très belles choses ; elle conçoit et elle exécute par elle-même, et en contraignant la caste basse à l'y aider, de grandes choses : conquêtes, explorations, fondations de colonies, fondations de villes, fondations d'empire, etc. — Au-dessous d'elle, il y a une caste vile, qui n'aime ni la vie artistique ni la vie dangereuse et qu'on laisse ne rien comprendre à l'art ou avoir à soi un art piteux et ridicule, et qu'on laisse ne rien comprendre à la vie dangereuse, mais qu'on associe à cette vie par la force. Des sociétés ont vécu ainsi et ont été les plus grandes de l'humanité et ont fait avancer l'humanité : Athènes, Grèce d'Alexandre, Rome, France de Louis XIV. Voilà les modèles.

Je tiens cette idée pour absolument fausse. Les grandes et belles sociétés humaines ont eu à leur tête, il est vrai, une aristocratie ; mais elles ont eu une caste inférieure qui n'était pas vile du tout et qui était aussi aristocratique et plus *aristocratique* que leur aristocratie ; et elles étaient aristocrates de la tête aux pieds, ou à peu près ; et si la caste inférieure eût été vile et si la société n'avait pas été aristocratique des pieds à la tête, ces sociétés n'auraient pas été grandes le moins du monde.

Athènes est grande. Elle l'est tant qu'elle est gouvernée par l'aristocratie, je l'accorde ; mais elle n'est gouvernée par l'aristocratie que tant que le peuple est assez aristocrate lui-même pour vouloir être gouverné aristocratiquement et pour s'associer intimement à son aristocratie dans une pensée essentiellement aristocratique. Sans cela, je voudrais bien savoir ce que l'aristocratie aurait pu faire. Elle eût fait des statues. Elle n'eût fait ni des conquêtes, ni l'*hégémonie*, ni l'*arkè*. Quand la cité est tombée, c'est quand le peuple n'a plus été aristocrate et a laissé son aristocratie toute seule ; c'est quand il a dit : « être gouverné par Philippe ou par un Athénien de distinction, cela m'est totalement indifférent. » A quoi, à ce moment, la plèbe ne tenait-elle pas ? À son aristocratie, à la constitution aristocratique de la ville d'Athènes. Elle acceptait d'être serve de n'importe qui ; elle acceptait de ne plus tirer de son sein un gouvernement de sa race et de sa tradition ; elle cessait d'être aristocrate et productrice d'aristocratie. Voilà tout ce qu'elle cessait d'être.

Le raisonnement ou plutôt la constatation des faits serait exactement la même pour Rome. La plèbe romaine discutait et disputait avec son aristocratie, sans aucun doute ; mais jusqu'à l'établissement de l'Empire, elle lui restait attachée, puisqu'elle ne la renversait pas, ce qui pour une plèbe est si facile qu'il consiste simplement à ne pas soutenir. La plèbe restait attachée à l'aristocratie et à toutes les conceptions aristocratiques, à tous les rêves de conquêtes et de grandeur, à toute la vie dangereuse de son aristocratie. Comme les grenadiers de Napoléon, « ils grognaient sans cesse, mais ils marchaient toujours » pour un grand profit national, pour un profit personnel nul, ou à peu près, ce qui est aristocratique essentiellement. — Quand ils ont accepté l'Empire, quand ils ont abandonné le Sénat, c'est que le sentiment aristocratique a fléchi chez eux ; c'est qu'il leur est devenu indifférent d'être gouvernés, non plus par une aristocratie sortie d'eux, jaillie du sol, se rattachant aux vieilles racines de la race, représentant l'ascension lente et régulière du meilleur de la plèbe vers les sphères supérieures ; mais par des souverains de hasard, venus des quatre coins du monde, ligures, espagnols, africains, syriens, dalmates, arabes, qui n'avaient rien de romain, qui ne tenaient en rien à l'histoire romaine, qui ne représentaient que le succès des batailles et n'étaient les élus que de quelques soldats mutinés. Fin d'une race, mentalité d'une race qui n'a plus conscience d'elle-même, qui ne sait plus se faire gouverner par le meilleur d'elle, approximativement choisi, soit par la naissance, qui n'est pas du tout un hasard, soit par l'élection, soit par une combinaison de l'élection et de la naissance ; mentalité d'une race, en un mot, qui n'a plus le sens aristocratique.

Et le règne de Louis XIV, qu'est-ce qu'il est ? Il est un roi absolu, une aristocratie militaire, une bourgeoisie administrative, un peuple dévoué à son roi et à son aristocratie, et par conséquent essentiellement aristocrate. Ce peuple ne vote pas, n'élit pas, ne se gouverne ni par plébiscites, ni par représentation. Mais il collabore et, certes, activement, au gouvernement aristocratique, en ce qu'il lui obéit et avec ardeur, avec élan et avec passion. Qu'est-ce qu'il veut en se battant comme il se bat et en travaillant comme il travaille ? Il veut que le roi soit grand, que le prince de Condé soit vainqueur, que M. de Turenne soit maréchal, que Versailles soit une féerie. Il le veut, puisqu'il sert si bien, et avec enthousiasme. Il n'y a pas de moyen de marquer mieux sa volonté. S'il ne le voulait pas très précisément, par simple force d'inertie, par simple force de nonchalance, il ferait que rien de tout cela ne serait. Il laisserait conquérir la France par l'Espagnol, l'Allemand ou l'Anglais, en disant : « Qu'est-ce que cela peut bien me faire ? » Une nation aristocratique, c'est une nation où l'aristocratie et le peuple sont aristocrates autant l'un que l'autre.

Et non pas autant que l'autre, le peuple beaucoup plus que l'aristocratie elle-même ; car dans l'aristocrate l'aristocratisme peut {n'être qu'un intérêt, et dans le peuple il faut qu'il soit une passion. A la constitution aristocratique, au régime aristocratique, à la vie aristocratique, à la vie brillante et dangereuse qu'a à gagner l'aristocrate ? Beaucoup : richesses, honneurs, gloire, orgueil satisfait. Qu'a à gagner le plébéien ? Rien. « Force coups, peu de gré, la mort à tout propos. » Pour qu'il soit aristocrate, il faut que le plébéien ait la passion aristocratique ; il faut, démarche singulière de la passion, mais qui n'étonne point le psychologue, qu'il jouisse de son sens aristocratique dans le succès des autres, qu'il soit heureux de Condé vainqueur et de Turenne triomphant, qu'il soit heureux de la vie glorieuse à laquelle il ne participe point, si ce n'est par ses souffrances, et dont il n'a que les labeurs et les peines. Il faut qu'il dise avec orgueil, en voyant passer les équipages, ce mot recueilli par Taine : « Ah ! que nos lords sont riches ! » Pour qu'il soit dans cet état d'esprit, il faut qu'il soit cent fois plus aristocrate que les aristocrates eux-mêmes. Une nation aristocratique, c'est une nation où l'aristocratie est aristocrate ; mais où la plèbe l'est bien davantage.

— Mais c'est un sophisme ! Vous confondez aristocratisme et patriotisme.

— Je ne les confonds pas. C'est bien eux qui se confondent eux-mêmes. L'aristocratisme est une forme du patriotisme et n'est pas autre chose. Si l'on veut, l'aristocratisme est une forme de l'instinct de hiérarchie et l'instinct de hiérarchie c'est le patriotisme lui-même. Un peuple a le sentiment hiérarchique tant qu'il se considère comme un camp. Tant qu'il se considère comme une armée dans un camp fortifié, il comprend ou il sent (et c'est la même chose pour le résultat, et le sentir est même beaucoup plus fort que le comprendre) que le seul moyen ou de croître ou seulement de subsister est de maintenir énergiquement la hiérarchie, c'est-à-dire l'ossature nationale, l'organisme national. De là tendance énergique à se ramasser fortement autour des chefs désignés, soit par la naissance, qui n'est pas du tout le hasard, soit par l'élection à instinct aristocratique, c'est-à-dire allant toujours chercher les chefs dans la classe élevée (Rome très longtemps fort remarquable à cet égard). Quand le sentiment aristocratique fléchit, le patriotisme fléchit aussi ; ou plutôt c'est parce que le patriotisme a fléchi que le sentiment aristocratique va baissant ; ou plutôt ces deux tendances, formes différentes du même sentiment, vont toujours de pair et ont sensiblement les mêmes démarches.

Exemple contre moi : l'ardent patriotisme des « patriotes » de 1792, qui étaient d'ardents égalitaires. Réfléchissez et vous verrez ceci, qu'en dehors d'une raison de fait qui est que ces gens-là voulaient repousser « les rois » suspects de vouloir leur ramener des maîtres dont ils tenaient à rester débarrassés, il y a une raison de sentiment, qui est que les patriotes de 1792 prétendaient remplacer les maîtres qu'ils chassaient, prétendaient prouver et se prouver à eux-mêmes qu'ils sauraient faire l'office de maîtres et le faire mieux qu'eux, prétendaient montrer d'une façon éclatante que le peuple de France savait tirer spontanément de lui-même une hiérarchie valant celle qu'il avait détruite.

Sentiment naturel à *celui qui remplace*, au nouveau propriétaire d'un château historique, au nouvel anobli, à l'athée rivalisant, quelquefois, de vertu avec le croyant ; sentiment, du reste, qui ne dure pas, et la démocratie une fois installée et sûre de ses positions et perdant le souvenir de ce qu'elle a remplacé, devient tout naturellement aussi indifférente à l'idée de patrie qu'hostile à l'idée aristocratique et ne voit pas la nécessité de défendre un pays où elle restera ce qu'elle est, qu'il lui appartienne ou qu'il appartienne à un autre, et où, surtout, pour le défendre, on serait forcé de reconstituer une hiérarchie qui ressemblerait fort à une aristocratie, et qui, à dire vrai, en serait une.

Les nations patriotes sont donc toujours des nations aristocrates, et les nations aristocratiques sont des pays où l'aristocratie est aristocrate, mais où le peuple l'est beaucoup plus.

Donc la question est très mal posée par Nietzsche. Il ne faut pas dire : Tout ce qui a été fait de bon et grand dans l'humanité l'a été par les aristocraties ; il faut dire : Tout ce qui a été fait de bon et de grand dans l'humanité l'a été par des peuples, des peuples et non des fractions de peuples, qui étaient aristocrates de la base au faîte.

Ainsi s'évanouit, là aussi, en politique comme en morale, cette distinction fondamentale, cette distinction rigide et stricte entre ceux d'en haut et ceux d'en bas. Ainsi s'évanouit le système aristocratique de Nietzsche. Pour emprunter un de ses procédés et imiter, pour une fois, sa démarche ordinaire, je dirai : Effaçons les mots d'Aristocratie et de Démocratie ; *par delà* l'aristocratie et la démocratie il y a autre chose qui est, si l'on veut, la Sociocratie. Il y a des peuples qui ont, très fort, l'instinct social. Chez ces peuples l'individualisme est très faible, l'égoïsme individuel très enclin à se sacrifier, réduit à une sorte de *minimum*; le citoyen aime à faire de grandes choses communes, de grandes choses par association. Selon les tempéraments éthiques différents, *et bien plutôt selon les temps*, ces grandes choses communes il les fait en s'unissant étroitement à l'Etat, en s'absorbant dans l'Etat, ou il les fait en s'unissant à des corporations, à des associations de citoyens, toutes, du reste, profondément et passionnément attachées à l'Etat et qui deviennent de l'Etat les membres solides et les os durs et bien engrenés. De l'une ou de l'autre façon, et de l'une *et* de l'autre façon le plus souvent, ces peuples pratiquent la sociocratie. Ils ont le sens de l'association, le sens de l'Etat, le sens social en un mot et le sens du peuple fort. Ils sont de grands peuples; ils font de grandes choses. Ils conquièrent les autres ou dédaignent de les conquérir. Ils font les grandes civilisations. Les autres sont les excréments de l'humanité, ou peut-être ils en sont le terreau et, à ce titre, ont leur utilité ; mais pour celui qui vise la civilisation et l'histoire de la civilisation, il n'importe.

En un mot, il ne faut précisément ni aristocratie ni démocratie. La nation idéale est celle où le peuple est aristocrate et où l'aristocratie est démophile.

Ce n'est pas ainsi que Nietzsche a compris les choses. Voilà l'erreur capitale de Nietzsche, erreur qui, comme toutes les siennes, renferme beaucoup de vérité ou est sur le chemin de la vérité, mais qu'encore il importe de redresser.

Et enfin une autre idée générale et essentielle de Nietzsche et par l'examen de laquelle nous terminerons, c'est ce que j'appellerai son idée de dilettantisme. Aussi bien c'est par elle qu'il a commencé et qu'il a fini, et c'est donc par elle qu'on peut clore.

Si Nietzsche est aristocrate, si Nietzsche est immoraliste, si Nietzsche est tout ce qu'il est, c'est qu'il est artiste, c'est que le fond de sa pensée est que l'humanité existe pour créer de la beauté. La philosophie de tout artiste dépend de son esthétique ; celle de Nietzsche en dépend absolument et tout entière. Il a commencé par dire tout ce que vous savez qu'il a dit dans son *Origine de la Tragédie grecque* ; il a fini par dire dans sa *Volonté de Puissance,* au chapitre de la *critique des valeurs supérieures* : « Serait-il désirable de créer des conditions où tout l'avantage se trouverait du côté des hommes « justes », en sorte que les natures et les instincts opposés seraient découragés et périraient lentement ? C'est là en somme une question de gout et d'esthétique (1) : serait-il désirable [au point de vue esthétique] que l'espèce d'hommes la plus « honorable », c'est-à-dire la plus ennuyeuse, subsistât seule, les gens carrés, les gens vertueux, les gens droits, les bêtes à cornes ?... C'est peut-être le contraire qui serait à désirer : créer des conditions où « l'homme juste » serait abaissé à l'humble condition d'instrument utile, bête de troupeau idéale, au meilleur cas berger du troupeau. »

C'est une question d'esthétique. L'humanité doit être menée par des aristocraties peu affaiblies de morale, ou ayant et pratiquant une morale très particulière, parce que l'humanité est faite pour créer de la beauté.

Je n'en suis pas sûr du tout. L'humanité ne sait aucunement pourquoi elle est faite ; mais il est

(1) Souligné par Nietzsche.

assez probable qu'elle est faite pour vivre ici-bas le moins mal possible, pour croître, pour se multiplier, pour s'asservir la terre et pour y mener une vie à peu près supportable. « Allez, vivez et peuplez la terre », est une parole assez raisonnable. Je ne vois pas, ce qui indique très nettement que sa mission soit de faire des choses destinées à ravir d'aise les poètes, les artistes et les dilettantes, « *res fruendas oculis.* » La beauté est une chose admirable. Qu'elle soit la seule à chercher, à trouver, à réaliser par l'effort, par la souffrance, par les larmes et par le sang, je ne puis parvenir à en être absolument certain.

Est-ce que, comme il est tout naturel, et comme je n'aurai pas la niaiserie de m'en étonner, Nietzsche ne serait pas tombé, à son point de vue, dans la même erreur ou dans le même excès que les moralistes dans le leur ? Je lui faisais dire plus haut : « La morale prétend être le seul but légitime et permis de l'activité humaine. Est-ce que la science prétend être le seul but de l'activité humaine ? Est-ce que l'art a la prétention d'être le seul but de l'activité humaine ? Ils auraient tort. La morale aussi. » Eh bien, que l'art doive être le but suprême de l'humanité et qu'il faille lui tout sacrifier, c'est précisément ce que dit Nietzsche très souvent et ce qu'il pense toujours. Il me semble qu'il fait une erreur aussi forte au moins que celle qu'il reproche au moraliste avec tant de dureté, d'amertume et de hauteur. L'art est une grande chose ; c'est un des objets où a raison de s'appliquer l'humanité quand elle n'a pas autre chose à faire ; il serait très regrettable que le genre humain n'eût aucun loisir à consacrer à ce noble exercice ; c'est pour avoir des loisirs applicables à l'art, j'entends à le faire ou à le goûter, que l'humanité s'est ingéniée par des découvertes et inventions à diminuer la somme de temps nécessaire à se procurer la subsistance ; tout cela est vrai ; il n'en résulte pas que toute action humaine doive tendre à créer de la beauté et que toute action humaine qui n'y tend pas soit méprisable, et que toute pensée humaine qui n'a pas ce but soit dégoûtante.

L'humanité doit être dirigée et gouvernée par une élite : c'est parfaitement mon avis. Elle doit être gouvernée et asservie rudement par une élite de penseurs, d'artistes et d'hommes énergiques, ces artistes en actions, parce que ces gens-là créent de la beauté, dont la foule ne se soucie point et que la foule ne crée que quand on la force à la produire : ce n'est plus mon avis. Si l'élite ne se donne pas pour but, avant tout, de rendre des services à la foule, de la rendre plus intelligente, plus sage, plus saine, et en définitive plus heureuse, je ne vois plus trop à quoi sert l'élite et où elle puiserait son droit. Qu'elle ne rende pas le peuple heureux par les moyens que le peuple choisirait, d'accord ; qu'elle lui fasse défricher des brousses, sécher des marais, bâtir des Versailles, mener une guerre de défense et même de conquêtes, en profitant soit de la force qu'elle a su concentrer en elle, soit de la confiance instinctive ou héréditaire que le peuple a mise en elle, soit ; l'élite a précisément pour mission de voir plus loin, de prévoir et de savoir ce qui, en définitive, au prix de malheurs transitoires, fera la grandeur, la force, la sécurité et, somme toute, le bonheur du peuple ; — mais que l'édite ne se croie obligée qu'à créer de la beauté par ses efforts et ceux du peuple, et à faire de l'art avec le peuple pour matière, je ne suis pas assez artiste pour croire que le but vaille qu'on emploie ces moyens.

Homère a dit, sans peut-être bien savoir tout ce qu'il disait : « Les Dieux disposent des destinées humaines et décident la chute des hommes, afin que les générations futures puissent faire des chansons ». Nietzsche cite cela quelque part et le trouve épouvantable : « Y a-t-il quelque chose de plus audacieux, de plus effrayant, quelque chose qui éclaire les destinées humaines, tel un soleil d'hiver, autant que cette pensée ? Donc, nous souffrons et nous périssons pour que les poètes ne manquent pas de sujets ! Et ce sont les Dieux d'Homère qui arrangent cela ainsi, comme si les plaisirs des générations futures semblaient leur importer beaucoup, mais le sort de nous autres, contemporains, leur être très indifférent. Comment de pareilles idées ont-elles pu entrer dans le cerveau d'un Grec?» — Mais, s'il vous plaît, cette idée est tout à fait olympienne et assez dionysiaque et excellemment faite pour le cerveau des Grecs tels que vous les avez toujours compris et représentées ; et c'est excellemment aussi une idée nietzschéenne, et c'est l'idée nietzschéenne elle-même. L'humanité, au prix des plus grandes souffrances, doit produire de la beauté, être une admirable matière de poème épique : à creuser Nietzsche c'est cela qu'on trouve, et si l'on ne trouve pas cela on ne trouve rien, que du talent. Or c'est cela qui, encore que très olympien, fort dionysiaque, assez homérique et peut-être grec, me paraît très contestable. Pour un grand bien beaucoup de souffrances, d'accord ; mais pour la « beauté de la chose », un immense et perpétuel martyre de l'humanité, non pas ! Un peu moins de beauté et un peu plus de bonheur.

Ce Nietzsche est un peu néronien, au moins. Pour dire toute ma pensée, il l'est tout à fait, et la chose qui m'étonne le plus, étant donné qu'il est paradoxal, effronté et un peu cynique, c'est de n'avoir pas rencontré dans ses livres un éloge de Néron. Il y doit être ; je n'aurai pas fait attention. Oui, Nietzsche est néronien, et c'est le secret même de son influence sur la partie, à la vérité, la plus grotesque, de son public, sur les « esthètes », sur les pseudo-artistes, sur les cabotins, sur quelques femmes, à ce qu'on m'assure. Sa conception artistique de la vie de l'humanité est l'exagération énorme d'une demi-vérité ou d'un quart de vérité. L'humanité doit produire de la beauté ; elle doit vivre en force saine et en beauté, autant qu'elle peut. Mais se sacrifier ou se laisser sacrifier à une belle vision d'art, c'est autre chose. L'humanité ne doit se sacrifier qu'à l'humanité.

Ne quittons pas Nietzsche, après l'avoir tant combattu, sans reconnaître que c'est une très haute intelligence servie par une admirable imagination. N'eût-il que du talent, je le tiendrais déjà pour homme qui a rendu des services au genre humain. Car le talent, même malfaisant, est toujours, je crois, plus bienfaisant que malfaisant. Il devient bienfaisant à la longue, quand le venin s'en est volatilisé et quand le parfum en est resté. Mais même en soi, même à ne considérer que ses idées, je trouve à Nietzsche son utilité.

Comme je ne sais quel croyant a dit : « Il faut qu'il y ait des hérésies, » je dirai assez volontiers : il faut qu'il y ait des sophistes. Cela réveille, cela fait sortir de la langueur, cela fouette comme une aigre bise, cela met du mouvement et « du vent âpre et joyeux » dans la vie intellectuelle. Cela donne du ton. Il faut qu'il y ait des sophistes ; ils finissent, par réaction, par restaurer les lieux communs et par leur communiquer un nouveau lustre et une nouvelle fraîcheur. Je suis plus moraliste depuis que j'ai lu l'immoraliste Nietzsche et depuis que j'ai constaté que Nietzche, après avoir repoussé furieusement toute morale, est amené insensiblement à en établir une, et même deux, ce qui conduit à croire qu'il y en a cent, lesquelles, en se superposant, en se rattachant les unes aux autres et en se hiérarchisant, en forment une.

Et puis il est très bon, il est de première importance que, de temps en temps, que souvent, quelqu'un fasse des opinions humaines, des croyances humaines et des plus enracinées et des plus imposantes une révision complète, absolue, intégrale et radicale. Il est très bon que quelqu'un dise souvent, comme Nietzsche l'a dit : « Accepter une croyance simplement parce qu'il est d'usage de l'accepter, ne serait-ce pas être de mauvaise foi, être lâche, être paresseux ? Et veut-on donc que la mauvaise foi, la paresse et la lâcheté soient les conditions premières de la moralité ?» Et, précisément, surtout, Nietzsche, a rendu au monde l'immense service d'être loyal, d'être brave, de ne s'incliner devant aucun préjugé, ni même devant aucune doctrine vénérable, de ne reculer devant aucune idée de lui, si scandaleuse qu'elle pût paraître, de tout remettre en question, intrépidement, comme Descartes, plus, je crois, plus à fond que Descartes lui-même ; d'avoir eu un imperturbable courage intellectuel, qu'il pousse quelquefois jusqu'à la forfanterie ; mais c'est le défaut de la qualité, à quoi il faut toujours s'attendre et de quoi il faut toujours prendre son parti.

Le fond de Nietzsche, c'est qu'il faut, chacun pour soi, se faire sa morale, se faire son esthétique, se faire sa politique, se faire sa science, et que l'éducation est très bonne, à la condition qu'elle nous donne la force de nous débarrasser d'elle pour nous en faire une.

Le fond de Nietzsche, c'est qu'il n'y a de bonne vérité que celle qu'on a découverte, ni de bonne règle de vie que celle que, loyalement et avec effort, on s'est créée.

Le fond de Nietzsche, c'est ceci : « Il n'y a pas d'éducateurs. En tant que penseur on ne devrait parler que d'éducation de soi. L'éducation de la jeunesse dirigée par les autres est, soit une expérience entreprise sur quelque chose d'inconnu et d'inconnaissable [très exagéré], soit un nivellement par principe pour rendre l'être nouveau, quel qu'il soit, conforme aux habitudes et aux usages régnants. Dans les deux cas, c'est quelque chose qui est indigne du penseur, c'est l'œuvre des parents et des pédagogues qu'un homme loyal et hardi a appelés nos ennemis naturels [Stendhal]. Lorsque, depuis longtemps, on est élevé selon les opinions du monde, on finit toujours par se découvrir soi-même ; alors commence la tâche du penseur. »

Le fond de Nietzsche, c'est que l'homme a le devoir de se faire des idées personnelles, parce que seules les idées personnelles ont la consistance qu'il faut pour nous soutenir, et parce qu'on ne s'appuie fortement et solidement que sur soi-même.

En cela il a raison, et sa leçon est bonne et bon même son exemple. C'est pour cela que — outre le plaisir exquis souvent, pervers quelquefois, qu'on prend à le lire — on tire encore un singulier profit d'avoir lié commerce pour quelque temps avec ce « don Juan de la connaissance » et cet aventurier de l'esprit.

Août-septembre 1903

TABLE DES MATIÈRES

I.	Nietzsche se cherche.	1
II.	Prédication de la foi.	33
III.	Critique des obstacles : premiers obstacles.	41
IV.	Critique des obstacles : la Société	51
V.	Critique des obstacles : les Religions	62
VI.	Critique des obstacles : le Rationalisme et la Science	90
VII.	Critique des obstacles : la Morale	107
VIII.	La théorie.	153
IX.	Développement de la théorie.	200
X.	Perspectives lointaines de la doctrine	247
XI.	Digression : idées littéraires de Nietzsche	287
XII.	Conclusions.	319

Paris. — Société française d'Imprimerie et de Librairie.

www.ingramcontent.com/pod-product-compliance
Lightning Source LLC
Chambersburg PA
CBHW050250170426
43202CB00011B/1624